Ernst Jandl

Musik Rhythmus Radikale Dichtung

Herausgegeben von Bernhard Fetz
Mitarbeit Hannes Schweiger

Paul Zsolnay Verlag

Die Reihe *Profile* wird unterstützt von:
Bundeskanzleramt, Wien
Magistrat der Stadt Wien – Kultur

BUNDESKANZLERAMT KUNST WIEN KULTUR

Die Arbeit am vorliegenden Band erfolgte zu einem Teil im Rahmen der Forschungen des „Ludwig Boltzmann Instituts für Geschichte und Theorie der Biographie", einer Partnerinstitution der Österreichischen Nationalbibliothek.

Ludwig Boltzmann Gesellschaft

Bildnachweis: Otto Breicha (S. 99), Matthias Creutziger (S. 8, S. 248, S. 249), Friederike Denk (S. 100), Harry Ertl (S. 49), Nikolaus Korab (S. 191), Helmut Moser (S. 174 oben und unten, S. 193), Renate von Mangoldt (S. 124), Cora Pongracz (S. 123)

ISBN 3-552-05355-7

8. Jg. 2005, Band 12 der Reihe
Diese Buchreihe kann zur Fortsetzung über den Buchhandel bezogen werden.
Herausgeber: Österreichisches Literaturarchiv der Österreichischen Nationalbibliothek

Gestaltung und Produktion: Thomas Kussin, Gabi Schuster für buero8, Wien
Covergestaltung: Thomas Kussin unter Verwendung eines Fotos von Brigitte Friedrich
Druck und Bindung: Friedrich Pustet, Regensburg
Printed in Germany

Inhaltsverzeichnis

Ernst Jandl

3.10.72

smecken
smeden
smeeten
smetzen
smeßlich
smehcen
smeiden

smeicheln
smellen
smensch
smerzen
mettern
smeuchln
smezz

Der fertige und der unfertige Jandl

Jandl in progress – einleitende Notizen

Von Bernhard Fetz

Ich hab' das Gefühl, es sind viel mehr Gedichte geblieben, die bekommen immer mehr Gewicht, je länger sie da sind, je öfter sie publiziert werden, während wenn man eines wegwirft, das nimmt an Gewicht so fürchterlich ab, dann ist es nur mehr ein Zettel Papier im Papierkorb, und dann irgendwo in einer Müllverbrennungsanlage. (Jandl 1998, 94)

Ernst Jandls Gedichte sind in unzähligen Schulbüchern, Anthologien, Deutsch-als-Fremdsprache-Lehrbüchern, Kalendern, Almanachen, ja gar in Predigtanleitungen für Priester verbreitet. (Publikationen mit Texten Jandls füllen als Bestandteil des Ernst-Jandl-Nachlasses am Österreichischen Literaturarchiv der Österreichischen Nationalbibliothek viele Stellmeter Regale.) Die Stimme des Autors ist auf zahlreichen Schallplatten und CDs zu hören, ab Anfang der 1980er Jahre, einhergehend mit dem internationalen Erfolg des Stückes *Aus der Fremde,* kann Ernst Jandl als einer der meistgelesenen deutschsprachigen Lyriker bezeichnet werden, dessen Vortragskunst mit und ohne Jazzbegleitung ein Publikum begeisterte, das weit über den Kreis der berühmten 1500 Enzensbergerschen Lyrikleser hinausreichte. Was das Bild Ernst Jandls prägte, war der Dichter als Popstar. Zu Auftritten gemeinsam mit Musikern kamen manchmal 1000 Leute und mehr.

Jandls Gedichte wurden vertont oder in anderer Weise künstlerisch bearbeitet; und manche wurden, in den Kreisen eines weitgestreuten literaturinteressierten Publikums, zu Gassenhauern im besten Sinne, manche der Verszeilen zu geflügelten Worten: „lechts und rinks / kann man nicht / velwechsern". Jandls Gedicht *eulen* – „bist eulen / ja / bin eulen / ja ja / sehr eulen" – wurde literarisch geschulten Mittelschülern zum Losungswort, das die illiterate Masse der Nichteingeweihten ausschloß. Elfriede Gerstl, die Randgängerin unter den vornehmlich männlichen Protagonisten der österreichischen experimentellen Literatur der 1950er und 1960er Jahre, nennt verallgemeinerbare Gründe für die anhaltende Wirkung der Jandlschen Gedichte: „Die besondere Nähe zu Jandls Gedichten und meine Sympathie für sie erkläre ich mir unter anderem mit seiner Beachtung trivialer Alltagserfahrung, seiner traurigen Lustigkeit, seiner Selbstironie, seinem Blick für Komik und für soziales Unrecht, eine Besonderheit unter den mit der Sprache als Material arbeitenden Autoren." (Gerstl 1996, 10)

Vereinzelt wurde Kritik laut an einer trivialisierenden, nur die Pointen wahrnehmenden Rezeption der Texte. Gerade Ernst Jandl, der Meister des Weglassens und Aussparens, läuft manchmal Gefahr, jener Bearbeitungs-, Didaktisierungs- und Unterhaltungswut zum Opfer zu fallen, die auch in Kunstdingen kein Pardon kennt: „Das unbefugte Lachen, das wiehernde Mißverständnis geht weiter. Jandls Texte könnten noch zu Werbesprüchen werden. Seine Beliebtheit ist ein Irrtum, aus dem ein Kult werden könnte; davor muß er heute in Schutz genommen werden, vor den zeitvertreibenden Medien, den Computerwerkern und Videospielern, vor dem Zeitgeist im Trainingsanzug." (Haas 1997, 109; vgl. Mayer 1985) Vollkommen unbeeindruckt von irgendwelchen Erwartungshaltungen hat Jandl mit Gedichtbänden wie *idyllen* (1989) und *peter und die kuh* (1996) jedoch Gedichte vorgelegt, deren Radikalität erst in Ansätzen wahrgenommen wurde und die sich gegen didaktische Absichten oder Unterhaltungsbedürfnisse sperren. Im Gedicht *die freude an mir* wird die Verweigerung thematisiert: Unter denjenigen, bei denen „die freude an mir" nachläßt, könnten sich auch jene finden, „denen ich als lach-dichter nicht diene". (Jandl 1997/9, 87)

Und besteht nicht auch die Gefahr, daß Ernst Jandl durch die postume akademische Würdigung sein Bestes genommen wird, das anarchische Wuchern der Gedichte in zahllosen Bearbeitungen, Anspielungen, Hommagen usw. nachträglich kanalisiert wird? Abgesehen davon, daß noch jede künstlerische Revolution, jedes autonome Kunstwerk durch Archivierung, Kanonisierung und Musealisierung einem übergreifenden kulturellen Zusammenhang einverleibt wurde, ist das Nebeneinander von Ordnung und Anarchie konstituierend für Werk und Person Ernst Jandls. Er schien gespalten in den Dichter auf der einen und den Lehrer und Buchhalter auf der anderen Seite, der penibel über sein Werk Buch führte, zahllose Listen seiner Gedichte anlegte, mit zunehmendem Alter und der zunehmenden Flut an Zusendungen und öffentlichen Ansprüchen jedoch in einem Zettelchaos unterzugehen drohte. Ein donquijotesker Archivar und Bibliograph in eigener Sache, der alles, auch das Letzte, mittels Konvolutbildung in den Griff zu bekommen suchte: Unter dem Ordnungsbegriff „Tod" wurden Parten und andere den Tod betreffende Dokumente zusammengefaßt. Selten wohl paßt der Begriff der „Biobibliographie" so gut wie auf den mit resignierender Ausdauer geführten Kampf Jandls um Ordnung in Werk und Leben. (Die Übernahme des Nachlasses bzw. Vorlasses noch zu Jandls Lebzeiten stellte sich als Kampf mit einem fast übermächtigen Gegner heraus: mit der zur Papierflut gewordenen Materialisation des Jandlschen Werkes.)

Die Aura des Dichters und eine überkommene Genieästhetik hat Ernst Jandl immer abgelehnt; und immer wieder hat er auf die handwerklichen Aspekte des Schreibens hingewiesen, in poetischen Selbstaussagen, die in ihrer Knappheit und Präzision nicht zu überbieten sind. Das Gedicht ist etwas Gemachtes und was über dieses Machen hinausgeht, ist eine nicht mehr verhandelbare Sache. In einem Vortrag aus dem Jahre 1969 über die *Voraussetzungen, Beispiele und Ziele einer poetischen Arbeitsweise* spricht Jandl vom „Aufbau auf der Schreibfläche" (Jandl 1999/11, 48), davon, daß wer schreibe kein anderes Programm brauche, als „als Schreibender seine Position auf der anderen Seite der Sprache zu beziehen, dort, wo die Sprache als Rohstoff liegt, dort beschäftigt man sich mit der Sprache – und die Themen kommen von selber" (ebd., 49). „Jandls Poetik entzieht sich einer positiven Affirmation [von Theorien oder Programmen, B.F.], ihre Grenze ist die Grenze des Schreibprozesses, die nicht überschritten wird. So beginnt seine Schrift ‚Die schöne Kunst des Schreibens' folgerichtig mit einer ‚Abgrenzung des eigenen poetischen Bereichs', aber nicht, um aus dem Autonomieanspruch einen ‚höheren' (oder ‚tieferen') Sinn zu deduzieren, sondern in einer Konzentrierung der Perspektiven auf die Komplexität des ‚Arbeitsvorganges' als eines dem Schreiben immanenten Prozesses." (Korte 1996, 70)

Wo aber wäre der „Aufbau auf der Schreibfläche", die Prozeßhaftigkeit des Schreibens genauer nachzuvollziehen als im Arbeitsprozeß, wie er sich uns in Gestalt von überarbeiteten Textstufen, Notizen, Streichungen präsentiert? Die Druckfassung der Jandlschen Texte scheint fraglos, die Gedichte liegen in vom Autor autorisierten Fassungen vor. Die Veröffentlichung der Gedichtbände erfolgte – mit zwei signifikanten Ausnahmen – in der Form, die der Autor für sein jeweiliges Produkt vorgesehen hatte. (Die Ausnahme ist der Gedichtband *peter und die kuh,* der auf Initiative des Lektors durch eine „Autoren-Simulation" zustande kam. Dies ist der Fall einer Edition, die ohne den Impuls von außen nicht zustande gekommen wäre. Gemeinsam mit dem Autor hat der Lektor Kriterien entwickelt, um zu entscheiden, welches der beim Autor aufgefundenen Gedichte die „Reifeprüfung" besteht und welches nicht in den Band aufgenommen wird; vgl. Siblewski 1996. Der postum erschienene Band *Letzte Gedichte,* vgl. Jandl 2001, wurde ebenfalls von Jandls langjährigem Lektor Klaus Siblewski zusammengestellt.) Ganz besonders gilt dies für Jandls ersten Gedichtband *Laut und Luise,* auch wenn die bibliophile, nach Jandl viel zu teure Erstausgabe im Walter-Verlag ihr Publikum zu großen Teilen anfänglich verfehlte. In den Anmerkungen des Autors zu Band 2 der *Poetischen Werke* heißt es: „Wenn ich je ein Gedichtbuch sorgfältig durchkomponierte, dann ‚Laut und Luise'." (Jandl 1997/2, 231)

Die unfertigen Gedichte aus dem Nachlaß, die in diesem Band abgedruckt und faksimiliert werden, das Verworfene, Ausgeschiedene und Korrigierte, sträuben sich gegen eine Rubrizierung als fertige Gedichte; sie bilden außerdem ein Gegengewicht gegen die Tendenz einer manchmal trivialisierenden Verfestigung der Textgestalt in der Jandl-Rezeption. Diese Texte sollen in erster Linie Unbekanntes aus dem Nachlaß präsentieren; sie sollen zum anderen aber auch jene Verbindung von Philologie und Kritik, von Produktion und Rezeption zumindest anzeigen, wie sie von der französischen „critique génétique" behauptet und für die Editionspraxis gefordert wird. (Vgl. Grésillon 1999, insbesondere 43f.) Wobei es eben nicht vorrangig um die „Herstellung des Textes, sondern das Freilegen der Schreibmechanismen, die dem Schaffensprozess zugrundeliegen", geht. (Ebd., 125) „Es wird Zeit, die Geschichte der Texte zu *erfinden*", zitiert Almuth Grésillon den französischen Textgenetiker Jean Gaudon. (Ebd., 155) Quell dieser Geschichten ist das „dossier génétique" mit seinen Dokumenten zur internen (den Handschriften, korrigierten Typoskripten etc.) wie auch zur externen (Autorpoetiken, Interviews, Quellenmaterial etc.) Werkgenese. Als Ausschnitte aus diesem Dossier sind die folgenden Texte aus dem Nachlaß zu verstehen. Dabei ist jedoch Pierre Bourdieus Kritik an der „critique génétique" ernst zu nehmen. Diese läuft nicht nur Gefahr, einem Handschriftenfetischismus oder einem Fetischismus des Originals zu verfallen und in neopositivistischer Manier vor lauter Material den Text nicht mehr zu sehen, sondern es könnte ihr beim „Geschichtenerzählen" auch die Geschichtlichkeit jedes Schreibaktes verloren gehen: Die Analyse und Interpretation von nachgelassenen Materialien gelangt erst dann zu ihrem vollen Recht, wenn sie die „Logik der Arbeit am Schreiben", worunter die „Strukturzwänge[] des Feldes" zu verstehen sind, „zu *rekonstruieren* unternähme". Was heißt das? Das literarische Feld verfügt zu jedem Zeitpunkt über bestimmte Möglichkeiten, die der Autor realisiert und dadurch Neues schafft. Diese Möglichkeiten sind Produkt historischer innerliterarischer Entwicklungen (von Formen, Genres etc.) wie von Reaktionen auf das allgemeinere Feld der Macht. Zu zeigen wäre also, „daß der Schriftsteller, wie Flaubert ihn sich vorstellt, dem Piraten (*peiratès*) gleicht, der etwas riskiert, der experimentiert (*peirao*), sich von den eingefahrenen Geleisen des Üblichen entfernt und als Experte zeigt in der Kunst, den Weg zwischen jenen Gefahren aufzuspüren, die in *Gemeinplätzen* und konventionellen Formen bestehen". (Bourdieu 1999, 315f.)

Ernst Jandl hat zeit seines Schreiblebens experimentiert und etwas riskiert, nie ist er bei bereits Erreichtem stehengeblieben. Sein Werk changiert zwischen der Rezeption und Bearbeitung konventioneller und der Entwicklung ganz neuer Formen. Auch dafür liefern die folgenden Texte zahlreiche Belege. Es legt die bis heute nachwirkenden Bruchlinien zwischen der Avantgarde und der Restauration, zwischen den „Experimentellen" und den „Konventionellen (Konservativen)" frei und hilft, diese teilweise neu zu definieren. So ist etwa die „Kategorie" des religiösen Gedichtes, das sich in großer Variationsbreite durch das gesamte Werk Jandls zieht, nicht nur im Kontext der Biographie des Autors zu sehen – der religiösen Erziehung durch die Gedichte religiösen Inhalts schreibende Mutter –, sondern auch in bezug auf die Entwicklung der literarischen Formensprache innerhalb des Jandlschen Werkes sowie nicht weniger zentral in bezug auf das Verhältnis von Stimme und Schrift.

Die Position Ernst Jandls im literarischen Feld wurde durch seine Beziehungen zur „Wiener Gruppe" und zur internationalen Avantgarde sowie zu literarischen und kulturpolitischen Institutionen bestimmt; sie wurde weiters bestimmt durch den Anspruch auf künstlerische Autonomie einerseits und die Ausübung eines bürgerlichen Berufs als Lehrer an einem Gymnasium andererseits. Auch zu letzterem finden sich zahlreiche Dokumente im Nachlaß, eine Auswahl enthält das Kapitel „Jandl als Erzieher".

In stärkerem Maße als andere hat Ernst Jandl das Verständnisterrain für Formen nicht herkömmlicher Lyrik erweitert; diese Formen sind in die Sprache der Werbung und die Sprache der Medien diffundiert, sie sind, meist ohne daß sich ihre Anwender dessen bewußt wären, zum sprachlichen Sozialisationsgut einer medial geprägten Jugend geworden. (Die bewußte ironische Verwendung einer „heruntergekommenen Sprache", eines „conversational slumming", gehört beispielsweise längst zum Umgangston in den Klassenzimmern.) Wodurch umgekehrt die Akzeptanz für den Autor und seine Produktion stieg – bis er in seinen letzten Gedichtbänden wiederum eine völlig neue Richtung einschlug, allerdings unter gänzlich anderen Produktions- und Rezeptionsbedingungen als noch in den 1970er Jahren. Um nur einen Aspekt herauszugreifen: Eine Geschichte der Lyrik der letzten vier Jahrzehnte und gerade ein Kommentar zu Ernst Jandls Texten ist kaum zu schreiben, ohne die parallel laufende Entwicklung der Medien zu thematisieren.

Mit jedem Gedichtband war es Jandls Anspruch, etwas Neues zu machen, ein bereits in den Augen des Autors realisiertes formales Schema durch eine neue Ausdrucksform zu ersetzen (Sprechgedicht, Lautgedicht, „Oberflächenübersetzung", „heruntergekommene Sprache", Verwendung des Konjunktivs in *Aus der Fremde* etc.). In manchen Fällen zeigen die Entwürfe und Fassungen, wie der Autor auf dem Weg vom Einfall zur Endfassung mit verschiedenen Verfahren experimentiert hat. Zu verfolgen ist, wie im Laufe des Schreibprozesses die Sprache ihr Thema findet, durch Reduktion, Verdichtung, Verallgemeinerung.

Was Ernst Jandl in einem kurzen Text von 1970 über das *Schreiben als Produktion von Kunst* anmerkte, gilt vice versa für das interpretierende Verstehen von Kunst: Wenn die Sprache „das Material zur Produktion von Kunst" ist und wenn die Sprache zugleich die Eigenschaft besitzt, „Material meines Denkens und Sprechens" zu sein, dann müssen objektiver sprachlicher Materialvorrat und „subjektive[] Materialvorräte" aufeinander bezogen werden. Letztere sind: „mein Vorrat an Wörtern und Redewendungen; mein Sprech-Repertoire (mein Vorrat an Möglichkeiten der Stimme); und mein Vorrat an Gedachtem, d.h. an Sprache in Fixierungen, die mein Leben weitgehend bestimmen (Einstellungen, Ansichten, Überlegungen, Erinnerungen etc.). Diese Vorräte enthalten das Material, aus dem in Arbeitsprozessen jeweils ein Ganzes entstehen soll, das durch Eigenschaften bestimmt wird, die außerhalb meiner bisherigen Erfahrung liegen: ein Ding, das ich bisher nicht kannte, und von dem ich, da ich mich umsehe, annehmen darf, daß es das bisher nicht gab." (Jandl 1999/11, 60)

Dem Gewicht der kanonisierten, „fertigen" Gedichte erwächst ein Gegengewicht, wenn Korrigiertes, Gestrichenes, Verworfenes als Medium eines umfassenden Schreibprozesses erscheint. Die Texte werden transparenter und disponibler sowohl in Richtung auf den Schreibenden als auch auf den Leser. Der Weg der Texte führt vom Flüssigen der Versuche und Vorstufen zum Festen der Druckgestalt und er führt in ein Kraftfeld, in dem sich die Position des Autors und seines Werkes jeweils neu herausbildet. In diesem Sinne sind die folgenden Texte immer noch und immer wieder als „work in progress" zu verstehen.

Verwendete Literatur

Bourdieu 1999 = Pierre Bourdieu: Die Regeln der Kunst. Genese und Struktur des literarischen Feldes. Frankfurt am Main: Suhrkamp 1999.

Gerstl 1996 = Elfriede Gerstl: Vom damaligen Jandl in meinem jetzigen Kopf. In: Ernst Jandl. Hg. von Volker Kaukoreit und Kristina Pfoser-Schewig. Text + Kritik 129 (Januar 1996).

Grésillon 1999 = Almuth Grésillon: Literarische Handschriften. Einführung in die „critique génétique". Bern, Berlin, Frankfurt am Main u.a.: Peter Lang 1999.

Haas 1997 = Franz Haas: „Ich pfeife aufs Gesamtkunstwerk". Ernst Jandls Minimalismus auf der Bühne. In: Ernst Jandl: Proposte di lettura. Hg. von Luigi Reitani. Udine: Forum 1997.

Jandl 1997/2 = Ernst Jandl: Laut und Luise. verstreute gedichte 2. In: Ders.: Poetische Werke, Bd. 2. Hg. von Klaus Siblewski. München: Luchterhand 1997.

Jandl 1997/9 = Ernst Jandl: idyllen. stanzen. In: Ders.: Poetische Werke, Bd. 9. Hg. von Klaus Siblewski. München: Luchterhand 1997.

Jandl 1998 = Aus einem Gespräch des Verfassers mit Ernst Jandl, abgedruckt in: Bernhard Fetz: Ernst Jandl. Gedichte. In: Der literarische Einfall. Über das Entstehen von Texten. Hg. von Bernhard Fetz und Klaus Kastberger. Wien: Zsolnay 1998 (= Profile. Magazin des Österreichischen Literaturarchivs, Bd. 1).

Jandl 1999/11 = Ernst Jandl: Das Schreiben als Produktion von Kunst. In: Ders.: Autor in Gesellschaft. Aufsätze und Reden. Poetische Werke, Bd. 11. Hg. von Klaus Siblewski. München: Luchterhand 1999.

Jandl 2001 = Ernst Jandl: Letzte Gedichte. München: Luchterhand 2001.

Korte 1996 = Hermann Korte: „stückwerk ganz". Ernst Jandls Poetik. In: Ernst Jandl. Hg. von Volker Kaukoreit und Kristina Pfoser-Schewig. Text + Kritik 129 (Januar 1996).

Mayer 1985 = Hans Mayer: Kurze Verteidigung Ernst Jandls gegen die Lacher. In: Für Ernst Jandl. Texte zum 60. Geburtstag. Werkgeschichte. Hg. von Kristina Pfoser-Schewig. Wien: Dokumentationsstelle für neuere österreichische Literatur 1985 (= Zirkular Sondernummer 6).

Siblewski 1996 = Klaus Siblewski: „die rache der sprache ist das gedicht" oder Wie Ernst Jandls Gedichtband „peter und die kuh" doch noch zustande kam. In: manuskripte 134 (Dezember 1996).

wenn das ein gedicht sei

diese gedichte können, da es vorzüglich
gedichte zur bewältigung des Leben sind,
in jeder beliebigen reihenfolge von Ihnen
gelesen werden, verehrte lederriemen
und leser.

wenn das ein gedicht sei dann sei es
ein parlando-gedicht, ein dahinsprechen von,
ein vor sich hinmurmeln von, und nicht straffer
als er selbst es sei, nun da ihn erweiche
das bitten, das er selbst sei, durch und durch, in solchen
so vielen solchen momenten, ganze strecken lang, ohne daß
er selbst es sein könne, der es erhöre, und keiner sonst
und es sei auch nicht gerichtet an irgendwen.
also werde vielleicht er einen bleistift spitzen und
beiseitelegen, und dann sitzen eine zigarettenlänge und dann
ein weiteres unnützes ding tun, wie es gerade
sich anbiete, und dann wieder
sitzen eine zigarettenlänge und dann wieder.
gelobt sei, wolle rufen er, und er wisse nicht, was
damit er meinen könne, und also
rufe er es nicht, und jetzt
seien gegangen diese beiden, die keine
fremden seien, sondern gekennzeichnet als ausführende
einer in diesen zusammenhang passenden tätigkeit.

10.10.78

der konkrett poesie
sein ein errunkenschaften, ein hygienischen;
nun ich denken: sein sehr gut zu da haben
solchen ein errunkenschaften, ein hygienischen - nur
wie nun machen weiter, jetzen, da ein so groß groß
hygienischen errunkenschaften in konkrett poesien wir ja haben.
wollen ich rufen meinen probieren - sehen werden.
also ich rufen meinen probieren. meinen probieren
kommen daheren, und ich ihn mit den problemen informieren.
er kapieren, und fangen an probieren hin und herren.
dann er sagen: du
können nur gehen den extremensten wegen in ein unhygienischen,
ein drecken. mich erfassen ein tiefen schrecken. du meinen?
ja, ich meinen, lachen der probieren, ich meinen
sprachenschmutzen, dies sein
wege den extremigste du jetzen könn gehen
forten von diesen hygienischen orten.
mit dieses worten
sein der probieren verschwunden in meinen munden.
ich sein erstaunigen, verstummigen.
für stunden langen lang. dann ich verspüren
das drang, das drang. dann ich verhören
den worten forzen, dann ich verriechigen
mit den nasen über munden
den stank, den stank, den worten forzen stank.
dann ich fallen auf knien: verdank! verdank!
dann ich nehmen den papieren, kotzen drauf worten,
starten den verschmieren den verschmieren.
in the following way.

hier
sind
von
allen
verschiedenen
wörtern
nur
acht
das kotzt mich an
dreizehn

beschreibung eines gedichts (2)

entkleide dich
~~xxxxxxxx~~ verneige dich
dreh dich um
beginn zu gehen
werde kleiner
und kleiner

entkleide dich
vor

vor den augen aller
entkleide dich
verneige dich
dreh dich um
beginne zu gehen
werde kleiner
und kleiner

einer
entkleidet sich
vor den augen
der anderen
verneigt sich
tief
dreht sich um
beginnt zu gehen
wird kleiner
und kleiner
wird ein punkt
und entschwindet

einer
wird
von den ausgezehrten
entkleidet
seine uniform
geht von hand zu hand
ihr geruch
wird geprüft
seine muskeln
werden befühlt
sein fett
wird betastet
dann
treten sie zurück

Zum Thema „Autorität des Wortes“

1

Wörter sind in der Sprache das Ganze, jedes Wort ist ein Ganzes, das sich, geschrieben, als eine bestimmte Reihe bestimmter Buchstaben dem Auge zeigt und das sich, gesprochen, als eine bestimmte Reihe bestimmter Laute dem Ohr zeigt und das, geschrieben wie gesprochen, eine bestimmte Bedeutung hat, oder mehrere bestimmte Bedeutungen, das heißt daß es auf etwas Bestimmtes zeigt. Es zeigt sich als etwas Bestimmtes und es zeigt auf etwas Bestimmtes und es ist ein Ganzes.

Das Wort ist ein Ganzes, das in seine Teile zerlegbar ist, in seine einzelnen Buchstaben oder in seine einzelnen Laute, wobei jeder einzelne Buchstabe und jeder einzelne Laut wieder ein Ganzes ist, das sich dem Auge oder dem Ohr als etwas Bestimmtes zeigt, das aber nicht jederzeit auf etwas Bestimmtes zeigt, also nicht jederzeit eine bestimmte Bedeutung oder bestimmte Bedeutungen hat, während das bei jedem Wort jederzeit der Fall ist.

Das Wort ist ein Ganzes, das sich mit anderen Wörtern zu Wortgruppen und Sätzen kombinieren läßt, die unsere Aufmerksamkeit in der Weise beanspruchen, daß wir lesend oder zuhörend mehr oder minder rasch über die Wörter streifen, um die jeweilige Art ihrer Kombination zu erfassen, und nicht mehr das Wort als einzelnes oder nicht mehr so sehr jedes Wort als einzelnes Ganzes betrachten, weil unsere Aufmerksamkeit zwischen den Wörtern und ihrer jeweiligen Kombination geteilt ist, und zwar ungleich geteilt, weil wir, um die jeweilige Kombination zu erfassen, mehr Aufmerksamkeit für diese aufwenden als für die Wörter, die wir kennen, sofern wir alle Wörter der jeweiligen Kombination tatsächlich kennen. Dennoch bleibt in jeder Kombination von Wörtern jedes Wort an und für sich ein Ganzes, und wir erfahren diese Tatsache immer dann, wenn eine Kombination von Wörtern, die wir als Sätze und Folgen von Sätzen lesen oder hören, ein Wort enthält, das wir nicht kennen und daher nicht verstehen, oder mehrere Wörter, die wir nicht kennen.

Neben dieser Art des Kombinierens von Wörtern mit Wörtern gibt es das Kombinieren einzelner Wörter mit bestimmten unmittelbar vorhandenen und wahrnehmbaren Sachverhalten und Situationen, zum Beispiel als Anweisung oder als Kommando oder als emotionale Äußerung. Diese Kombination von einzelnen Wörtern mit bestimmten unmittelbar vorhandenen und wahrnehmbaren Sachverhalten ist von der Kombination von Wörtern mit Wörtern nur dadurch verschieden, daß bei der Kombination von Wörtern mit Wörtern bestimmte Sachverhalte und Situationen mittels Wörtern gezeigt werden und daher nicht unmittelbar vorhanden und wahrnehmbar sein müssen, während bei der Kombination von einzelnen Wörtern mit bestimmten Sachverhalten und Situationen diese Sachverhalte und Situationen als unmittelbar vorhanden und wahrnehmbar vorausgesetzt werden. Diese beiden Arten des Kombinierens sind also grundsätzlich nicht verschieden sondern gleich.

Jedes einzelne Wort ist ein Ganzes, das sich als ein Bestimmtes dem Auge oder dem Ohr zeigt und eine bestimmte Bedeutung hat oder bestimmte Bedeutungen, und das außerdem die Eigenschaft besitzt, sich mit anderen Wörtern oder mit Sachverhalten und Situationen kombinieren zu lassen. Diese Eigenschaft der Wörter, sich kombinieren zu lassen, bedeutet jedoch nicht eine Fähigkeit der Wörter, selbst irgend etwas zu tun. Das Wort selbst tut nichts, es kann nichts, es will nichts, es erreicht nichts, es ist einfach da um verwendet zu werden, und die Wörter werden verwendet, von allen verwendet, indem jeder sie mit Wörtern zu Wortgruppen, Sätzen und Folgen von Sätzen kombiniert, und indem jeder einzelne Wörter mit bestimmten unmittelbar vorhandenen und wahrnehmbaren Sachverhalten und Situationen zu Anweisungen oder Kommandos oder emotionalen Äußerungen kombiniert. Dieses Kombinieren, das jeder tut, ist die Art, wie jeder Wörter verwendet, und während kein einziges einzelnes Wort eine andere Eigenart hat als seine eigene und kein einziges einzelnes Wort etwas anderes ist als es ist und daher niemals ein einzelnes Wort, das für sich selbst allein da ist, so wie es ist ist weil irgendeiner will daß es so ist, geschieht das, was ein jeder mit Wörtern tut wenn er sie kombiniert, so wie er es will, wie er es kann, oder wie er es muß. Dieses Kombinieren von Wörtern, um damit etwas zu tun, ist also nicht das, was die Wörter sind, sondern das, wozu sie verwendbar sind; es ist ihre Verwendung.

Die Wörter, alle einzelnen Wörter, sind an sich weder gut noch schlecht, weder helfend noch gefährlich, weder unterdrückend noch befreiend, weder häßlich noch schön. Ich kann sie aber verwenden, jeder kann sie verwenden, um zu befreien oder um zu unterdrücken, zu helfen oder zu gefährden, etwas gut und etwas schlecht zu nennen oder etwas gut zu machen und etwas schlecht zu machen oder etwas Gutes schlecht oder etwas Schlechtes gut. Niemals sind die Wörter meine Wörter, und sie haben nichts von mir an sich, und die Art, wie ich sie verwende, läßt kein Urteil über die Wörter zu, über die es ein Urteil überhaupt nicht geben kann, sondern nur ein Urteil über mich und über meine Art, die Wörter zu verwenden. Nichts das mittels Wörtern geschieht geschieht durch

Wörter, sondern es geschieht durch eine Art, Wörter zu verwenden. Wörter sind Dinge, Wörter haben keine Macht, aber ich kann sie verwenden, um Macht zu erreichen und Macht auszuüben. Ich kann sie aber auch verwenden, um Macht abzubauen und Macht aufzugeben. Wörter haben nichts von dem an sich, der sie verwendet, aber die Art, wie er sie verwendet, hat alles von dem, der sie verwendet, es ist die Art dessen, der sie verwendet, seine eigene Art, und es hängt alles von ihr ab.

2

Ich schreibe nicht nur Gedichte bei denen man lachen kann, aber ich schreibe auch Gedichte bei denen man lachen kann, und vielleicht sind die Gedichte bei denen man lachen kann in einer Weise die wichtigsten Gedichte die ich schreibe, denn da es Gedichte sind, die so gemacht sind, daß sie zeigen, daß sie aus Wörtern gemacht sind, indem sie zum Beispiel aus ganz wenigen oder aus ganz wenigen aber oft wiederholten Wörtern gemacht sind, sie also zeigen, daß sie nicht nur Gedichte sind, sondern ganz deutlich, daß sie aus Wörtern gemacht sind, zum Beispiel auch dadurch, daß Wörter darin beschädigt sind, so daß jeder weiß, das sind Wörter, die da beschädigt sind, das sind Wörter, da es also Gedichte sind, die oft mehr zeigen, daß sie aus Wörtern gemacht sind, als sie zeigen, daß sie Gedichte sind, worauf es bei den Gedichten früher immer ankam, kann es sein, soll es sein, sofern es Gedichte sind, bei denen man lachen kann, daß man bei ihnen nicht nur lacht wie man bei Gedichten bei denen man lachen kann lacht, sondern daß man bei ihnen lacht indem man bei Wörtern lacht, und bei diesem Lachen bei Wörtern lernt daß man bei Wörtern lachen kann, daß man bei allen Wörtern lachen kann, daß es kein Wort gibt bei dem man nicht lachen kann, da kein Wort irgend etwas verwehrt das man bei diesem Wort tun könnte, so daß einem auch kein Wort das Lachen bei irgend einem Wort verwehrt, und daß also, wenn man bei einem Wort nicht lachen darf, es jemand sein muß, der einem das Lachen verwehrt, nicht irgend ein Wort, sondern einer, der irgend ein Wort oder irgendwelche Wörter für sich ausnützt, indem er einen oder viele oder alle auf irgend eine Weise dazu bringt, daß man bei diesem Wort oder bei diesen Wörtern nicht lachen darf. Wenn man aber gelernt hat, daß man bei jedem Wort lachen kann und daß es überhaupt kein Wort gibt bei dem man nicht lachen kann, weil man bei jedem Wort alles kann, wird man vielleicht auch gelernt haben, das Wort und den, der das Wort für sich ausnützt, nicht mehr miteinander zu verwechseln.

20., 21.10.70

wenn das ein erzählen sei

rügengehren nacher Wien

jüxt gehr icherl zu rüg mit einer schnaar von schneegelvögen auffen zeidenen schwäherschwingen eiernen schnallschnabel in ietschem topfel. sein keunen hungkerswägen ein aussprellen vonniger furzelbahan in blaus immel hund wolgenwatta schnach petrolohiumsigen schneierbrünett, scheub flägenbrüh zogzog den rotzelbahan uhanan bruzzelbaum, hün perschen verschliegegen aziowenoltantramismus, feigelte. schnögel zink bleiderwegen, kaitzel nacher dü dü, farumastrumiplowinniklum zna kücher, zna küliowrattastopfpaan. derdo wursts, derdo schnick pfatzizi, zor ballatschuniwegkerl fri polotschanka, polotschanka. nuxa! schlähweren daumoforsin zählker datschn an glütsch, datschn an zukkowrinnikol. scheinz laabel nachnoch ka gadda vario. sink ockl brunnferick, tschein früttl sopfomorr tschi hakko, darrun kolloschni bra zubene. dintl dantl karionawalibrätukunz, zakkuläābm fütsch fütsch tschadln, nochti spoam. katzatropfen smügerten fötti zon schmillig-wog zein furra drihalom drihalomski, butzasifinock bra schmülle krill dochk ritsch pfahn zuglkupf. schnaher harrantschuk bli wärrel feunu streckomst danner wün xunzspinzer, zunker wackantruff.

präpos.

legenden hennen
legenden enten
legenden lesen
legenden erzählen
durch legenden gebessert werden

1.9.63

das leben einrollen wie einen teppich, zurück bis zum

siebenten jahr, und die lebensgefährliche krankheit von

damals nicht überleben, bis zuletzt (, unter tränen lächelnd,) die mutter am bett.

und könnte es nicht, ungeachtet welchen alters, möglich werden

~~sein~~, <u>so</u>?

mut zur prosa, mut zum satz, mut zum gedanken - als rettung für die

~~der~~ poesie. ohne zu erzählen. oder auch mut, ~~etwas~~ zu er-

zählen - <u>es</u> zu erzählen. zur errettung, auch der poesie.

so noch möglich werden?

seite

bis zuletzt die mutter zur ~~hand~~, lächelnd unter tränen

ihr lächeln unter tränen.

dabei,

das leben einrollen wie einen teppich, zurück bis zum

siebenten jahr, und die lebensgefährliche krankheit von

damals nicht ~~überleben~~ überstehen, bis zuletzt die mutter

dabei, unter tränen lächelnd. und könnte es nicht, ungeachtet

welchen alters, so noch möglich werden?

wenn das fertig sei

wie wir verschwinden
um unseren körper zu warten
den wir von tieren haben
und dann zurückkommen
mit strahlenden händen

Metalle

Wir haben erlitten
die berstenden Metalle
des Kriegs.

Wer trüge nicht
Splitter davon
im Holz seines Herzens?

Wir haben überschritten
die strömenden Metalle
zahlloser Brücken.

Wer trüge nicht
die Karten verschollener Länder
auf der Haut seines Rückens?

Wir haben erkannt
die Korrosion der Metalle
unserer Glieder.

An unserer Tür
wachen messergesichtige Ärzte
doch der Tod drückt die Schnalle.

Schicken wir aus
die jungen Metalle
unserer Geburten!

daß grüßen nach uns
Lippen der Liebe
den schallenden Mond.

Metalle

Gebär dich gebär

Granaten platzen
Holzherz splittert

Birg dich und bunkere

Brückiger überkrüppelt Flüsse
Kartiges rollt röchelt verbrannt

Gebär dich gebär

Ärzte messern
Tod rückt an

Birg dich und bunkere

ich lasse manches wunder
an mir vorbei geschehn
und zittere dem donner
daran sich berge blähn
wo sich gebirge bauschen
zieh ich mein letztes ohr
mit peinigendem rauschen
aus meinen stümpfen vor
der eine ist der stumpf
ewiger seligkeit
daraus mein kalter rumpf
sich in die hölle speit
der zweite ist der stumpf
scheissender heiterkeit
wohin mein poesié
mich clown entzweit jedem
der dritte ist der stumpf
der sexualität
die mir von wang und kinn
die dünne klinge mäht
die vierte ist der stumpf
der wilden eifersucht
die mir aus hartem herz
nach schönsten mädchen flucht
denn nichts erlangt sich mir
von ihnen sonst als dies
womit ich meines grabes
blumen begieß
pissend meines grabes
blumen begieß
womit ich meines grabes
blumen bepiß

kugeln

nicht eine einzelne, viele
zerdrückt, es fände
der schlafend sich rollende
jahrhundertmensch beim erwachen
sie auf dem abends noch weißen
linnen, und schwarz
von sich drängenden, hinab
an sich blickend, die arme
hände, die brust, den bauch
und auch was von beinen und
füßen aus dieser schräge er
sähe, dichtest besetzt, säßen
ihm nicht in undurchdringlichen
kugeln, ihr öffnen erwartend
zu hunderten über den
augen die fliegen

tausch

rotes grün
grünes rot

blut tauscht gras

27.10.63

billeteur

Kinoplan

(Burgkino)

dritte reihe links

achte reihe rechts

vierte reihe rechts

zwölfte reihe links

was wird

mein bio

graf einst

daraus

machen

1966

moos kau; kau gummi; moos; kau moos; los: kau!
moos, a-ick; ick – ich? morse: kakao; mama-mama-mama
einen gaugau, einen gau-gau! ich wollen haben einen
gau-gau! torten, sein der menschen, ein marsen, maß
sehen, einen maß, sehen; matz; einen marsch, tsss.
ein glüglich. glüh: kügel ich – ich? moos – kaukau;
ein brrts brrtsch brotsch, ein borschtsch-tsch, ein
wundersupp. papa-papa-papa! leni sein in himmel kommen,
und DU? fritten hoffen. alzen balzen ganks in ein
forten-schritten, ein lang-schlank-lang-lang-schlang
zum lenin-maus, olé, maus-katz-maus, olé, schmäh,
schmäl, ich schmeiß, scheiß, eitzen-kalter lupfen-hauchen,
mein jauch-jung, der brutz, den einstürz-lung, den aus.
hauch. jauch-haus, den aus, jung-lung, den atem-stütz;
stürz in den under-grunt-bahnen von ditzen metreo-polen.
und könnten sich holen schnupfen, in ihneren weiß-
braut-scheiß-kleid, denen jungck-gefreit jubelen
motzen-mädegen hurren. ich innen ihnen haben gesehen,
hinnenschmeißen den brauten-strauß forzen den lenin-maus.
torten sollen drin liegen, tutz tutz, ein ausgeweiden
hüll von ein lenin, denen nie ich haben braucht.
haben auch

15.9.72

mundfäule
munter
– musterschutz
~~mund~~
~~mundfäule~~
münder
mundfäule
munde
mundfäule
münde
mundfäule
mund
mundfäule
munda
mundfäule
mundan
mundfäule
mund an mund
mundfäule
mundart
mundfäule
mundbrötchen
mundfäule
~~mund~~mündchen
mundfäule
mündel
mundfäule
mundmädchen
mundfäule
mündelgeld
mundfäule
~~mündelsicher~~
~~mundfäule~~
munden
mundfäule
münden
mundfäule
~~münden~~
~~mundfäule~~
mündener
mundfäule
mundfaul
mundfäule
~~mundfäule~~
~~mundfäule~~
mundgerecht
mundfäule
! mundharmonika
mundfäule
mundieren
mundfäule
mündig
mundfäule
~~spreche mündig~~
~~mundfäule~~
mündiggesprochen
~~mundfäule~~
~~mündigzusprechen~~
~~mundfäule~~
~~mündigsprechung~~
~~mundfäule~~
mundium
mundfäule
~~schutzgewalt~~
~~mundfäule~~
mündlein
mundfäule
mündlich
mundfäule
~~mündlichkeit~~
~~mundfäule~~
mundoffen
mundfäule
~~starr vor staunen~~
~~mundfäule~~
mundpflege
mundfäule
mundraub
mundfäule
mundrohr
mundfäule
mundstück
mundfäule
mundschaft
mundfäule
mundschenk
mundfäule
mundschenkin
~~mundfäule~~
~~mundtot~~
mundfäule
mundtuch
mundfäule
mundum
mundfäule
~~mündung~~
~~mundfäule~~
~~mündungsfeuer~~
~~mundfäule~~
mundvoll
mundfäule
~~den mund voll brot~~
~~mundfäule~~
mundvorrat
mundfäule
mundwasser
mundfäule
mundwerk
mundfäule
mundwinkel
mundfäule
mundfeig
mundfeige
mundfeigenblatt
mundfeigheit
mundfeiglein
mundfleigling
mundfeil
mundveilchen
mundfeile
mundfäule

mundpisser
etc.
mundesel
mundarmd
mundverein
mundpeise
mundkonsum

dazu: kursiv, fettgedruckt, gesperrt, kursiv fett, fettgedruckt gesperrt, kursiv gesperrt, kursiv fett gesperrt

eintracht[3] und[2] übersicht[1]

bürste, die hand, mischen, blei, besagt, die dohle, drauf, ein vorzug, gemessen, frucht, bis, meinetwegen, unterhalb, gold, besiedelt, suppe, greifbar, ein zweck, kegel, massenhaft, überhaupt, radipon, verzweigt, anden, die kugel, fluxus, gleichschritt, baß, drittel, zu, das darf, indanthren, absolut, jaspis, magen, ein schritt, klaffen, disponiert, tagung, jeweils, die schuppen, frisch, gegenständlich, bloß, feil, gagarin, bank, glatt, einerlei, warum, sisyphus, baden, kappe, dran, adelheid, links, gemischt, führungszeugnis, prinz, collage, drei, das tuch, flotte, neben, zählbar, die kur, jederzeit, filz, dietrich, halm, sacken, tatra, überbleibsel, morsch, gemeint, drohne, siegellack band, zacke, siegfried, adamant, düster, dick, anzuweisen, dreieck, **falz, nagetier, beispielsweise, siebzehn, autobus,** die scholle, dank, lippenstift, der boden, desgleichen, abziehbild, segelleinen, drum, offengelassen, nach, wird schon, die wahl, unerfindlich, trüb, igel, das jausenpaket, tuch, dampfer, mischsendung, gleichgewicht, lineal, idee, die jacke, ab, flau, tischpost, freikriegen, flach, lücke, fit, ein tupfen, schmelz, die zitrone, mittelmäßig, plus, damals, ja so, eben, deckweiß, blieb, ~~xxx~~ tüte, wechselgeld, der stein, das voraus, dimiter, flugs, asche, ein drittel, sagenhaft, bescheid, wachsen, drum, milchgesicht, zottig, seifenbehälter, trumpf, bisweilen, ob, keinerlei, nach vorn, sitzen, jugendstil, das wams, fraulich, pegelstand, drüber, die flut, kropf, seifenblasen, krater, fuhrwerk, schnaps, die tratte, münster, jagenbrein, schneit, allzuviel, dicht, sattelfest, feiertag, zahn, doch, gestrichelt, interferenz, zum, utensilien, gebläse, porto, wessen, desgleichen, die, losungswort, schnitz, bandage, weiterhin, überfüllt, sachgerecht, zielscheibe, wogend, sechsunddreißig, qzer, überhaupt, mittendrin, lockvogel, öfters, luminal, birne, der förster, schwach, amsel, die paula,

formfest, dürfte ich, pelz, burma, demnächst, die fackel, schmeißfliege
last, ypsilon, auge, soeben, einzureihen, fast, die borte, brennessel,
handtuch, einunddassselbe, tatendrang, epopöe, fallbeil, gondola,
battist, bliebst, kanulase, dreimaster, schon, felge, backenbart,
du da, eigentlich, zwei, rufweite, der mastdarm, vaterland, schrift,
sozusagen, doppelt, wichtig, benachrichtigung, die tracht, peter,
das roß, siebenunddreißig, das, durch, aufenthalt, liebkosen, dann,
weggefährte, der turm, die borste, bleib, gewußt, dasselbe, ähnlich,
klaglos, sicherlich, darstellungsweise, glanz, der frosch, billa,
die riege, früh, kalkstein, tausendfach, wechselhaft, grünzeug,
volk, daran, judenhaß, ludwig, gleich, kanzelprediger, falter,
die tür, beeren, öffentlich, zur wirklichkeit, dazumal, dreibeinig,
n
der durst, darfst du, mittelprächtig, wachs, schabelfut, der perser,
feierlich, kugelgelenk, darm, das jahr, herrlich, einstweilen, kanzler,
prinzessin, kitsch, polarität, ohne zwang, langsam, sozusagen, worin,
harte arbeit, petronell, künstlich, mitsouko, schattenhaft, das da,
andersartig, zweifelhaft, der obstgarten, das buch, wurzeln, eine
schönheit, damast, die pitten, beileibe, zankapfel, marsch, halbwegs,
ein trottel, vorgefallen, einfädeln, arschloch, das fett, späziell,
dürr, die nercosität, pater, der meistbietende, weisheitszahn, wankel-
mut, brüderlich, die furcht, beizeiten, josefsehe, doppelkinn, mein
knie, nachhause, faschist, bis montag, synthese, die frau, der xaxxpax:
faulpelz, meinst, schmuckblatt, zittrig, abzuweisen, füllen, schweige-
pglicht, kann, plazenta, ungenau, dafür, ritt, pissen, dankbar, gnade,
flach, sack, das andre, keinerlei, du schaf, fliegt, plan, jochbein,
der augenblick, fürstlich, entwöhnungskur, zielscheibe, das bett,
der zähler, drumrum, wissentlich, gleich, schnee, rammen, drück,
genaugesagt, zu pferde, dunkelheit, neuerlich, erfrischt, piepsen,
dieselben, jesus christus, ihr koppel, schnecke, eine frist, dachs,

aber

ich hätten gern sterben

in meiner muttern arm meinen

sein ~~nicht~~ ~~aber~~ nur noch knochen ~~einigen~~

aber wahrscheinlich

und ~~waren~~ sein gewesen ~~doch~~ einst wärmenden

doch ~~immer~~

sonderbar

so ich jetzt schreiben ununterbrochenen

ununterbrochenen

ich ~~jetzt~~ schreien hinaus in den

sein da meiner muttern wenigen welt

~~aus~~ und lassen den klagen

deren alten

sein du jetzt meiner muttern

ich dich bitten sein der meinen muttern

~~noch~~ aber nicht zu zerbrechen mit meinen

schreienden den glasernen wand

nicht ~~aus~~ den glasernen panzern den mich

trennen von ~~aus~~ zu zwingenden

welt deren immer mehr

ich gern hätten sterben
in mein muttern sein arm
sein aber nur noch einigen knochen wahrscheinlichen
und sein doch gewesen ein wärmenden sonderbar.
so ich jetzt schreien ununterbrochnenen
ununterbrochenen ich schreien hinaus in den sonnigen
welt
aber nicht ich zerbrechen mit meinen schreienden
den glasernen wand
nicht ich zerbrechen den glasernen panzern den trennen m
mich
xxxxxxx
mich trennen von denen verjungenden welt
und lassen den klagen denen alten

ich gern hätten sterben
in mein muttern seinen arm;
sein aber nur noch einigen knochen wahrscheinlichen
und sein doch gewesen ein wärmenden sonderbar.
so ich jetzt schreien ununterbrochnenen
ich ununterbrochenen schreien hinaus in den sonnigen welt;
aber nicht ich zerbrechen mit meinen schreienden
den glasernen wand
nicht ich zerbrechen den glasernen panzern den trennen mich
trennen von denen verjungenden welt

so ich jetzt ununterbrochenen schreien hinaus
in den sonnigen welt und lassen den klagen denen alten

zlzula
1

unregelmäßigen
in jähen verblödungsräumen
begrenzt sich mein ~~der~~ horizont

haus aus fleisch blut knochen
von mir sterbenden bewohnt

von schweinen bin ich eingeschlossen
in Art der Schulmedizin
mein [illegible]
homöopathisch

kulturwelt: hörspiel
zweisprachige edition

gelber

heller
gelber

ein teller
schneller
langsamer
schneller
ein teller

schneller

für 1–3
personen,
mit bude
schnell

it can't be
long enough

s kann nicht
a) kann lang sein
b) aus nächster
nähe

kommt schnell
schnell aus nächster nähe

siehst du, würde ich sagen
jetzt sind wir am ende
und du würdest sagen, ja
jetzt sind wir am ende
und wir würden einander umarmen
und wir würden uns küssen
und wir würden am ende sein
aber so kann es leider nicht sein
und warum eigentlich nicht?

gedichte zum fertigstellen

ich lege hier all denen, die damit unzufrieden sind, mit gedichten nicht mehr tun zu können als sie zu lesen, zu interpretieren und auswendig zu lernen, einige gedichte vor, die ich begonnen habe, ohne sie fertigzustellen, damit nunmehr der leser, sofern er dazu lust verspürt, selber ihre fertigstellung versuche. was immer das resultat eines derartigen versuchs, ich stelle es dem leser anheim, der solches, wie er meint, mit erfolg versucht hat, den erfolg seines bemühens auch dadurch auszuprobieren, dass er nunmehr darangeht, das fertiggestellte produkt zu einer veröffentlichung zu bringen, in einer zeitschrift, einer anthologie, einem eigenen buch oder irgendwo sonst, und zwar nicht unbedingt in dieser halbjahresschrift, den „protokollen", aber auch nicht unbedingt nicht. allerdings darf ich an jeden die bitte richten, ein solches von ihm fertiggestelltes von mir nicht fertiggestelltes gedicht von mir in geeigneter weise als ein solches zu kennzeichnen, ehe er den versuch unternimmt, es zur veröffentlichung zu bringen. das kann zum beispiel durch einen zusatz wie „fertigstellung eines ‚gedichtes zum fertigstellen' von ernst jandl" erfolgen, wobei selbstverständlich der name des fertigstellers als der name des autors des fertiggestellten gedichtes an erster stelle steht, wie ja auch der fertigsteller des gedichtes sämtliche rechte an dem von ihm fertiggestellten gedicht besitzt, eingeschränkt lediglich dadurch, dass auch jeder andere das gleiche nicht fertiggestellte gedicht fertigzustellen und dann als sein eigenes gedicht anzusehen und zu verwerten berechtigt ist, ungeachtet aller möglichen ähnlichkeiten zwischen zwei oder mehreren fertiggestellten gedichten, die auf das gleiche von mir allen zur fertigstellung überlassene gedicht zurückgehen.

von kollegen, die nun ihrerseits drangehen, ihre unfertigen gedichte, texte, theaterstücke, romane, erzählungen usw. als „gedichte (texte, theaterstücke, romane erzählungen usw.) zum fertigstellen" an die öffentlichkeit zu bringen, darf ich erwarten, dass sie dies fairerweise stets mit einem hinweis wie „nach dem muster der ‚gedichte zum fertigstellen' von ernst jandl" tun, es sei denn es gelänge einem von ihnen nachzuweisen, er habe derartige „gedichte etc. zum fertigstellen" bereits zu einem früheren zeitpunkt als ich in einer publikation mit kontrollierbarem erscheinungsdatum als solche abdrucken lassen und sie solcherart bereits früher als ich zu dem gleichen zweck der öffentlichkeit geschenkt.

keines dieser unfertigen gedichte wurde von mir als ein ‚gedicht zum fertigstellen' konzipiert, und alle, die ich hier von mir stoße, waren bereits unfertig da, ehe ich am 6. dezember 1973 auf den gedanken kam, mit ihnen zu tun was ich mit ihnen jetzt tue; nur die bemerkungen zu jedem einzelnen sind erst nach diesem datum entstanden und sollen, ohne für irgendwen eine verbindlichkeit zu bedeuten, eine ahnung davon vermitteln, was ich mit dieser oder jener sache wollte, die ich, wie jede sache, zu einer fertigen sache machen wollte, solange ich daran arbeite und darüber hinaus. die gründe, warum ich mit diesen gedichten nicht fertig wurde, sind mannigfaltig.

bitte, nicht mir die fertiggestellten gedichte zuzuschicken, oder nur dann, wenn sie bereits irgendwo gedruckt erschienen sind.

ich behalte mir das recht vor, jedes meiner „gedichte zum fertigstellen" irgendwann einmal selbst fertigzustellen, ungeachtet wie [viele] fertigstellungen eines von ihnen durch fremde hand dann bereits im umlauf sein mögen. allerdings verpflichte ich mich, eine fertigstellung die unter miteinbeziehung einer fertigstellung durch fremde hand dann von mir erfolgt, als solche durch einen zusatz zu kennzeichnen wie „fertigstellung eines [bricht ab]

die sonne höhnt in alter weise

sind das in mir maschinen

sind das lärmend in mir maschinen ists musik
ist das lärmend in mir musik sinds maschinen
ist das musik sinds maschinen lärmend in mir
sind das

sinds maschinen lärmend in mir ist das musik
ists musik lärmend in mir sind das maschinen

maschinen das sind musik ists lärmend in mir
in mir ist lärmend das musik maschinen sinds
lärmend ist das musik in mir

das in mir lärmend sind ists musik maschinen
das in mir lärmend ist sinds maschinen musik
sinds maschinen ist das in mir lärmend musik
ists musik sind das in mir lärmend
                                        maschinen lärmend ind mir

lichtblase stülpt sich aus dem vorderkopf

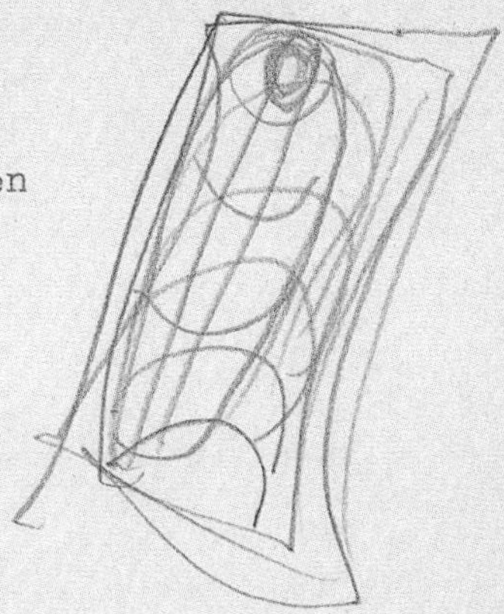

das in mir dröhnt sind die maschinen
die ortsveränderung erzeugen
sie sind innen in mir, ich hier
in keiner von ihnen

sie sind innen in mir, ich hier
bin in keiner von ihnen

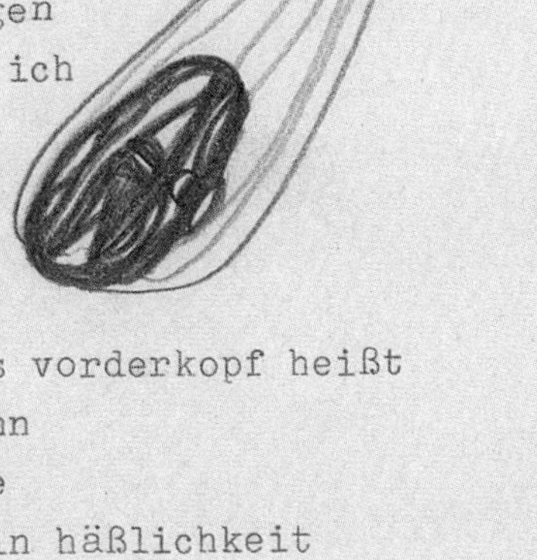

das dröhnen in mir sind maschinen
die ortsveränderung erzeugen
es ist innen in mir, aber ich
hier
bin in keiner von ihnen

lichtblase stülpt sich aus vorderkopf heißt
es ist tagbeginn, tagbeginn
fassade der polizeikaserne
steht vor mir der morgen in häßlichkeit

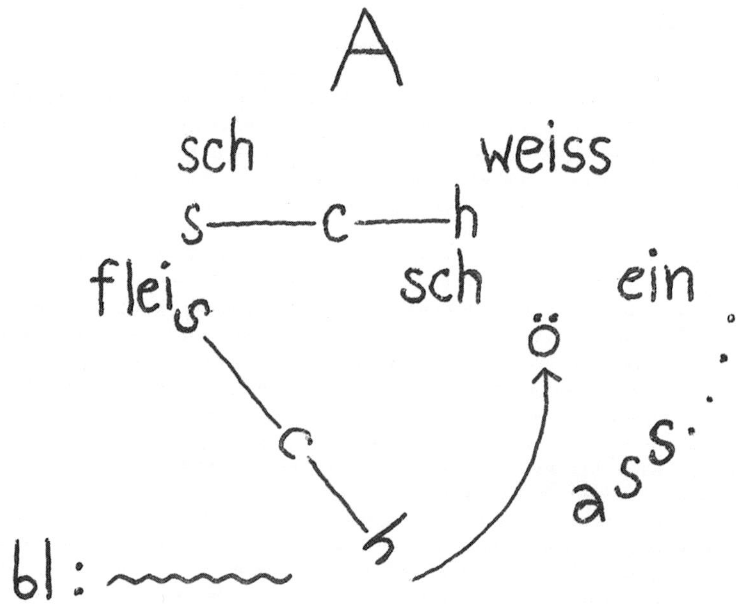
A
sch
weiss
s—c—h
fleis
sch
ein
ö
c
h
ass. . . .
bl:

Zu Gedichten und Gedichtzyklen

yes voice (slow)

[music faster, pressing urging]

now

I still hope to be getting to the lavatory loo in time

Beginner: TITLE "a musical present"

to all

to all who still well....

[footsteps]

[opening of zipper]

& lab. door

[sound of peeing]

BLISS

what a relief

Step by Step
Ein Konzeptblatt aus dem Nachlaß Ernst Jandls

Von Bernhard Fetz

In diesem Blatt steckt fast der ganze Jandl: Musik, Rhythmus, Sprache als körperlicher Ausdruck; die Dynamik des Dichtens und Vortragens ist visualisiert im Schriftbild. Auf einem anderen, mit diesem verwandten Blatt stehen die Zeilen: „I'm / doing it, yes / but not with my / teeth, no / not with my teeth / I'm doing it / with my / VOICE." Des Dichters Zugriff auf die Welt erfolgt nicht mit Zähnen, sondern mit der Stimme. Sie kann schreien und flüstern, sie kann bis zur Unkenntlichkeit manipuliert und verzerrt werden wie im Hörspiel *Das Röcheln der Mona Lisa.* Die Stimme ist das Medium, in dem sich Innerlichkeit entäußert. Diese Blätter sind Partiturentwürfe, kleine Szenarien zu Auftritten mit Jazzorchester. Sie dokumentieren Ernst Jandls lebenslange Leidenschaft für die Vitalität populärer Musik.

Der Inhalt der abgebildeten Seite mag wenig lyrikfähig erscheinen; doch immerhin trägt sie den Titel „a musical present". Sie führt voneinander geschiedene Bereiche zusammen: die körperliche Erleichterung beim glücklichen Erreichen eines „lavatory" und das Wort „BLISS", also Glückseligkeit und Wonne; wobei „BLISS" zugleich der onomatopoetische Ausdruck des Vorgangs selbst ist. Das Wort „piss" geht in seinem phonetischen Nachbarn auf. Jandls Dichtung macht mit den hierarchischen Trennungen von hoher und niederer Sprache, von Geist und Körper, Form und Inhalt radikal Schluß. „Form ist Erfahrung", wie das Jandl einmal in seiner unvergleichlich prägnanten Art ausgedrückt hat. (Fetz 1998, 94) Das heißt: Erlebtes muß in Form gebracht werden, um Erfahrung zu werden.

Die Vorstellung von Form, aus der in diesem Fall die Erfahrung eines alltäglichen Vorgangs gewonnen werden soll, ist ein Crescendo und Decrescendo, ist

Handschriftliches Konzeptblatt Ernst Jandls.
Datierung ungewiß, wahrscheinlich Anfang der 1990er Jahre

Rhythmus. Musik, die analog zum „Thema" schneller, drängender wird, um dann die aufgebaute Spannung wieder abzubauen, wie dies bei der Auflösung eines musikalischen Themas geschieht. Step by step geht es voran. Indem sie ausdrückbar wird, reicht Erfahrung über das Erlebte hinaus. Das ist die „metaphysische" Dimension der Jandlschen Pointe, daß sie oft in einem befreienden Lachen zu sich kommt, dabei aber einen Mehrwert behält, der nicht mehr meßbar ist. So auch hier. Das ganz Einfache eines körperlichen Bedürfnisses wird durch Musik und Sprache zu etwas anderem.

Links oben auf dem Blatt stehen die Worte „yes" und „now". Die Unmittelbarkeit des Ausdrucks, auf die es Jandl ankam, scheint in englischer Sprache, die Jandl in der amerikanischen Kriegsgefangenschaft intensiv kennengelernt, die er studiert und als Lehrer unterrichtet hat, die auch die Sprache der so geliebten populären Musik ist, manchmal eher erreichbar als in der Muttersprache. Viele der Notizen und Entwürfe im Nachlaß sind auf englisch verfaßt.

Ernst Jandls poetische Geschenke sind meist zugleich subversive poetische Botschaften; wie im Gedicht *glückwunsch,* wenn es heißt: „wir alle wünschen jedem alles gute." (Jandl 1997/8, 31) Die Bruchlinien moderner Dichtung und lebensgeschichtlicher Erfahrung, dasjenige, was Thomas Bernhard im Titel *Korrektur* auf den Punkt gebracht hat, ist – neben anderem – ein Motor der Jandlschen Gedichtproduktion. Der falsche Schein eines konventionalisierten, konfektionierten Schönen und Ganzen hat ihn nie gereizt – auch das eine Botschaft dieses nachgelassenen Blattes.

Verwendete Literatur

Fetz 1998 = Aus einem Gespräch des Verfassers mit Ernst Jandl, abgedruckt in: Bernhard Fetz: Ernst Jandl. Gedichte. In: Der literarische Einfall. Über das Entstehen von Texten. Hg. von Bernhard Fetz und Klaus Kastberger. Wien: Zsolnay 1998 (= Profile. Magazin des Österreichischen Literaturarchivs, Bd. 1).

Jandl 1997/8 = Ernst Jandl: der gelbe hund & selbstporträt des schachspielers als trinkende uhr. In: Ders.: Poetische Werke, Bd. 8. Hg. von Klaus Siblewski. München: Luchterhand 1997.

Mit dem Hammer dichten
Zur Alterslyrik Ernst Jandls

Von Daniela Strigl

In den postum erschienenen *Letzten Gedichten* Ernst Jandls, die zwischen 1990 und 1998 entstanden, findet sich *end of a speaker*: „i'm really grateful, i might say: to god / that this my dirty mouth, including lips / teeth, tongue, gums, larinx, vocal cords / is all that broken, rotten, frayed, decayed, whatever, / that i will never say another word." (Jandl 2001, 35) Der Dichter, der wie kaum ein anderer als Sprecher auftrat, sich über sein Sprechersein und seine Sprechstimme definierte („i was a speaker, never was a singer"), spielt hier mit dem Gedanken, wie es wäre, diese Gabe eingebüßt zu haben, endgültig verstummt zu sein. Dafür ist das Ich des Gedichts dankbar, es adressiert seine Dankbarkeit – mit einem gewissen Zögern – an Gott. Und obwohl sein Zustand nach landläufiger Auffassung eher Anlaß dazu gäbe, mit Gott zu hadern, wiederholt es auch noch, glücklich zu sein, „that god has blessed me with the gift of cancerous silence".

Was den Autor Ernst Jandl bedroht, ist aber, setzt man ihn mit dem (autobiographisch plausibleren) lyrischen Ich eines anderen Gedichts gleich, nicht das hier gegen alle Vernunft bejubelte Ende des Sprechens, sondern das Ende des Schreibens: „aus der dichtung großem glück / langsam zieh ich mich zurück / oder tue einen schritt / der mein dichtersein zertritt / nur den lesern bleibe ich / noch ein weilchen dichterlich." (PW 9, 101) Ob langsamer Rückzug oder mutwilliger Schritt: der Abschied von der Dichtung wird für die Leser erst mit Zeitverzögerung wirksam. Das gilt auch für die Zuhörer: Solange der Sprecher nicht „mit der Gabe krebsiger Stille" gesegnet ist, bleibt das Versiegen der Kreativität dem Publikum verborgen. Die Frische der Stimme kaschiert den künstlerischen Alterungsprozeß. Indem Jandl das pathologische Verstummen als ein Geschenk des Himmels imaginiert, setzt er einen Akt der Autoaggression und Selbstentmachtung, der zugleich einen Dispens von allen Pflichten bedeutet.

Wie alt muß man mindestens sein, um Alterslyrik schreiben zu dürfen? Volker Hage konstatiert zu Ernst Jandls 1989 erschienenen *idyllen,* denen das Gedicht vom

Rückzug aus dem „dichtersein“ entstammt: „Ein wenig frühe Alterslyrik“. (Hage 1989) Jandl sei „noch nicht einmal 65 Jahre alt, mithin ein Schriftsteller in den besten Jahren“. Wir kennen, um den Bogen weit zurück zu spannen, einschlägige Gedichte etwa von Horaz, der nur 57 wurde – ziemlich frühe Alterslyrik also; allerdings war das in der Antike bekanntlich ein recht stattliches Alter. Die klassischen motivischen Ingredienzen sind auch in diesen Versen Gerald Bisingers enthalten:

> Entsetzlich ists dran zu denken endlich nicht unsterb-
> lich zu sein fremd war mir der Tod in der Jugend ein
> Schauspiel mit Kränzen Gegrüßest-seist-du-Maria fern
> meinem Selbst dessen Haut jetzt die Sonne bestrahlt
> noch sitz ich in einem Garten trink Wein bewege mich
> schmerzfrei und selbstverständlich beginne ich die-
> ses Gedicht formulierend und denkend an Krank-
> heit Alter an Siechtum und Tod daran erstmals
> daß meine eigene Zeit einmal endet ich tot bin oder
> sogar noch lebend Sprache nicht fügen mehr kann
> zum Gedicht oder sonstwas werde imstande zu
> äußern noch sein sprachlich gestisch wer weiß das
>
> (Bisinger 1987, 13)

Dies ist die erste Strophe eines Gedichts mit dem Titel *Noch stehts mir dafür*, geschrieben 1977, im 41. Lebensjahr des Autors – sehr frühe Alterslyrik also, wenngleich prospektiv vorweggenommen. Dem Gedicht ist ein Motto von Lukrez aus *De rerum natura* vorangestellt: „post ubi iam validis quassatam est viribus aevi / corpus et obtusis ciciderunt viribus artus, / claudicat ingenium, delirat lingua …“ – „Dann, sobald schon der Leib von den gewaltigen Kräften des Lebens zermürbt ist, die Kräfte geschwunden und verfallen die Glieder, wird lahm der Verstand, entgleist auch die Zunge.“ (Übersetzung D.S.) Die Angst davor, das „ingenium“, den Verstand, die Inspiration, die Fähigkeit zu schreiben zu verlieren oder überhaupt die Sprache, nur noch zu stammeln, zu delirieren, jene Angst vor dem Verlust der poetischen Potenz, die Bisingers Gedicht benennt, ist die Urangst des Schreibenden. So meint Alterslyrik wohl im weiteren Sinne die Lyrik, die man in fortgeschrittenen Jahren produziert, und im engeren Sinne jenen Teil davon, der sich thematisch mit den unerbittlichen Perspektiven des Alters befaßt. Immer jedoch ist Alterslyrik zugleich, ausgesprochen oder nicht, Widerlegung des eigenen Lamentos, Selbstvergewisserung, daß es so weit noch nicht gekommen ist.

Dabei trifft die Erkenntnis der Wahrheit mitunter unvermittelt, wie im Titelgedicht von Bisingers Band *Ein alter Dichter* nachzulesen: „Als gestern ich nach meiner Ankunft in / Graz und im SCHLOSSBERG HOTEL in einem / Spiegel dort mein Gesicht sah war schlag- / artig mir klar ich bin jetzt ein alter / Dichter diese Erfahrung so deutlich und / auch erschreckend wurde bisher nie noch / mir zuteil." (Bisinger 1998, 37) Es bleibt das „Gefühl einer Gegen-wart", „in welcher ich rauche // Und schreibe". Der abgesetzte Schlußvers errichtet die im Schreiben erfüllte Gegenwart als einziges Bollwerk gegen das Alter. Altersgedichte stehen naturgemäß im Zeichen des Noch: „noch leb ich // Ich lebe ich schreibe ich nütze mich ab." (Ebd., 97)

Volker Hage, der sich bezüglich der Jandlschen Alterslyrik schließlich großzügig gibt – „schön und gut, er hat sie sich verdient" –, erscheint freilich auch besorgt: „doch hoffen darf man auf einen neuen Aufschwung." (Hage 1989) Worin der bestehen soll, wenn ohnehin „die poetische Kraft" des Dichters „ungebrochen" scheint, und wie der aussehen soll angesichts des Todes, bleibt offen. Das ästhetische Gnadenbrot, das sich einer, schön und gut, verdient hat, wird von Herzen gern gewährt, wenn ein Gemüt etwas sonniger leuchtet.

Die Dioskuren der modernen österreichischen Lyrik sind in den achtziger und neunziger Jahren des 20. Jahrhunderts in die Jahre gekommen, sie erleben ihre Sechziger und Siebziger. *Winterglück* (1986) und *Das besessene Alter* (1992) heißen Gedichtbände Friederike Mayröckers geradezu programmatisch, während Jandls Titel in dieser Hinsicht neutral bleiben: *idyllen* (1989), *stanzen* (1992) und *peter und die kuh* (1996). Weil Avantgarde gemeinhin an das Bild jugendlichen Stürmens gebunden scheint, drängt sich die Frage auf, was nun daraus geworden ist: Revision oder Reife? Am Ende gar Klassikertum? Läßt sich womöglich so etwas wie ein Altersstil skizzieren?

Daß Ernst Jandl in seinen späten Gedichten mehr und mehr ich sagt, auch daß er mehr und mehr auf tradierte Formen und mit sichtlichem Vergnügen auf den Reim zurückgreift, wurde allenthalben wahrgenommen. (Vgl. Schmidt-Dengler 1996) Unverkennbar ist außerdem, daß der Ausdruck vulgärer, die Darstellung obszöner wird. Peter Rühmkorf hat ein Gedicht *Altern als Problem für Künstler* genannt, das schon durch seine Reimtechnik illustriert, daß der Autor für sein Teil wild entschlossen ist, dieses Problem mit dem Willen zu Form und Witz zu domestizieren. Es beginnt: „So alte Dichter, Gotterbarm / Auch alternde Composer, / die einen werden täglich harm-, / die andern umstandsloser." (Rühmkorf 1999, 19) Kein Zweifel: Jandl gehörte demnach zu den „andern".

Verführerisch wäre es zweifellos, Friederike Mayröckers und Ernst Jandls Gedichte auf thematische Korrespondenzen abzuklopfen, zum Beispiel in den Liebesgedichten. Man könnte Jandls *älterndes paar. ein oratorium* (PW 9, 122) in seiner krassen, ja auftrumpfenden Unflätigkeit neben Mayröckers *Hautanziehungen* (Mayröcker 1986, 131) stellen, wo es, abstrakt gesprochen, um dasselbe geht: um die Hinfälligkeit des Körpers („die Gichtbrigade in mir unterwegs"), um vergangene Liebesglut und die traurige Sexualität des Alters. Auch hat Mayröcker das Jandlsche Zitat aus der Matthäuspassion „wir setzen uns mit tränen nieder" in dem Band *Das besessene Alter* aufgegriffen und zu einer Gedichtüberschrift gemacht. (Vgl. Mayröcker 1992, 126) Es besteht dabei allerdings die Gefahr, daß die Fallhöhe zwischen der sanften Wehmut da und dem wütenden Zynismus dort den Raster des Vergleichs allzu grob geraten läßt und den Texten beider Unrecht getan wird. Es könnte passieren, was passiert, wenn man etwa Mayröckers *du Vogelmensch läßt dein Gefieder sinken* (Mayröcker 1986, 125) auf Jandls Stanze *hotel puchberger hof* (PW 9, 225) prallen läßt: „i friis mai suppn / du schaust dawäu dei bost aun / so brauch ma nix reedn / dafia schlogt uns de kost aun."

Potenz

Abseits des Kur- und Küchenhumors enthält Jandls und Mayröckers Alterswerk durchaus das eine oder andere Vergleichbare: Anmerkungen zum Alltag, ein doppeltes Loblied auf den Schlaf (Mayröcker 1992, 140; PW 9, 84), bruchstückhafte Ausgrabungen der Kindheit. Ohne Vergleich sind Jandls Demontagen der eigenen Körperlichkeit sowie sein Bekenntnis zur Schreibhemmung:

einmal kann ich schreiben
einmal kann ich nicht schreiben

auf einmal kann ich schreiben
auf einmal kann ich nicht schreiben

einmal kann ich etwas aufschreiben
einmal kann ich etwas nicht aufschreiben

so wird es bleiben
so wird es nicht bleiben (PW 9, 24)

Das ist ein, sieht man von allen Wiederholungen ab, sehr wortkarges Gedicht mit einer denkbar einfachen viermaligen Positiv-Negativ-Kopplung. Nur auf den ersten Blick illustriert es den Einfallsmangel, von dem es (auch) handelt. Die zweite Strophe variiert das grundsätzlich bestehende Problem zur Plötzlichkeit des zündenden oder erlöschenden dichterischen Funkens, und zwar allein durch den Auftakt mit der Präposition „auf", die in der dritten Strophe mit dem zentralen Verb „schreiben" am Versende verschmolzen wird, um die Sache noch einmal zu fassen: Es geht darum, „etwas aufzuschreiben", also etwas schon Vorhandenes auf andere Weise zu realisieren. Die Offenheit des bald Könnens, bald Nichtkönnens machen erst die scheinbar ebenso offenen Schlußverse zunichte: „so wird es bleiben / so wird es nicht bleiben" – weil das Schreibvermögen sich am Ende ganz erschöpft? Wohl doch eher, weil die Lebenszeit abläuft.

Die Assoziation zur dem Ich abhanden kommenden sexuellen Potenz drängt sich auf, vom Autor vielfach und grimmig abgehandelt: „er steht nicht / heraus, nicht hinein; schlimmer / als tot" (PW 9, 85), am ausgiebigsten im Satyrspiel der *stanzen*: „i waass ned wie oft / und scho goaned ob immer / aber eher a bissl weniga / und amoe gwiss nimma." (PW 9, 229)

Die wenigen Gedichte, die Momente von Glück oder wenigstens Befriedigung vermitteln, haben meist mit der Realisation von Sprache zu tun. In *erstes sonett* (PW 9, 10) ist vom rhythmischen Dichten die Rede, das dem Taktschlagen der Jazzmusiker verwandt sei: „wir sind vom selben holz gemacht / ihr schlagt und heult, und in uns kracht /ohrenbetäubend tag und nacht / donner der sprache, heult und lacht" – Dichtung als Lärm: fast eine richtige Idylle, aber nur fast, denn ein Donner, der Tag und Nacht kracht, ein Lärm, der sich nicht abstellen läßt, zehrt an den Kräften. In jedem Fall bleibt der innere Lärm an die äußere Lautwerdung gebunden; die Dichter-Stimme ist das zentrale Instrument, das eigentliche Organ der Kunstanstrengung, und komplementär dazu kreist eine ganze Reihe der *Letzte[n] Gedichte* um das Ohr, das Hören und die Taubstummheit.

Jene Gedichte, die sich mit dem Nachlassen der Schöpferkraft befassen, bilden keine chronologisch-lineare Reihe, das Bild ihrer Gesamtheit ergibt keine abfallende Kurve, sondern ein Auf und Ab heftigster Kursschwankungen. So erlebt der Autor mit dem Starten des *stanzen*-„motors" (PW 9, 283) eine Hausse, die sich thematisch auch in den Texten niederschlägt, etwa im durchaus optimistischen *selbstbildnis 1991,* das zaghaft beginnt („bin a dichta, geh in zoppeschritt"), indem es auf einen Knöchelbruch verweist: „oowa r auf aa moe gengan so füü weata mit / und de weata jo de kaune brauchn." (PW 9, 197) Biographisch läßt sich tatsächlich so etwas wie ein finales Verstummen feststellen, ein Verstummen als Autor, nicht als Performer: „Er wolle und müsse wieder schreiben", zitiert Lektor Klaus Siblewski eine telefonische Aussage Jandls aus dem Jahr 2000, seinem letzten Lebensjahr. „Seit annähernd fünfzig Jahren habe er geschrieben. [...] Gut zwei Jahre, schätze er, sei nichts Nennenswertes mehr entstanden." Auch da, im buchstäblich letzten Moment, gelingt noch ein Aufschwung: „Aber das werde sich nun ändern [...]." (Siblewski 2001, 181)

Der Ehrgeiz des Schreibenden geht dahin, seine Macht bis zum letzten Atemzug auszuüben. So würde noch der Moment des Todes zum Schreibmaterial, also zu einem Bestandteil des Lebens. Weil auch der wachste Dichter den eigenen Tod nicht mehr erleben, nicht mehr verarbeiten kann, bleibt er auf seine Vorstellungskraft angewiesen:

> Wie das Sterben geschehe, ob sich daraus ein Gedicht machen lasse? Zuerst verabschiede sich die Hand vom Fuß, dann der Arm vom Knie, der Kopf von den Beinen, der Rücken von der Brust, die Schultern vom Becken, das Herz von den Augen und dann, dann zerfalle das Ich. – Das solle er unbedingt aufschreiben und, wenn überhaupt nötig, daran weiterarbeiten. (Ebd.)

Doktorspiele, greisenhaft

Jandls poetische Destruktionsarbeit macht vor dem eigenen Körper nicht halt, der Zugriff ist radikal, in einem chirurgischen Sinn, das Zerlegen, Zergliedern, Verstümmeln hat etwas Berserkerhaftes: *painful love* heißt der „Vernichtungsblues" (Vogel 2002, 150), in dem es, wiederum auf englisch, ausschließlich um die Entfernung ungeliebter Glieder geht, beginnend mit dem Bein, endend mit dem Kopf: „the leg is not loved, oh no / the leg is not loved – cut it off". (PW 9, 115) Hier führt der Dichter nicht nur, ähnlich wie in dem bekannten Gedicht *august stramm* (ebd., 9), die Methode der literarischen Verknappung und Fragmentierung buchstäblich am eigenen Leibe vor (vgl. Vogel 2002, 151), hier nimmt er einmal mehr ein Bibelwort so wörtlich, daß es wehtut: „Wenn dich aber dein rechtes Auge ärgert, so reiß es aus und wirf's von dir. [...] Wenn dich deine rechte Hand ärgert, so hau sie ab und wirf sie von dir. Es ist besser für dich, daß eins deiner Glieder verderbe und nicht der ganze Leib in die Hölle geworfen werde." (Mt. 5, 29–30)

Die Stelle, die in Mt. 18, 8 noch, um einen Fuß erweitert, variiert wird, folgt hier auf die Verdammung des Ehebruchs in Gedanken. Das Auge „ärgert" (wie es in der Luther-Übersetzung heißt) den Mann, weil der Anblick der Frau sein Begehren weckt und ihn zur Sünde verführt. Friedrich Nietzsche hat sich in *Götzen-Dämmerung* auf diese Passage aus der Bergpredigt bezogen:

> Es wird daselbst zum Beispiel mit Nutzanwendung auf die Geschlechtlichkeit gesagt, „wenn dich dein Auge ärgert, so reiße es aus": zum Glück handelt kein Christ nach dieser Vorschrift. Die Leidenschaften und Begierden vernichten, bloß um ihrer Dummheit und den unangenehmen Folgen ihrer Dummheit vorzubeugen, erscheint uns heute selbst bloß als eine akute Form der Dummheit. Wir bewundern die Zahnärzte nicht mehr, welche die Zähne ausreißen, damit sie nicht mehr weh tun … (Nietzsche 1983, 386)

Ob Ernst Jandl, der so viele Gedichte über Zahnärzte und Zähne geschrieben hat wie kaum einer, dem beigepflichtet hätte, sei dahingestellt. Zumindest sein lyrisches Alter ego, das die Reinigung von „Restzähnen" und Zahnprothesen als *hohe kunst* (PW 9, 105) preist, hat Verständnis für den Zahnarzt, der den Zahn, an dem er immer wieder herumgebohrt hat, endlich zieht (ebd., 104). Es hat überhaupt ein Faible für radikale Lösungen und fällt somit unter Nietzsches Verdikt gegen die Kirche und ihre Kur des „Kastratismus". Sie habe stets den „Nachdruck der Disziplin auf die Ausrottung" gelegt: „Aber die Leidenschaften an der Wurzel angreifen heißt das Leben an der Wurzel angreifen: die Praxis der Kirche ist lebensfeindlich …" (Nietzsche 1983, 387)

Auf den ersten Blick hat Jandls Rabiatheit mit dieser Praxis nichts zu tun – sein poetisches Anliegen ist es ja, hinter dem Schein des schönen Sprechens die „Moral als Widernatur" (ebd., 386) zu entlarven, den Abgrund der Existenz zu zeigen und den götzenhaften alten Wahrheiten neue entgegenzuhalten, eine Art negative Schöpfungsidee: „Der Schöpfung ist der Untergang eingeschrieben, was anfängt, hört auch auf." (Fetz 2002, 118) Gerade in seinen späten Gedichten, unter denen es tatsächlich „fromme" gibt, scheint der Dichter aber auch in der Auflehnung auf die katholische Vorstellungswelt fixiert. Und sein Furor gegen den (eigenen) Körper mutet tatsächlich „lebensfeindlich" an: als begegne er dem körperlichen Verfall trotzig, mit einem Rumpelstilzchen-Zorn, als wolle er mit seiner Demontage der Natur Konkurrenz machen: Wenn schon nichts mehr so ist, wie es war, dann soll alles gleich ganz hin sein.

Nietzsches *Götzen-Dämmerung* trägt den Untertitel „Wie man mit dem Hammer philosophiert", Jandls Alterswerk könnte heißen „Wie man mit dem Hammer dichtet". Oder mit dem Schraubenschlüssel? Oder mit dem Skalpell? Das Innerste, das Jandls Gedichte preisgeben, ist nicht das, was die lyrische Tradition darunter versteht. (Vgl. Vogel 2002, 144) Der Sehnsuchtsort der Seele ist zum Stauraum geworden. In *anatomisches selbstbildnis* beklagt ein Ich sich über die Funktionslosigkeit seiner Brustwarzen: „überhaupt was ich so alles an mir habe / und überhaupt erst das zeug in mir drin / das muß ein affe vergessen haben / ein sehr vergeßlicher affe". (PW 9, 103)

Die Introspektion bringt dem, der dem antiken „Gnothi sauton" („Erkenne dich selbst") folgt, nur die verständnislose Schau der eigenen Eingeweide. Der Schöpfergott figuriert als Affe, nicht etwa als Mensch – Jandl geht mit boshaftem Vergnügen noch eine Stufe tiefer in der Evolutionshierarchie.

Des Menschen Inneres gleicht in Jandls Sicht dem mit Sägespänen gefüllten Bauch einer Puppe oder dem Mechanismus einer Spieluhr, eines Roboters, bei dem, wie im kindlichen Spiel, allzu großer Forscherdrang zur Zerstörung des Ganzen führt, wie ein lapidares „gschdanzl" zeigt: „schiasd eam hoed med an groch / in sai baichal a loch / wos komd aussä? wos drin is / solaung bis a hin is". (PW 10, 41) Das menschliche Innenleben wird auf das reduziert, was im Bauch oder im so herzig klingenden „baichal" (Bäuchlein) „drin is", auf den auch landläufig so genannten „Verdauungsapparat", quasi ein „der Wartung des Benutzers anvertrautes Einbaugerät" (Vogel 2002, 149), das schlicht *die scheißmaschine* heißt:

> großteils die scheißmaschine steckt in dir
> du wunder mensch, verwundetes mirakel
> [...]
> vom munde führt der lange weg nach innen
> durch röhre, ranzen und durch windungen
> die du nicht gerne läßt ins freie zerren
> außer um krebs den weitergang zu sperren (PW 9, 106)

Im Gewande eines Lehrgedichts wird hier das Niedere abgehandelt, das gemeinhin in einem Gedicht nichts zu suchen hat, und es wird zum Wundersamen, also Poesiewürdigen erklärt. Wie in *anatomisches selbstbildnis* wird betont, daß der Mensch nicht der „erfinder" dieser Merkwürdigkeiten ist – seine Zuständigkeit beginnt erst, wie die vierte Strophe erläutert, mit der Verwaltung des Endprodukts durch Muscheln, Abfluß und Kanal. Das „wunder mensch" ein „verwundetes mirakel" – die Gleichsetzung ist auch eine Spaltung, das Wunder entspricht dem Mirakel, und es sondert, in phonetischer, wenn auch nicht etymologischer Verwandtschaft,

„verwundet" ab, eine programmatische Fügung. Auch der prototypische Betrieb läuft im Gedicht nicht wie geschmiert, ein Defekt im Röhrensystem wird assoziiert, Krebs erscheint als die einzige Motivation, das Mirakel Verdauung ans Licht zu zerren.

Mit bemerkenswerter Hartnäckigkeit gibt die Jandlsche Alterslyrik sich der Faszination des Fäkalischen in all seinen Aggregatzuständen hin, vornehmlich dem altersbedingten Verlust der Kontrolle über die physiologischen Ausscheidungsfunktionen. Gewiß hat Jandl hier Vorläufer, so existieren abschreckende Beispiele aus dem Spätwerk Theodor Kramers (*Das Pissoir, Von der schnellen Katherin, An meinen Nachttopf*). Jandl hat jedoch, keineswegs nur in den genuin vulgären Dialektgedichten, die Zerstörung des Bildes vom „wunder mensch" mit besonderer Gründlichkeit, ja Verbissenheit betrieben, etwa in *älterndes paar,* und nur selten poetologisch-metaphorisch überhöht wie in der „stanze" *aus eian orphischn* [oaschloch] (vgl. Czernin 2000, 103ff.). Offenkundig ist für ihn Wahrhaftigkeit allein in der Darstellung einer kruden Wahrheit des Körpers erreichbar. Nicht immer gelingt da der Dichtkunst die Verwandlung von „Scheiße in Gesang" (Fetz 1999, 92), mitunter – in Gedichten wie *fütterung des gefangenen* (PW 10, 40) – scheint auch der poetische Schließmuskel nicht mehr zu funktionieren, „silbenschiss / wortabort" (Jandl 2001, 84).

In *Jenseits von Gut und Böse* formuliert Nietzsche, der Immoralist: „Im Menschen ist Geschöpf und Schöpfer vereint: im Menschen ist Stoff, Bruchstück, Überfluß, Lehm, Kot, Unsinn, Chaos; aber im Menschen ist auch Schöpfer, Bildner, Hammer-Härte, Zuschauer-Göttlichkeit und siebenter Tag." (Nietzsche 1983, 232) Jener Jandl, der in einem analfixierten Materialismus schwelgt, hat sich von solcher Ambivalenz entfernt, sein Menschenbild ist einseitig negativ.

Dabei wird man Jandls lyrischem Ich nicht nur autoaggressive Züge attestieren: Die späten Gedichte strotzen vor Aggression. Namentlich die Stanzen der *stanzen* sowie des Bandes *peter und die kuh* sind von atemberaubender Brutalität. Ein G'stanzl, das mit dem Vers beginnt „jo da fooda, hodda deara hetz ghobd", erklärt, daß diese „hetz" – das Wort kommt aus der Tradition der in Wien beliebten Tierhatz und bedeutet Vergnügen – darin besteht, daß ihm seine Frau mit ihren genagelten Schuhen die letzten Zähne eintritt. (PW 10, 31) Der dialektale Diminutiv dient nur dazu, die Gemeinheit noch monströser erscheinen zu lassen, sein „goschal" (Mündchen) nützt dem angesprochenen Du in *leukoplast* gar nichts, es wird zugeklebt, der Erstickungstod angestrebt. (Ebd., 72) In *memories of contergan* (ebd., 71) bezeichnet ein contergangeschädigtes Kind seine Hände als „fliagaln"

(Flügelchen) und wird prompt von der Mutter himmelwärts gewünscht. Wird die körperliche Integrität des anderen nicht direkt angegriffen – etwa auch durch sexualpraktische Experimente –, dann bleibt immer noch Raum für subtilere Altersbosheit, wie in dem mit zweischneidiger Freundlichkeit „für friederike mayröcker" bestimmten Gedicht *der schöne rucksack:* „do is dei rucksack drin. / wos – in an so an glaan sackerl? / hob eam zaschnittn." (Ebd., 80)

In seinem Nachwort zu den *stanzen* verwahrt Ernst Jandl sich dagegen, ein „büchlein der ‚menschenkunde'" vorgelegt zu haben oder ein „büchlein der ‚seelenkunde'", er fügt noch hinzu: „nicht einmal ein büchlein der ‚heilkunde', was immer sich hinter diesem üblen ausdruck verbirgt" (PW 9, 284). Daß etwas heil sein oder durch Dichtung heil werden könnte – der bekannte therapeutische Effekt von Literatur, der sich wenigstens beim Produzenten einstellen soll –, ist eine diesem Dichter zutiefst suspekte Vorstellung. Wenn er darauf besteht, der Leser habe „ein buch poesie erworben, ein buch erhebender und niederschmetternder sprachkunde, und nichts sonst", dann wird Jandl wohl gewußt haben, daß in diesen Texten die niederschmetternde Wirkung überwiegt.

Sofern sich hinter dem „üblen ausdruck" Heilkunde die Medizin verbirgt, hat Jandls lyrisches Ich zu deren Vertretern allerdings ein durchaus pragmatisches, wenn nicht gar kindlich-gläubiges Verhältnis, das einer wider besseres Wissen aufrechterhaltenen Reparaturmentalität entspringt. In dem Gedicht *mit engeln* (ebd., 107) wird sie ironisiert, wird die Welt als eine Art allumfassende Schwarzwaldklinik ausgemalt, in der das zerbrechliche Dichter-Ich gegen alle Unbill gefeit ist: „auf straßen geh ich nur im schutz von ärzten", heißt jeweils der erste Vers der drei Strophen; die Ärzte treten also als Schutzengel auf, Engel sind aber auch die, die den verletzten, ausrastenden oder sich besudelnden Mann von der Straße auflesen: „hebt mich auf die bahre, engel / schaffet mich ins hospital / wo die edlen ärzte warten / zu beenden meine qual". Als absolute Lichtgestalt tritt freilich in der dritten Strophe die schöne Ärztin auf, die ihn („explodierend blut und scheiße") „mein engel" nennt, die ihn madonnenhaft zum Kind macht, das derlei tun darf, die ihm Reinigung und ihre Brust verspricht.

Entmündigung und Regression, gemeinhin als Folgen des Alters wie des Patientendaseins beklagt, erscheinen hier als erstrebenswerter Zustand der Geborgenheit. Robert Gernhardt, der in seinen *K-Gedichten* explizit die eigene (Darm-)Krebserkrankung verarbeitet, dabei aber so dezent vorgeht, daß er sogar das Wort „beschissen" nicht ausschreibt (Gernhardt 2004, 20), nimmt in *Guter Rat* einen vergleichsweise konventionellen Standpunkt ein:

O Mensch, halt ein vorm Krankenhaus.
Gehn dem einmal die Kranken aus,
dann greift man auch auf dich zurück
und du verbleibst dort Stück für Stück.
Das präludiert mit etwas Darm,
dann schneidet man sich langsam warm
an Leber, Venen und Arterien –
so'n Krankenhaus kennt keine Ferien.
[…] Was folgt daraus?
Mensch, halt dich fern vom Krankenhaus!

Gernhardt widmet sich, ähnlich wie Peter Rühmkorf, den letzten und vorletzten Dingen mit einer bemühten Lustigkeit, einem Eugen-Roth-Ton, der die böse Pointe des Gedichts – daß dies ein „guter Rat“ ist, den zu befolgen de facto eben nicht in der Macht des Menschen steht – beinahe überspielt. Obwohl die *K-Gedichte* auch unverblümt von der Angst handeln, vom Tod eines ebenfalls krebskranken Freundes, bleibt die Attitüde des Humoristen dominant, ganz offensichtlich eine Methode des Selbstschutzes. Die formale Virtuosität, die Lust an der Reimkunst dienen hier als Ablenkungsmanöver, während Jandl den Reim als etwas ausstellt, das diese Welt nicht mehr zusammenhält, mag der Dichter es noch so erzwingen wollen. Jandls Reime erscheinen entweder überbetont, durch abgedroschene Reimwörter entstellt, oder gebrochen, „heruntergekommen“ wie die übrige Sprache. In dem Gedicht *vogelgeist* heißt es am Schluß (die ersten fünf Verse sind nach dem Schema a-b-b-a-b gereimt): „gar lange / hatte ich nicht daran gedacht / daß man sagen kann: den geist aufgeben / wenn man sterben meint / so ist gar alles wohl gereimt.“ (PW 9, 49) Hier ist aber gar nichts mehr wohlgereimt, der „räudige“ Reim am Ende unterläuft die Aussage, angesichts des Todes versagt der Dichter gerade den Trost in der perfekten Form, den er beschwört.

Vanitas, Tod

Nichts anderes als den Sieg der Vernichtung zelebriert Jandl in *victory* (ebd., 86):

das husten des alten mannes
lieblich durchdringt sein tagewerk
worin besteht es? in intervallen
läßt es ihn auf die couch fallen

mitsamt seinen wütenden gedanken
dem schweren kampf in seinem kalkkopf
zwischen dem einstigen jetzt und dem jetzigen einst
bis ihn der husten erneut hochblockt
der sterbespecht auf seine glatze trommelnd

Nicht der Husten wirft den alten Mann nach der grammatischen Logik auf die Couch, sondern sein Tagewerk. Kampf herrscht „zwischen dem einstigen jetzt und dem jetzigen einst". Das heißt unmißverständlich und subtil zugleich, daß Vergangenheit und Erinnerung niemals zur Deckung gebracht werden können und daß das Wissen um diese Unmöglichkeit wehtut. Das Stakkato des Hustens, der sich in einem frappierenden Bild in den „sterbespecht" verwandelt, wird zum Victoryzeichen, zum Siegesgetrommel des Todes. Der Kampf ist aussichtslos.

Dem Tod den Stachel nehmen, das müßte heißen, den Spieß umzudrehen und ihn zu suchen. In seinem letzten zu Lebzeiten erschienenen Band *peter und die kuh* läßt Jandl einen in indirekter Rede mit Gott über ein baldiges Lebensende verhandeln: „er bitte jedoch um eine gewisse frist / also noch nicht sofort / außer nur durch sein sofortiges ende / sei ein halb-tot sein, ein schein-tot sein / zu verhindern. // dann lieber sofort. / was wiederum nicht heiße: / auf der stelle." (PW 10, 76) Dieser (selbst)ironischen Beleuchtung menschlicher Radikalität setzt der Dichter die unbarmherzige Anleitung *vermeide dein leben* entgegen, eine Lebenshilfe der besonderen Art: „du bist ein mensch, verwandt der ratte. / leugne gott. / beginne nichts, damit du nichts beenden mußt." (Ebd., 77) Daraus folgt der Rat, der am Ende steht: „atme dich zu tode". Da wir doch alle nichts anderes tun, hat uns im Paradox der Sarkasmus eingeholt: Das Leben läßt sich eben so halbherzig nicht vermeiden.

Für Friederike Mayröcker dagegen war der Tod immer schon der große Antagonist, der Spielverderber; in *Veduten* (Mayröcker 1986, 70) packt sie ihn quasi bei den Hörnern:

[...] angeheuert jedoch vom Tode
bin ich, nicht viele Tage bleiben mir noch, also
schnellstens und schnell, und möchte doch frei sein zu
leben, der Gedanke an Erpressung des närrischen Grimassen-
schneiders Tod, sein unverständliches Kauderwelsch : ist
mir zuwider : möchte ich brüllen in seine Fratze, ich kenne

sein hassenswertes System : möchte ich brüllen, Verheerungen,
Turbulenzen, Blutbad und Torsi, oder ganz heimlich auf
Zehenspitzen schleicht er daher, schnell-spinnend
wende ich mich beiseite, nein! [...]

Was das lyrische Ich dem Tod hartnäckig entgegensetzt, ist der Succus seiner Existenz: „was bleibt mir? mich betören : ich will mich betören / lassen von aller Welt : anblaffen, flanieren, Zauber- / botschaften vernehmen und weiter ausstreuen, undsoweiter [...]" (Ebd., 71) Mayröckers Todesmetaphern enthalten aber mitunter auch eine beinahe gelassene Unerbittlichkeit: „ich bin abschüssig abschüssig alles wann / werd' ich abgeschoss' .." (Ebd., 40) Oder: „mit dem Griffel-Ende des Lebens zwischen / den Fingern schreibe ich, dennoch gesellig, wie .. // und immer tiefer / sinkend in die Erde hinab." (Ebd., 15) Das Bild vom sich zu Ende schreibenden Leben, vom sich gleichermaßen abnützenden Lebens- und Schreibwerkzeug erscheint als das Schlüsselbild dieser Alterslyrik, in der „Biographie" ganz wörtlich genommen und offenbar nicht damit gerechnet wird, daß das Schreiben aufhören und das Leben weitergehen könnte.

In formaler Hinsicht läßt sich mit dem Erscheinen von *Winterglück* eine gewisse, sehr behutsame Annäherung an die Jandlsche Ästhetik feststellen: Etliche, meist kurze und auch kurzzeilige Gedichte schlagen einen anderen Ton an als die dynamisch-zerstreuten Hymnen. Das lyrische Ich scheint innezuhalten in der Feier des Daseins und einen Schritt zurückzutreten, altmodisch gesagt: sich zu sammeln und zu besinnen. Manche dieser Gedichte sind durchaus unkryptisch und von souveräner Einfachheit: lakonische Beobachtungen etwa und ausschnitthafte Kindheitserinnerungen – die ja genuiner Bestandteil jeder Alterslyrik sind. Mit dem Heraustreten aus dem Fluß der poetischen Assoziation wird das lyrische Ich greifbarer, rückt es dem Leser näher, etwa in *Rohrmoos 85* (ebd., 11), das mit einer Grille im Gras und einem strahlenden Augustmorgen beginnt:

[...]
die Namensschildchen am Gartentor, plötzlich
fiel es mir auf, am Gartentor die beiden
Schildchen mit unseren Namen : verblichen
verwaschen verwischt vom Regen der
fiel, vom Regen der schlug gegen das
Tor in der Nacht und wehte wie über

Gräber .. von unseren
Gräbern gewaschen die Namen, Grabsteine
namenlos plötzlich fiel es mir ein, neben mir der
Andere schwieg, dachte womöglich das
gleiche

Die konventionelle Thematik ist hier (beginnend mit der Grille, seit der Anakreontik Symbol des einsam singenden Dichters) wahrhaft lapidar abgewandelt: Die Kräfte der Natur löschen nicht bloß das physische Leben aus, sondern auch die Namen, das Andenken und damit die gesamte Existenz. Das unablässige, unerbittliche Regnen und Wehen ist im Fluß der Metrik virtuos nachgebildet.

Jandl hat seine Zweifel an der Unauslöschlichkeit der Person durch den Tod im Gestus höhnischer Affirmation angemeldet: „a schdiggl flääsch und a haufn baana / olles ängwiggld in a haud / und dazua no an namen – / so an wia diii gibz nua amoe". (PW 9, 193) Die Wirkung der Stanze basiert auf einem verdeckten Widerspruch: Fleisch, Knochen und Haut sind eben nichts Einmaliges, sondern das Allgemein-Kreatürliche schlechthin. Fügt man den Namen, der scheinbar Einzigartigkeit garantiert, hinzu, ist auch er entwertet und mit ihm die Behauptung im letzten Vers.

Im Vergleich mit dieser perfiden Selbstansprache, die Illusionen vernichtet, indem sie sie bestärkt, wirkt Robert Gernhardts Gedicht *Nicht mit mir* geradezu frohgemut. Seine demonstrative Unehrlichkeit dient wenigstens einem Zweckoptimismus: „Mich gibt es doch nur einmal / […] Ich bin bei Gott ein Einzelstück / So'n Stück gibt man doch nicht zurück / Das hebt man auf und preist sein Glück: / Wie schön, daß wir dich haben!" (Gernhardt 2004, 37)

Wein und Zeit

Bereits im Titelgedicht des Bandes *selbstporträt des schachspielers als trinkende uhr* (1983) hat Ernst Jandl eine Beziehung zwischen dem Trinken und der Zeit hergestellt. Die Schlucke aus dem Glas Gin Tonic strukturieren die Schachpartie gegen den Computer, die Bedenkzeit des Spielers und zugleich das davon sprechende Gedicht. (Vgl. PW 8, 263) In *kopf* (PW 9, 69) wird das Motiv des lustigen Trinkens ins Negative gewendet und ebenfalls mit der literarischen Produktion verknüpft:

dies sei
ein kopf
mit trunkes

farbenprunk
auf massigem
körpers quader

unter druck
entfahre ihm
wort-peinigung

so gereinigt
heule er sich
ins trinkgewitter
o du bitterer
konsum

Die prägnant gefügten Verse klingen vornehmlich durch Assonanzen: „trunkes", „farbenprunk" und „druck", „peinigung" und „gereinigt", „trinkgewitter" und „bitterer". Aus dem Zusammenhang ergibt sich klar, daß nicht etwaige Zuhörer Opfer der „wort-peinigung" sind, sondern der Inhaber des Kopfes selbst. Das Bild (der rote Kopf „mit trunkes farbenprunk") erinnert an einen Druckbehälter mit Ventil oder gar: an die Austreibung eines Dämons. Im Entfahren hat die Pein ein Ende, nicht aber die Tränen, wobei Heulen – wie in *erstes sonett* – ein stilles Weinen ebenso umfaßt wie tierische Laute, ein lautes Schluchzen oder auch Deklamieren. Das „trinkgewitter", in das das beschriebene Ritual mündet, ist kein reinigendes, die Reinigung findet vorher statt. Die Apostrophe, die auf die Zeilen in indirekter Rede folgt, verleiht den beiden Schlußversen eine ungeheure Wucht: „o du bitterer / konsum". „konsum" schließt als einziger Ein-Wort-Vers den Bogen zum Titel *kopf.* „Konsum" steht hier nicht nur für das Einverleiben und Verbrauchen von Trinkbarem, es schwingen alle Bedeutungen von „consumere" mit: vergeuden, verzehren, vernichten, wegraffen.

Eine Störung der Balance zwischen Schreiben und Trinken, eine zunehmende Verschiebung in Richtung Alkoholmißbrauch in späteren Jahren hat Ernst Jandl selbst ohne Anzeichen von Reue angesprochen: „Früher habe er mit Sprache experimentiert, jetzt seien Schlafmittel und Wein an der Reihe." (Siblewski 2001, 16) In Jandls Spätwerk finden sich auch Hommagen an den Wein, versöhnliche Ergebenheitsadressen. Das Gedicht *stille messe* (PW 10, 16) läßt sich als eine Paraphrase des Wiener Liedes *Es wird ein Wein sein* lesen: „nun warte ich schon sehr / auf einen tropfen wein / und denk: s'wird nicht für immer / aus damit sein". Scheint die erste Strophe noch im Diesseits angesiedelt, so verweist die zweite auf das Geheimnis der Eucharistie: „ich seh im dunkel dunkelrot / das ewige licht / und bin ich tot und bist du tot / es verlöscht für keinen nicht". Das ewige Licht, das in katholischen Kirchen die Präsenz des Allerheiligsten in Form geweihter Hostien anzeigt, leuchtet gewöhnlich in einer roten Lampe. Das Licht, das in diesen Versen „im dunkel dunkelrot" leuchtet, ist der Wein, der im mystischen Arrangement aber unweigerlich mit dem Blut Christi konnotiert ist. Jandls *stille messe* feiert eine Ersatzreligion, aber ohne die Religion zu diskreditieren; der Ton ist nicht blasphemisch, sondern auf eine eigene, volkstümliche (etwa mit der doppelten Verneinung „verlöscht für keinen nicht") Weise fromm. Die dritte Strophe beginnt sogar ganz konventionell mit „herr, laß sie ruhen in frieden" und klingt im Gemurmel eines Gebets aus: Der letzte Vers „auf diesen tropfen wein" wird einer „wdh. a. lib." anempfohlen.

Neben dem bereits zitierten frühen Altersgedicht findet sich in Gerald Bisingers *Gedichte[n] auf Leben und Tod* ein Stück mit dem Titel *Ich trinke*, wiederum mit einem lateinischen Motto, diesmal aus Senecas *De brevitate vitae.* (Bisinger 1987, 43f.) Bisinger hat das Gedicht an seinem 42. Geburtstag geschrieben:

> [...] ich leb noch mit 42
> das ist auch eine Leistung wenn man so will ich sitz
> vor der Bahnhofsgaststätte im Freien zu Berlin Bahn-
> hof-Wannsee trink Weinbrand und Coca Cola an meinem
> Geburtstag weit mehr als mein halbes Leben ist höchst-
> wahrscheinlich verbracht ich schreibe ich trinke

Der Band wurde 1987 als erstes Buch einer Trilogie neu aufgelegt, die den treffenden Titel *Am frühen Lebensabend* trägt. Gerald Bisinger (1936–1999) kommt als Widmungsträger eines spaßigen Sprachspiels in den *idyllen* zu Ehren: „mann & frau / in der welt des deutschen / 2. folge // gerald bisinger zum 50. geburtstag". Friederike Mayröcker hat dafür plädiert, seine „scheinbar mühelos hingeworfenen Parlandoverse" (Mayröcker 1986/b, 44) in ihrem Alltagsgewand nicht geringzuschätzen. In ihnen konstituiert sich ein Ich eben dadurch, daß es im Akt des Wahrnehmens aufgeht. Die Gleichzeitigkeit von Trinken und Schreiben, wie sie sich in Jandls *selbstporträt des schachspielers als trinkende uhr* artikuliert, hat Bisinger in *Ein alter Dichter* zum Programm gemacht. Lauter „stille Messen" werden da gefeiert, Auflehnung gegen die Macht des Alkohols findet nicht statt, getreu dem Motto des Bandes, „Der Weise weihet sich dem Alkohol" (Peter Hille), ist das Einverständnis mit der communio mystica des geistigen Getränks total.

Der vollständige Verzicht auf Interpunktion, gepaart mit einem hurtig auch über Worttrennungen hinwegspringenden Enjambement, verleiht Bisingers Versen etwas unruhig Schweifendes, obwohl das lyrische Ich stets sitzt, zum Beispiel im Garten von Anny Demuths Wirtshaus „Zum alten Drahrer" in der Liebhartstalstraße: „[…] trink Rotwein im Schatten / recht mächtig erscheinender Kastanienbäume / ich sitze also in Wien die Hitze steht der / kürzlich noch in Berlin erlebten keineswegs / nach ich bin der einzige Gast hier in vollem / die ganze Umwelt erfüllenden geradezu para- / digmatischem Sommer gelegentlich aufkommende / Stöße von Wind sind nicht erfrischend". (Bisinger 1998, 64)

Scheint das Moment der Monotonie, das von der Metrik noch unterstrichen wird, auch auf den ersten Blick mit Ernst Jandls rhetorischem Gestus zu kontrastieren, so gibt es doch Konvergenzen: *stille messe* ist ein akustisches Perpetuum mobile, und die Stille des Zechers wird auch in dem Dialektgedicht *in der heißen heißen stadt* (PW 10, 17) thematisiert: „[…] und soitad des wiaggli easchd / mai easchdes glaasl sään hääd … / in da haassn haassn schdott".

Seichtes und Leichtes

Angesichts solcher Texte erscheint die Frage nach der unverdrossen hochgehaltenen Fahne der Avantgarde müßig: Ernst Jandl hält sich „jenseits" auf, wohl auch jenseits von Gut und Böse, sicher aber jenseits von vorne und hinten. Seine späten Gedichte künden von einem einzigen Sichnichtscheren: um die Moral, um den guten Ton, aber auch um Konventionen des Modernen. Es ist nicht etwa so, daß Jandl – wie Wendelin Schmidt-Dengler es für den Aufbau der *idyllen* nachvollzieht (vgl. Schmidt-Dengler 1996, 54f.) – seine höchste Freiheit am Ende im Gebrauch einer von ihrer Mitteilungsfunktion emanzipierten Sprache fände. Seine Freiheit besteht vielmehr darin, weiterhin ungeniert „mitzuteilen", wenn es (und was) ihm paßt. Es ist die Souveränität des Meisters, der niemandem mehr, auch sich nicht, etwas beweisen muß, der sich Understatement leisten kann, der freilich auch seinem Spieltrieb weiter freien Lauf läßt. Die „outrierte Banalität", die

Schmidt-Dengler in den *stanzen* ortet (ebd., 59), findet sich auch in den *idyllen,* und sie ist nicht selten eine vorgespiegelte, ein Schutzschirm vor zuviel Tiefgang. Eine entschlackte Sprache läßt sich ohne Verkrampfung handhaben – zum Beispiel:

ein wort und ein wort – so nebeneinander

es ist plötzlich da
zum beispiel ein winter
frühling so fern
steht schon dahinter

und dazwischen ist nichts
doch darin ist alles
was bis dorthin
zu ende sein kann (PW 9, 44)

Die Sprache, die in der Wortfolge Winter – Frühling fugenlose Kontinuität vorgaukelt, wird hier überführt: Denn wer den Frühling erleben will, muß erst den Winter überleben. Das ist einfach geschrieben, aber nicht einfach gedacht und gar nicht so einfach zu verstehen. Eine eingängigere Abwandlung des Motivs vom scheinbar fehlenden Übergang enthalten die *stanzen* unter dem geriatrisch anmutenden Titel *sehprobe:* „do drimman schdeed ‚jung' / dort drimman schdeed ‚oed' / dazwischn siach i nix / oijo! wosn? ‚boed'". (Ebd., 207)

Die *idyllen* enthalten ein Gedicht, das den Jandlschen Zuschnitt der landläufigen Bedeutung von Idylle vorführt und dabei eine Poetik seiner Alterslyrik nicht nur entwirft, sondern demonstriert:

ich war jung und dumm
ich bin alt und dumm
ich entkleide mich vor publikum
plötzlich sind alle stumm

ich bücke mich
ich zeige ein loch
ein hauch entweicht
leben ist leicht (Ebd., 151)

Alter hat demnach mit Weisheit nichts zu tun, und Exhibitionismus etwas mit Qual und Lust und Erleichterung. Peter Rühmkorfs Gedicht *Abschiede, leicht gemacht* enthält eine Erläuterung, die sich viel besser auf Ernst Jandls Gedichte anwenden läßt als auf Rühmkorfs eigene Produktion: „Dies als Kunstgesetz gesamt gesehen: / Ein Gedicht das auf sich hält, / das läßt sich gehen. // Und je tiefer ich empfinde, um so seichter / schmiere ich mich aus, / dann fällt der Abschied leichter." (Rühmkorf 1999, 113)

Verwendete Literatur

PW = Ernst Jandl: Poetische Werke in 10 Bänden. Hg. v. Klaus Siblewski. Bd. 9. München: Luchterhand 1997; Bd. 10. München: Luchterhand 1997.

Bisinger 1987 = Gerald Bisinger: Am frühen Lebensabend. Trilogie. O.O. (Graz): Droschl 1987.

Bisinger 1998 = Gerald Bisinger: Ein alter Dichter. Graz-Wien: Droschl 1998.

Czernin 2000 = Franz Josef Czernin: Apfelessen mit Swedenborg. Essays zur Literatur. Düsseldorf: Grupello 2000.

Fetz 1999 = Bernhard Fetz: Psychische Schrift. Am Beispiel von Ernst Jandls *stanzen*. In: Handschrift. Hg. von Wilhelm Hemecker. Wien: Zsolnay 1999 (= Profile. Magazin des Österreichischen Literaturarchivs, Bd. 4).

Fetz 2002 = Bernhard Fetz: Der Dichter und der liebe Gott. Ernst Jandls *choral* im Kontext seiner religiösen Gedichte. In: Interpretationen. Gedichte von Ernst Jandl. Hg. von Volker Kaukoreit und Kristina Pfoser. Stuttgart: Reclam 2002, S. 116–130.

Gernhardt 2004 = Robert Gernhardt: Die K-Gedichte. Frankfurt/Main: S. Fischer 2004.

Hage 1989 = Volker Hage: Die Sprache heult und lacht. Großer Klamauk, tiefe Verfinsterung: Ernst Jandls Gedichtband *idyllen*. In: Die Zeit vom 8.9.1989.

Jandl 2001 = Ernst Jandl: Letzte Gedichte. Hg. von Klaus Siblewski. München: Luchterhand 2001.

Mayröcker 1986 = Friederike Mayröcker: Winterglück. Gedichte 1981–1985. Frankfurt/Main: Suhrkamp 1986.

Mayröcker 1986/b = Friederike Mayröcker: Huldigung und Dank. In: Für Gerald Bisinger. Rosenblätter auf Rauhreif. München: Klaus G. Renner 1986.

Mayröcker 1992 = Friederike Mayröcker: Das besessene Alter. Gedichte 1986–1991. Frankfurt/Main: Suhrkamp 1992.

Nietzsche 1983 = Friedrich Nietzsche: Werke in vier Bänden. Bd. 4. Hg. von Gerhard Stenzel. Salzburg: Caesar Verlag 1983.

Rühmkorf 1999 = Peter Rühmkorf: Wenn – aber dann. Vorletzte Gedichte. Reinbek b. Hamburg: Rowohlt 1999.

Schmidt-Dengler 1996 = Wendelin Schmidt-Dengler: „noch ein weilchen dichterlich". Zu Ernst Jandls Lyrik von 1982 bis 1992. In: Text + Kritik Ernst Jandl (1996), H. 129, S. 51–60.

Schmidt-Dengler 2001 = Wendelin Schmidt-Dengler: Der wahre Vogel. Sechs Studien zum Gedenken an Ernst Jandl. Wien: Edition Praesens 2001.

Siblewski 2001 = Klaus Siblewski: Telefongespräche mit Ernst Jandl. Ein Porträt. O.O.: Luchterhand 2001.

Vogel 2002 = Juliane Vogel: *anatomisches selbstbildnis*. In: Interpretationen. Gedichte von Ernst Jandl. Hg. von Volker Kaukoreit und Kristina Pfoser. Stuttgart: Reclam 2002, S. 142–153.

Deutsches Gedicht

Von István Eörsi

Sein *deutsches gedicht* schrieb Ernst Jandl 1957, im Alter von 32 Jahren. Ich war damals 26 Jahre alt und weilte wegen meines im Jahr zuvor bezeugten revolutionären Eifers – im Oktober 1956 war nämlich in Ungarn eine Revolution ausgebrochen und anschließend von sowjetischen Panzern niedergewalzt worden – im Gefängnis. Ich wußte, daß ich in einen entscheidenden Abschnitt meines Lebens getreten war. In den Jahren, die vor mir lagen, würde ich in mich erdrückenden Gefängnismauern verrotten können, doch eröffnete sich mir auch die Chance, ein Besserer zu werden, als in meinen Möglichkeiten stand. Die Voraussetzung dafür war, nicht so zu werden, wie man mich haben wollte. Wie sagt Jandl? „Ich will nicht sein / so wie ihr mich wollt". Diese zwei Verszeilen konnte ich damals allein schon deshalb nicht kennen, weil *my own song* (Jandl 1997/8, 223) erst 1966 entstand, doch der Zwang zum Widerstand und zum Jetzt-erst-recht war mir damals bereits bekannt.

Zu Beginn des *deutschen gedichts* ist dessen Held, der 13jährige Ernst Jandl, von der Wahrheit des *my own song* noch weit entfernt. Wir schreiben 1938, sind Zeugen eines fröhlichen Wiener Volksfests, das Dritte Reich hat sich soeben das im Glück schwimmende Österreich einverleibt, die Stadt feiert auf der Straße. Jandl als Kind stiehlt der Mutter zehn Groschen, kauft sich dafür ein Hakenkreuz, steckt es sich an den Rock, spaziert damit zackig in der Menge herum und übt den Hitlergruß ein. Er will so sein, wie ihn die anderen haben wollen. Begleitet von seinem Vater geht er zum Zahnarzt, das Hakenkreuz immer noch auf dem Rock, „und der zahnarzt hat nicht gesagt ich bin ein schwein / weil mein mund gestunken hat / sondern er hat das hakenkreuz angeschaut und zu meinem vater gesagt / ich werde noch ein tüchtiger bursch werden" (Jandl 1997/1, 158) – das heißt, auch der Zahnarzt und selbst der Vater des Dichters wollten so sein, wie sie die anderen haben wollten.

Das *deutsche gedicht* ist kein erzählendes Werk, seine Aussage entwickelt der Autor nicht entlang einer geschlossenen Geschichte. Trotzdem beginne ich hier mit der Fabel, denn diese hält den äußerst wichtigen Augenblick fest, als das Kind, das zufälligerweise Ernst Jandl heißt, in Richtung der Wahrheit des *my own song* aufbricht. „Eingekeilt" steht es in der großen Menge, offenbar im Jahr 1939, denn von einem 14jährigen ist die Rede, inmitten einer tobenden antisemitischen Kundgebung, über ihm der Zorn: „und es rief / den tod / auf sie". (Ebd., 160) Das Wort „eingekeilt" gibt auf geniale Weise wieder, daß das Kind sein Selbstverfügungsrecht verloren hat: Wer wo eingekeilt ist, steht vielleicht fest inmitten der Menge, mit der er verschmolzen ist, doch bewegen kann er sich nicht. Das heißt, er ist nicht frei, und wenn er nicht frei ist, dann repräsentiert er nicht durch seine Person, sondern nur durch seine bloße Anwesenheit den auf ihn entfallenden Anteil an der ungeheuren Massenwut, selbst dann, wenn er den Mund hält. Da springt ihn plötzlich ein Gassenjunge an, ein „knirps", um ihm an den Rock zu gehen – „jud / gib das her / jud / gib das her" (ebd., 165) –, er will natürlich das Hakenkreuz haben, und in diesem Augenblick überkommt den Knaben namens Ernst Jandl ein unaussprechliches neues Gefühl, über das er im Gedicht nur so viel verrät, daß er es unverzüglich seiner Mutter erzählte. Offensichtlich ist ihm klar geworden, daß die Menge, in die er eingekeilt war, jeden als Juden betrachten konnte, also auch ihn, das heißt für jeden konnte nach dem Todesurteil gerufen werden. Diese Erkenntnis befreite ihn aus dem Keil. Mit der Analyse der an sich knappen Fabel habe ich deshalb begonnen, weil deren Ende den wichtigsten Entschluß im Leben des Dichters spürbar macht: Es ist der Augenblick, als er ahnt, daß er von nun an nicht mehr so sein will, wie ihn die anderen haben wollen.

Das *deutsche gedicht* ist Jandls größtes politisches Werk. So wie ich diesen Satz niederschreibe, spüre ich, daß ich eine Erklärung schuldig bin. Der Kurswert der politischen Dichtung ist so tief gesunken, daß er an den meisten Literaturbörsen gar nicht mehr notiert wird. So verhielt es sich bereits im Entstehungsjahr des Gedichts, 1957. In einem späteren Vorwort zu diesem Gedicht berichtet Jandl selbst davon, daß Gerhard Rühm und H.C. Artmann, jene Dichter, die ihm als die Begründer der „Wiener Schule" der „konkreten Poesie" am nächsten gestanden hatten, es „heftig ablehnten". „Ich vermute, es erschien Artmann und Rühm damals nicht statthaft, im Gedicht politisch zu sein; das verstieß offenbar gegen Vorstellungen von Reinheit der Kunst. Vorstellungen, die ich selbst nie gehabt hatte." (Jandl 1999/11, 72) Es ist dies ein großes Glück, das seiner Dichtung ihre einzigartige Position innerhalb dieser „Schule" sichert.

Trotz alledem läßt sich die Frage nicht unter den Teppich kehren, inwiefern gewisse Thesen in der Theorie der konkreten Poesie nicht doch eher die kategorische Politikfeindlichkeit Artmanns und Rühms rechtfertigen. Nach Jandls Formulierung enthält die konkrete Poesie nichts, „das man ‚wissen' kann." (Jandl 1999/11, 12) Diese Definition ist ebensowenig auf das *deutsche gedicht* anwendbar wie jene andere, derzufolge die konkrete Poesie „autonom [ist], zu messen nur an ihren eigenen Beispielen" (ebd., 13). Denn gerade die genannten Beispiele drangen nicht aus dem Gedicht in die Realität, sondern es verhielt sich umgekehrt, weshalb ich meine Zweifel habe, ob die konkrete Poesie in jedem Fall wirklich nur „Möglichkeiten innerhalb von Sprache verwirklicht und Gegenstände aus Sprache erzeugt" (ebd., 12). Mir scheint vielmehr, daß die innerhalb der Sprache verwirklichten Möglichkeiten (zum Beispiel das „eingekeilt" mit seinen unerhört vielfältigen Bedeutungen) von außerhalb der Sprache, aus der gewöhnlichen Realität in die Sprache gelangen. Die Hitler feiernde und den Tod der Juden fordernde Menge war leider nicht die epochenprägende Idee der Sprache, sondern die der brutalen Wirklichkeit. Die zahllosen, von außerhalb der Sprache absorbierten Tatsachen gestaltete der Dichter mit Hilfe der innerhalb der Sprache verwirklichten Möglichkeiten. Genauer: Die innerhalb seiner eigenen Sprache verwirklichten Möglichkeiten sind hier entscheidend, die aus den zahllosen, von außen in die Sprache eingedrungenen Tatsachen geformte poetische Wirklichkeit bestimmt seine Rede, das heißt seine Persönlichkeit, und das ist es, was der aus „äußeren" Gegenständen zusammengesetzten Welt ihren poetischen Zauber verleiht.

Der schlechte Ruf der politischen Dichtung hatte freilich – und hat heute um so mehr – seine realen Gründe. Deren Autoren wurden von den Diktaturen in erniedrigende Dienstbotenrollen gezwungen, die Dichter in den Demokratien halten wiederum – Ausnahmen bestätigen die Regel – jegliche aktuelle Stellungnahme für unter ihrer Würde. Die politische Dichtung betrachten sie als Vorzimmer eines die Tagesbedürfnisse befriedigenden Journalismus. Die Lage verschlimmerte sich nach dem Zusammenbruch der Sowjetunion, denn plötzlich hatten sämtliche umfassende politische Weltanschauungen ihre Glaubwürdigkeit verloren, und heute befindet sich allein schon der Anspruch auf ein zusammenhängendes Weltbild im Aussterben. Die meisten Intellektuellen, darunter auch die Künstler, bemühen sich, ein geistiges Umfeld auszugestalten, in dem die Handlungen keine Konsequenzen haben und in dem alles sowie sein Gegenteil gleichermaßen vorstellbar sind. Für den Wahrheitsgehalt der Behauptungen interessieren sich immer weniger Menschen, die meiste gedankliche Energie wird darauf verwendet, interessant oder originell zu sein oder zumindest zu scheinen.

All dies hat natürlich nichts mit Kunst zu tun. In der Kunst zählt allein, was durch die Leidenschaft des Gedankens und des Gefühls Glaubwürdigkeit erhält.

Unter den Gedanken und den Gefühlen läßt sich auf thematischer Grundlage keine Wertehierarchie errichten. Liebe, Todesangst, das Wunder der Natur, der Zauber der Sprache – all dies kann zum Quell der Dichtung werden, wenn ihm der Dichter durch seine nur auf ihn zugeschnittene, nur für ihn charakteristische Leidenschaft Glaubwürdigkeit verleiht. Die politische Dichtung können wir als eine Leidenschaft bezeichnen, die von der Sehnsucht nach Gerechtigkeit und von der Wut über Ungerechtigkeit befeuert wird. Es gibt Menschen, darunter Dichter, die die Ungerechtigkeit einfach nicht ertragen können. Ernst Jandl zum Beispiel betrat einmal, wie eines seiner Gedichte aus dem Jahr 1962 belegt, einen Delikatessenladen, wo Hasen auf Haken aufgehängt waren. „wo hängen denn die jäger?" (Jandl 1997/5, 136), wird im Gedicht der Verkäufer gefragt, was nicht nur eine ausgezeichnete Pointe darstellt, sondern auch zum Ausdruck bringt, wie unsere Gesellschaft die Welt der ungleichen Chancen zur Demokratie verklärt: Der Hase verliert, wenn er getroffen wird, der Jäger hingegen dann, wenn er nicht trifft. Ein Dichter, den solche Fragen bewegen – auch wenn ihn dabei verborgene sprachliche Zusammenhänge beschäftigen mögen –, erregt sich auch dann über die gesellschaftliche Ungerechtigkeit, wenn sein schriftstellerisches Werk nur selten die Welt der Tagespolitik streift. So läßt sich also von ihm sagen, daß er politisch Stellung nimmt, auf eine poetische Weise, wie es kein anderer vermag, nur er. Zum Beispiel schreibt er ein Gedicht, in dem das Wort „Nein" siebenmal übereinander steht und wo unten am Ende der Titel angeführt ist: „beantwortung von sieben nicht gestellten fragen" (Jandl 1997/3, 71), womit er nichts anderes als jenes Verhältnis charakterisiert, das er zum allgemeinen Zustand der Weltordnung entwickelt hat. Wenn er wiederum Gedichte schreibt, die sich aus der Sprache und den erniedrigenden Zwängen der elendsten Parias der Gesellschaft speisen, das heißt, wenn er die Verstoßenen in die Welt der hohen Kunst hebt, indem er ihnen aus ihrer verkommenen Sprache eine künstlerisch perfekte – die Verkommenheit in perfekter sprachlicher Konsequenz darstellende – Sprache kreiert, dann emanzipiert er sie gleichzeitig auch, das heißt er vollzieht eine eminent wichtige politische Handlung, ohne daß er dieser Absicht verbalen Ausdruck verleihen würde.

Anstatt weitere Beispiele anzuführen, möchte ich meine Meinung unterstreichen, daß Jandl, ohne daß er dies betont hätte, auch ein politischer Dichter war in jenem weiter gefaßten, humanistischen Sinne, so wie diese Tradition seit der griechischen Antike die europäische Kultur am Leben erhält. Das *deutsche gedicht* ist jenes seiner Werke, in welchem das Politische von der ersten bis zur letzten Zeile offensichtlich im Zentrum der poetischen Emotion steht. Doch diese Emotion vermag sich nicht pfeilgerade ihre Bahn zu brechen: Ihr Ziel ist der Schrecken und das Grauen, wie sie nur auf Umwegen, durch Pointen, aufschiebende Abschweifungen, retardierende Momente und sprachliche Spiele, die die Machtlosigkeit mit repetitiven Techniken ins Endlose steigern, ausdrückbar sind.

Die ihre Wirkungen wechselseitig verstärkende, gleichzeitige Anwesenheit von Ironie, Verzweiflung und Trauer ist der deutschen Dichtkunst zumindest seit Heine nicht fremd. In seinem größten satirischen Gedicht, *Deutschland. Ein Wintermärchen,* zeigt Hammonia, die Schutzgöttin Hamburgs, dem Autor die Zukunft Deutschlands. Dazu muß er den Deckel eines Stuhls hochheben, auf dem Karl der Große nächtens zu thronen pflegte, und seinen Kopf tief in die runde Öffnung stecken. Die Wirkung entspricht der Erwartung: „Was ich gesehn, verrate ich nicht, / Ich habe zu schweigen versprochen, / Erlaubt ist mir zu sagen kaum, / O Gott! was ich gerochen!“ (Heine 1981, 155) Heine fiel vom Duft der deutschen Zukunft in Ohnmacht, um am wogenden Busen der Göttin wieder aufzuwachen, was auch als Happy-End gedeutet werden kann. Die Zeitgenossen lasen daraus eher seinen Haß auf die deutsche Heimat heraus, doch Heines Gelächter störte dies nicht.

Auch Jandls Gedicht ist voller Witz, voller sprachlicher Witzblitze, denen wir eine nahezu düstere Bewunderung entgegenbringen. Wer heute Heines Gedicht liest, kann sagen, daß der Dichter mit seiner Abort-Metapher die Ankunft Hitlers prophezeite. Als ob er gespürt hätte, daß das Dritte Reich kommen würde. Als ob. Doch wer Jandls Gedicht liest, sieht den Unterschied. „jüdin / trockene / kleine / fiel aus dem ofen / fiel aus dem ofen / fiel aus dem großen / eisernen ofen“. (Jandl 1997/1, 169) Das schrecklichste Grauen, das sich Heine mit prophetischem, tragischem Humor vorstellte, ist im *deutschen gedicht* unwiderlegbare Realität geworden. Diese Realität erlaubt selbst in der groteskesten Verpackung keine Versöhnung und kein Gelächter.

Doch existiert überhaupt irgendein Stil, mit dessen Hilfe sich diese Realität darstellen ließe? Ich habe es schon mehrfach beschrieben und erzähle es hier von neuem. Als ich 1952 als Mitglied einer Jugenddelegation Auschwitz besuchte, fielen mir besonders leichte weiße Kieselsteine auf – sie bedeckten die ganze Landschaft, schimmerten auf dem feuchten Boden, zwischen den Bäumen des schütteren Waldes. Auf meine Nachfrage hin klärte man mich auf: Dies seien keine Kieselsteine, sondern Knochensplitter, die aus den Schornsteinen der Krematorien aufgestiegen und dann zu Boden gefallen waren, um die Landschaft mit Tupfern zu übersäen. Plötzlich überkam mich eine starke Versuchung, sie einzusammeln – vielleicht könnte ich daraus meine Großmutter zusammensetzen. Meine Großmutter Riza, und mit ihr zusammen der ganze väterliche Zweig der Familie, war nämlich dort durch den Schornstein des Krematoriums geflogen, acht Jahre zuvor.

Aus Knochensplittern die Großmutter zusammensetzen: Was ist das für eine wahnwitzige Idee? Das frage ich mich, und die Antwort stellt sich sofort ein. Sie ist nicht so wahnwitzig wie jener, ein paar Jahrzehnte dauernder Prozeß, der am Ende die Knochensplitter hervorbrachte. Der Lokus Karls des Großen, aus dem die deutsche Zukunft stinkt, ist gleichfalls keine so wahnwitzige Idee. Der Albtraum namens Wirklichkeit, der die wahnwitzigsten Ideen gebiert, ist die wahnwitzigste Idee. Was läßt sich mit ihr poetisch anfangen?

Dürrenmatt zufolge ist ein Stück dann am vollkommensten, wenn darin stets die schlimmstmögliche Wendung eintritt. Hier hat die Wirklichkeit dieser dramaturgischen Anforderung Genüge geleistet. Es existiert keine poetische Möglichkeit, die Wirklichkeit zu übertrumpfen. Das Pathos reicht an sie nicht heran, die objektive Beschreibung bleibt notwendigerweise hinter ihr zurück. Auch auf Heinesche Art Witze reißen geht nicht, weil das Thema nicht ein Kothaufen im Abtritt, sondern Millionen von Toten und Verblendeten ist. Die Mittel des traditionellen Realismus versagen notwendigerweise vor einer Realität, deren Existenz zwar außer Diskussion steht, die aber gleichzeitig dermaßen unfaßbar ist, daß wir ihr instinktiv den Rang der Realität absprechen. Jandl, für den es nie ein Problem war, was er sagen wollte, sondern nur, wie er es sagen sollte, spürte, daß er dieses Thema nicht im Husarenstreich anzugehen vermochte, sondern nur im Schleichgang, von den Flanken her, die brutalen Formulierungen hinausschiebend, mit repetitiven Techniken und unfertigen Gedankengängen. Das *deutsche gedicht* steigt mit einem leichtfüßigen Wortspiel ins Thema ein, „jüdin in / jüdin in / jüdin in / germany" (ebd., 155), dreimal „-in in", „-in in", „-in in", bis er soweit ist, das „germany" auszusprechen, die durch den Wortwitz abgemilderte Schwierigkeit des Einstiegs ist sofort zu spüren. Später spaltet sich aus dem „germany" das „germ" ab, dieses verweist bereits auf die Keime der Krankheit. Indem er die verschiedenen atmosphärischen und emotionalen Elemente aufeinander und nebeneinander häuft, setzt Jandl das Thema zusammen, wenn auch nicht aus Knochensplittern, sondern aus dem Schutt der Wörter, sprachlichen Ideen und Wortspielen. Dabei wird auch die anfangs erwähnte Geschichte erzählt, denn dieses Thema kann nicht objektiv sein, vermag sich nicht nur auf Millionen unbekannter Menschen zu beziehen. Ihr abgeschlossenes Schicksal erhält dadurch einen neuen Sinn, daß noch lebende

Menschen dieses Schicksal auf sich beziehen. Der Dichter jedoch muß es tun, sonst kühlt das Thema aus und fällt ihm aus der erstarrten Hand. Doch sobald er es auf sich bezieht, verändert sich die Welt. Der Knabe wird erwachsen, befreit sich aus dem Keil, kann sich aber nicht von dem Ort entfernen, wo der Tod auf die Millionen gerufen wurde, wo aus Mädchenzöpfen Schlangen gemacht wurden und wo sich unter furchtbaren Qualen, mit Hilfe von peinsamen Wortwitzen der Name des einziehenden Imperators artikulierte. Noch immer steht er dort, die Wortspiele und bitteren Anläufe hinter sich lassend, seinen Gefühlen nunmehr freien Lauf lassend steht er dort: „ich presse meinen kopf / an deinen schenkel asche / ich presse meinen kopf / an deinen schenkel / ich presse meinen kopf / an deine lippe asche / ich presse meinen kopf / an deine lippe". (Ebd., 168f.) Wir sehen: Selbst die frei laufenden Gefühle verlassen das Reich der Unmöglichkeit nicht, welches die Realität selbst geschaffen hat. Jandl preßt seinen Kopf an den Schenkel der Asche und an die Lippe der Asche. Verblüfft werde ich gewahr, daß dies keine geringere Unmöglichkeit ist, als die Großmutter aus Knochensplittern zusammenzusetzen. Beide Anstrengungen führen ins Unendliche, hinaus aus der Zeit, denn das, was sie inspirierte, ist gleichfalls über die Zeit hinausgewachsen: „jetzt / im jahre 2056 / singen und sagen / jetzt / im jahre 3057 / singen und sagen / jetzt / im jahre 4058 / singen und sagen / in deutscher zunge". (Ebd., 170) Der historische Augenblick, in den der Knabe eingekeilt war und der infolge seines Schreckens Absurdität und Trauer ausstrahlt, wird zeitlos. Damit erhalten der historische Augenblick, der im Zentrum des Gedichts steht, und die 1957 formulierte poetische Reflexion den Rang, der ihnen zusteht.

Ganz unbescheiden möchte ich noch ein paar Worte zur übersetzerischen Herausforderung sagen, die mich bei Jandls Dichtung anzog. In Hinblick auf das *deutsche gedicht* lag außerdem eine persönliche Betroffenheit vor. Ich spürte darin die an mich gerichtete Aufforderung, aus ihm die sinnlose Tragödie meiner Verwandten im weitesten Sinn zusammenzusetzen. Dem muß ich vorausschicken, daß ich mich weder in religiöser noch in nationaler Hinsicht als Jude empfinde. Ich bin ein atheistischer Kosmopolit, dessen künstlerische Muttersprache die ungarische Dichtung ist. Doch was wir als Auschwitz oder als den Holocaust bezeichnen, ist seit 1944 einer der wichtigsten Bezugspunkte meines Denkens und meines Gefühlslebens. In mir hat das keine jüdische Solidarität genährt, sondern ein irgendwie allgemeineres Mitgefühl mit den Verfolgten. Zugleich verschwand natürlich auch die persönliche Trauer nicht. Die kleine trockene Jüdin, die aus dem Ofen fiel: meine Großmutter, meine Großtante, ihre Tochter und ihre Enkelin.

Auch heute noch sind sie in den Wäldern und auf den Feldern rund um Auschwitz zu finden, in der Gestalt von Knochenstücken.

Sein Gedicht zog mich deshalb an, weil Jandl im Bewußtsein der Unlösbarkeit der dichterischen Aufgabe nicht mit der Tür ins Haus fällt, sondern aus der Ferne ansetzt, mit winzigen Motiven und unernst erscheinenden tödlichen Wortspielen, um sie dann zu einem das Ganze der Zeit ausfüllenden, umfassenden Bild zusammenzusetzen. Motivierend wirkte sich auch aus, daß ich gleich zu Beginn des Gedichtes ungeheures Glück mit den Wortspielen hatte. Zum Beispiel: „jüdin" ist auf ungarisch „zsidóné", „germany", Deutschland, „Németország". Jandl spielte sich, indem er das „-in" aus „jüdin" wiederholte, ich wiederum konnte es so wiedergeben: „zsidó / né / metországban", was genauso pointiert ist wie das Original. Es ist ein Wörterzusammensetzen, ein Erinnerungenzusammensetzen, ein Schrecklichkeitenzusammensetzen, weil sich die Geschichte nicht in einem Block erzählen läßt: Das zog mich am meisten an, die Knochensplitter, die sich auf verschiedene Weisen zusammensetzen lassen, weil sie zusammengehören, die sich aber dennoch nie restlos zu einem Ganzen zusammenfügen.

Aus dem Ungarischen von Gregor Mayer

Verwendete Literatur

Heine 1981 = Heines Werke in fünf Bänden. Hg. von den nationalen Forschungs- und Gedenkstätten der klassischen deutschen Literatur in Weimar. Zweiter Band. Berlin und Weimar: Aufbau Verlag 1981.

Jandl 1997/1 = Ernst Jandl: deutsches gedicht. In: Ders.: Andere Augen. verstreute gedichte 1. deutsches gedicht. Poetische Werke, Bd. 1. Hg. von Klaus Siblewski. München: Luchterhand 1997.

Jandl 1997/3 = Ernst Jandl: beantwortung von sieben nicht gestellten fragen. In: Ders.: Poetische Werke, Bd. 3. Hg. von Klaus Siblewski. München: Luchterhand 1997.

Jandl 1997/5 = Ernst Jandl: im delikatessenladen. In: Ders.: Poetische Werke, Bd. 5. Hg. von Klaus Siblewski. München: Luchterhand 1997.

Jandl 1997/8 = Ernst Jandl: my own song. In: Ders.: der gelbe hund. Poetische Werke, Bd. 8. Hg. von Klaus Siblewski. München: Luchterhand 1997.

Jandl 1999/11 = Ernst Jandl: Autor in Gesellschaft. Aufsätze und Reden. Poetische Werke, Bd. 11. Hg. von Klaus Siblewski. München: Luchterhand 1999.

Beruf: rilke. Zustand: labil
Innen- und Außenperspektiven einer Krise der Subjektivität

Von Helmut Neundlinger

Denn wenn sich im Lauf der Zeit die gewöhnlichen und unpersönlichen Einfälle ganz von selbst verstärken und die ungewöhnlichen verlieren, so daß fast jeder mit der Sicherheit, die ein mechanischer Zusammenhang hat, immer mittelmäßiger wird, so erklärt das ja, warum trotz der tausendfältigen Möglichkeiten, die wir vor uns hätten, der gewöhnliche Mensch nun einmal der gewöhnliche ist!
(Musil 1987, 117)

Kahl, komisch, passiv; fremd noch in den eigenen Schuhen steht er da. Und selbst das scheint schon zu viel gesagt über den Luftatmer und Wassertrinker, der ebenso plötzlich und scheinbar grundlos auftaucht, wie er am Ende wieder abtritt. Viel erfährt man nicht vom *gewöhnlichen rilke* (Jandl 1997/7, 63–80), der Hauptfigur der gleichnamigen Gedichtserie, die Ernst Jandl im Mai 1975 schrieb – außer daß seine im Titel anklingende Normalität sich in einem seltsamen Ausnahmezustand zu befinden scheint. Steht er unter Beobachtung? Ist er in den falschen Film geraten? Inmitten seiner konkreten Besitztümer wirkt er wie eine beziehungslose Abstraktion. Sein berühmter Name und die diesem beigefügte Eigenschaft scheinen einen Widerspruch in sich darzustellen. Der Rilke, den wir kennen oder wenigstens zu kennen glauben, kann unmöglich auch der gewöhnliche sein, der (uns) hier vorgeführt wird. Oder doch?

Vielleicht benützt aber ein Dichter hier nur einen anderen, um indirekt von sich selbst zu sprechen. Vielleicht ist das Verhältnis zwischen Jandl und „rilke" dem eines Romanciers zu seinem Helden nicht unähnlich. Auch jener schafft sich diesen als Vehikel, mittels dessen er in seine persönlichsten Erfahrungen eindringen und ihnen eine Form verleihen kann, die den Anspruch hat, auch außerhalb zu existieren und wahrgenommen zu werden. Ernst Jandls *gewöhnlicher rilke* könnte als Versuch zwischen den beiden eben angedeuteten literarischen Zugangsweisen verstanden werden. Wie kaum einer anderen seiner Texteinheiten haftet diesen insgesamt 17 Gedichten etwas Romanhaftes an: Es gibt eine Figur mit einem Namen, also quasi einen Protagonisten. Die Gedichte sind beinahe ausnahmslos im Imperfekt, also der auch im zeitgenössischen Roman am häufigsten verwendeten Erzählzeit (v.a. im Genre Kriminalroman, dem Jandl sehr zugetan war, vgl. etwa Jandl 1999/11, 90), geschrieben. Durch die Kontinuität von Name und Tempus entsteht ein Duktus, der dazu verführen könnte, nach einer „Geschichte" zu suchen, und nach allem, was dazugehört: einer Identität, einer Entwicklung, einer Transformation, einer Pointe am Schluß. Beinahe gleichzeitig jedoch erzeugt gerade die Quasi-Romanform am Schauplatz Lyrik Verstörung. Was wir in den einzelnen „Episoden" erfahren, bringt uns diesen „gewöhnlichen rilke" nicht näher, im Gegenteil: Die ausgelegten Spuren erweisen sich fast ausnahmslos als falsch und führen in gewisser Weise immer in den Rücken des Ermittlers, der sich beim Sich-selbst-über-die-Schulter-Schauen ertappt. Die Szenen, in denen wir dem „gewöhnlichen rilke" begegnen, verweigern jede Form von Identifikation: Weder können wir darin Merkmale der Besonderheit erkennen, die sich am Ende zu dem Bild einer unverwechselbaren Persönlichkeit zusammensetzen, noch finden wir eine Möglichkeit, unsere Sehnsüchte, Wünsche oder Ich-Ideale in diese Figur zu projizieren.

Die Spannung zwischen der imaginären Präsenz des „wirklichen" Rilke in Form des immer wieder auftauchenden Namens und der beinahe völligen Absenz von Anspielungen auf seine Person erzeugt mehrere Vermutungen in Bezug auf das tiefer liegende Motiv für dessen Heranziehung: **a**) Der Text richtet sich in polemischer Weise gegen Rilke und sein Werk, seine Art und Weise zu dichten und in seinem Werk nachzuwirken. Für ein solches Unterfangen wären Indizien vonnöten, die den „gewöhnlichen rilke" mit Leben und Werk des wirklichen, „ungewöhnlichen" Rilke verknüpfen. **b**) Vielleicht meint aber „rilke" gar nicht Rilke, eine These, die das erste Gedicht, das in gewisser Weise auch die Exposition darstellt, gleichermaßen negiert und bestätigt:

rilkes trennung

der ungewöhnliche rilke
und der gewöhnliche rilke
steckten im gleichen

der ungewöhnliche rilke
und der gewöhnliche rilke
wären beisammen geblieben

der ungewöhnliche rilke
und der gewöhnliche rilke
würden sich trennen müssen

der ungewöhnliche rilke
und der gewöhnliche rilke
wußten es beide (Jandl 1997/7, 64)

Im Text selbst wird kein Grund für die Trennung angegeben, nicht einmal angedeutet. Auch die Formulierung im Konjunktiv verstärkt den Eindruck der Willkür, die ihr zugrunde liegt, und verweist auf ein imaginäres Außen, das die Bewegung der Gedichtserie erst in Gang setzt. Das einzige, was der ungewöhnliche dem gewöhnlichen Rilke mit auf den Weg gibt, ist sein Name. Das verstärkt den Eindruck, daß **c)** „rilke" nicht unbedingt für eine Person, sondern für einen Typus steht, einen Subjekt-Typ, der auf eine andere Weise in der kollektiven Erfahrung verankert ist als eine unverwechselbare, möglicherweise sogar berühmte Persönlichkeit. Die Ausstattung der Figur mit der Eigenschaft „gewöhnlich" als quasi einzigem Erkennungsmerkmal verbindet sie mit dem „Mann von der Straße", „Otto Normalverbraucher" oder anderen Allegorien der modernen, anonymen Massengesellschaft. In einem allerdings schimmert der Original-Rilke noch durch: Der „gewöhnliche rilke" ist, wie wir noch sehen werden, von Beruf vermutlich Dichter, zumindest scheint er zu schreiben. Das eröffnet eine weitere Vermutung, nämlich daß der „gewöhnliche rilke" **d)** in gewisser Weise ein komisches, skizzenhaftes Porträt von Jandls eigenen Schreibkrisen darstellt und daß die Gedichtserie **e)** ein Traktat über die Normalität und Banalität des Berufsalltags eines Dichters ist.

Im „gewöhnlichen rilke" finden sich Zeilen oder Worte, die man als Anspielungen oder versteckte Hinweise auf Rilkes Dichtung interpretieren könnte. In *rilkes boot* heißt es: „ruderschlagend / tagend" (ebd., 69), eine für die Gedichtserie ungewöhnliche Verbalkonstruktion, ein Partizip Präsens, das sich nur noch in einem weiteren Gedicht, nämlich *rilkes hand* (ebd., 75), findet. Das Boot könnte aus einem Gedicht Rilkes stammen, aber aus welchem? Ist es ein bedeutendes, vielleicht immer wiederkehrendes Symbol? Wenn ja, dann ist es in Jandls Gedicht in jedem Fall auf den Kopf gestellt worden. Übrig bleibt eine Reduktion des Idyllisch-Lyrischen mit den Mitteln der konkreten Poesie, also eine ästhetische Subversion. Ähnlich verhält es sich mit dem Gedicht *rilkes lohn.* Es ist eine der ganz wenigen Stellen, an der „rilke" etwas deutlich Vernehmbares spricht, nämlich den Satz: „dies nun / sei sein lohn." (Ebd., 77) Etwas von der beinahe Schillerschen Feierlichkeit des Tons setzt sich in der nächsten Zeile wie ein Echo fort, in der sich allerdings schon das buchstäbliche Nichtankommen des Satzes abzeichnet: „keiner war sich gewiß / was er damit meinte // rilke weinte". Es bleibt offen, woran „rilke" konkret scheitert, ob am Fehlen eines Objekts, auf das das Wörtchen „dies" verweist, oder am Pathos seiner Sprache, das innerhalb der Sprache der Gedichtserie ähnlich komisch herausragt wie der Schluß von *rilkes gewicht:*

rilke wird um sein
gewicht erleichtert

so rauh erzieht
die erde ihren sohn (ebd., 80)

Dieser Ton ist zwar nicht mehr so hoch wie jener vom „lohn", viel eher schon distanziert-sarkastisch, wenn man das Gedicht als eines über den Tod auffaßt, aber dennoch verschieden von der „komprimierten Alltagssprache" (Jandl 1999/11, 43), die den Grundton der Serie ausmacht. Wofür aber stehen diese Wendungen? Wird hier wirklich der Originalton Rilkes aufs Korn genommen? Eine Parodie im klassischen Sinn besteht in der übertreibenden Nachahmung eines charakteristischen, unverwechselbaren Stils und ist oft mit einer indirekten Verehrung für diesen verbunden. Eine solche Vorgangsweise würde aber der Strategie der Serie zuwiderlaufen, den „gewöhnlichen rilke", also den unbekannten, verwechselbaren darzustellen. Wenn Rilke weder als Person noch als Literat gemeint ist, dann kann der Name nur als eine Maske, eine Verschlüsselung oder Verschiebung gedeutet werden. Rilke oder „rilke" würde dann für einen anderen oder für etwas anderes stehen, den oder das sein Name aber aus einem noch unbestimmten Grund verdeckt.

Das Adjektiv „gewöhnlich" scheint, wenn man seinen Sinn anhand der in den Gedichten ablaufenden Szenen erschließen will, so viel zu bedeuten wie normal, alltäglich. Der „rilke" wird gezeigt beim Atmen, Schneuzen, Wassertrinken, beim Schuhetragen, Zumfensterhinausschauen, Ladeaufundwiederzumachen. Aber nicht nur, was er tut, sondern wie seine Handlungen und Erlebnisse gezeigt und beschrieben werden, die Sprache der Gedichte ist es, die die elementarsten Handgriffe, Bewegungsabläufe und Lebensmomente in einer vollkommen unpersönlichen, unsinnlichen Form darstellen. In dem Duktus der Gedichte scheint kein Platz zu sein für Adjektive, Differenzierungen, feinere Abstufungen oder Ausschmückungen. Faßt man die Gedichte als einen Versuch auf, dem Leben des „gewöhnlichen rilke" beschreibend näher zu kommen oder es darstellend auf den Punkt zu bringen, so kann man nur zu einem Schluß kommen: Dieser Mensch, egal ob es ihn wirklich gibt oder nicht, zeichnet sich dadurch aus, daß er sich nicht auszeichnet, also sich in dem, was er tut, sagt und vielleicht erleidet, systematisch nicht unterscheidet. Dadurch entsteht eine Nähe zu einer Sprache der depersonalisierten Subjektivität, wie sie sich in einer modernen (Disziplinar-)Gesellschaft massenhaft ausbreitet, einer Sprache, deren Funktion es ist, menschliche Zusammenhänge zu verwalten. Durch die von Jandl betriebene Verfremdung einer solchen Sprache der (Schein-)Objektivität entsteht ein ambivalenter Effekt: Zum einen rechnet sie ab mit der Aura der poetischen Hoch-Sprache und entwirft ein Gegenmodell zu ihrer ausschweifenden Wirklichkeitsübermalung, zum anderen nimmt sie modellhaft eine neue, vielleicht nicht weniger anmaßende Perspektive auf den so genannten Einzelnen in seiner Eigenheit ein. Die Sprache der Gedichtserie steht zwischen der abgehobenen Poesie eines Rainer Maria Rilke und den Beschreibungsmustern einer „schönen neuen Welt", wie sie etwa Robert Musil ironisch zugespitzt im *Mann ohne Eigenschaften* ausprobiert:

> Die Muskelleistung eines Bürgers, der ruhig einen Tag lang seines Wegs geht, ist bedeutend größer als die eines Athleten, der einmal im Tag ein ungeheures Gewicht stemmt; das ist physiologisch nachgewiesen worden, und also setzen wohl auch die kleinen Alltagsleistungen in ihrer gesellschaftlichen Summe und durch ihre Eignung und Summierung viel mehr Energie in die Welt als die heroischen Taten; ja die heroische Leistung erscheint geradezu winzig, wie ein Sandkorn, das mit ungeheurer Illusion auf einen Berg gelegt wird. Dieser Gedanke gefiel ihm. (Musil 1987, 12f.)

Was Ulrich, dem Mann ohne Eigenschaften, an seinem eigenen Gedanken so gefällt, ist vermutlich die befreiende Vorstellung einer sich abzeichnenden Umverteilung des Gewichtes, der Last, der Bedeutung der Welt von einigen wenigen Auserwählten auf ein Kollektiv, dem eine große Zukunft bevorsteht: „Vielleicht ist es gerade der Spießbürger, der den Beginn eines ungeheuren neuen, kollektiven, ameisenhaften Heldentums vorausahnt?“ (Ebd., 13) Der „gewöhnliche rilke“ ist in dieser Hinsicht schon gescheiter(t), denn an ihm stellt sich die massenhafte Normalität als etwas vollkommen Unheroisches, Profanes, in seiner Wirkung oft Mörderisches und Destruktives dar. Das Bewußtsein einer auch nur potenziellen Verbindung zu einer schicksalsverändernden massenhaften Betriebsamkeit ist nach der Erfahrung von Faschismus und Nationalsozialismus in jedem Fall historisch gebrochen, auch wenn zum Zeitpunkt des Verfassens der Gedichtserie, also 1975, die Zeichen für eine demokratische, „aufgeklärte Massenkultur“ (Jandl 2000, 37), wie Jandl selbst das einmal nannte, günstig standen. Etwas von der Selbstbestimmung auf einer im weitesten Sinn materialistischen Basis, die sich bei Musil grundlegend andeutet (Kräfte des Körpers, Arbeitskraft, „gesellschaftliche Summe“), bleibt verbindlich auch für Jandl, bleibt bestimmend für den Entwurf einer autonomen Subjektivität (Sinnlichkeit, auch in ihrer widerspenstigen, verstörenden, komischen Form), aber angereichert um die Erfahrung der Krise, des Scheiterns. So klar und nüchtern, so schmucklos und beinahe funktional die Sprache dieser Gedichte an ihrer Oberfläche wirkt – sie ist sprechend in dem, was sie nicht artikuliert, worauf sie jedoch indirekt verweist.

Die gespannte, unheimliche Ruhe, die von den Gedichten oft ausgeht, entsteht nicht zuletzt durch das merkwürdige Verhältnis des „gewöhnlichen rilke“ zu seiner Umgebung, zu seinen Besitztümern, seinen „Mitmenschen“, ja sogar zu seinem eigenen Körper. Es gibt darin nichts, was auf eine persönliche Verbindung schließen ließe; alles, was er berührt, womit er umgeht, scheint sich seiner Neutralität anzupassen. Eine Folge dieses scheinbaren Unvermögens, eine Beziehung herzustellen, ist eine Dissoziierung bzw. Partialisierung in den Gegenständen oder Körperteilen: „wade an wade / stand rilke / aus den beiden schuhen heraus“ (Jandl 1997/7, 72); „rilkes hand und rilkes hand / an ihm herunterhängend […] rilkes hand an rilkes mund / dieser es spürend“ (ebd., 75); „rilkes nase: eingang und ausgang / der luft / kannte sie.“ (ebd., 66) Der in diesen Beschreibungen sich andeutende Zustand scheint an einer kaum genauer definierbaren Grenze zwischen innerer Empfindung und Wahrnehmung von außen angesiedelt. Die vegetative Selbstverständlichkeit körperlicher Prozesse und Abläufe wie Atmen oder Händeschütteln scheint sich unwillkürlich abhanden zu kommen. Das hinter der Sprache erscheinende wahrnehmende Bewußtsein ist weit davon entfernt, zu halluzinieren oder gar von einem Wahn befallen zu sein; und doch mutet diesen Sätzen eine Schiefheit an, die auf eine wachsende Fremdheit zwischen „rilkes“ Bewußtseinsform und ihren Inhalten schließen läßt.

Die im Initialgedicht behauptete Trennung des „gewöhnlichen" vom „ungewöhnlichen rilke": Könnte sie vielleicht auch als eine beginnende Spaltung des Bewußtseins verstanden werden? „Die Schizophrenie besteht ja gerade in einer Dissoziation der Affektivität, die durch den Verlust des Kontaktes zum Leben zutiefst gestört ist, und der Intelligenz, die intakt bleibt und gleich einer Filmkamera alles registriert, was vor ihr abläuft", schreibt Marguerite Sechehaye, eine Schweizer Psychoanalytikerin, in ihrem Vorwort zum *Tagebuch einer Schizophrenen.* (Sechehaye 1973, 9) Man kann diese Beobachtung natürlich nicht als Schlüssel für einen literarischen Text verwenden. Ein solcher unterscheidet sich vom Phänomen einer psychischen Krankheit vor allem durch den Umstand, daß er letztlich „bewußt" hervorgebracht wurde. Man würde ihn auch in seiner buchstäblichen literarischen Vieldeutigkeit mißachten. Andererseits weiß man spätestens seit den praktischen Versuchen und theoretischen Bemerkungen Leo Navratils von dem vielschichtigen Zusammenhang zwischen psychischer Erkrankung und sprachlich-bildnerischer Gestaltung. (Vgl. Navratil 1976) Ernst Jandl machte in den 1970er Jahren bei seinen Ausflügen in die psychiatrische Anstalt Gugging die Bekanntschaft von Ernst Herbeck und anderen künstlerisch aktiven Patienten Navratils. Auch wenn die dabei gewonnenen Eindrücke und Erfahrungen nicht direkt zum Stoff seiner literarischen Arbeit wurden, scheint sich eine Tendenz zum sprachlichen Aufruhr- bzw. Ausnahmezustand in Jandls Arbeit im Anschluß an den „gewöhnlichen rilke" zu manifestieren. Der Zyklus *tagenglas*, in dem zum ersten Mal die sogenannte „heruntergekommene Sprache" auftaucht, entsteht im März 1976 und bildet die Grundlage für ein poetisches Idiom, eine Art von Sprachmaske („auch heruntergekommenen sprachen-worten in jedenen fallenen / einen masken vor den wahren gesichten"; Jandl 1997/7, 194) oder Stimme, die das „gewöhnliche Subjekt" befällt oder aus ihm hervorbricht wie ein „aussatz." (Ebd.). Hier scheint der Zustand des Sprechenden in eine Art Inkontinenz übergegangen zu sein, die sich in der angespannten Stille des „gewöhnlichen rilke" in den Lücken erst andeutet.

Daß auch der „gewöhnliche rilke" ein Dichter sein könnte und darin nicht nur auf den „Original-Rilke" verweist, sondern auch ein verdecktes Selbstporträt Jandls darstellt, läßt sich an dem schon erwähnten Gedicht *rilkes lohn,* vor allem aber an den Parallelgedichten *rilkes lade* und *rilkes truhe* ablesen. Die offene Lade könnte jene seines Schreibtisches sein, in der am Ende nichts sich findet und in die auch nichts hineingelegt wird; sie läßt die Abwesenheit von Inspiration und Produktivität gleichsam gegenständlich werden und die Dinge „ihre eigene deutliche sprache sprechen" (Christensen 1990, 31):

rilkes lade

1
die lade
zog er heraus

etwas
tat er hinein

etwas
lag darin

die lade
schob er hinein

2
die lade
zog er heraus

etwas
lag darin

etwas
nahm er heraus

die lade
schob er hinein

3
die lade
zog er heraus

nichts
lag darin

nichts
tat er hinein

die lade
ließ er offen (Jandl 1997/7, 70)

Hier wird ein scheinbar ephemerer Augenblick im Schriftstellerdasein beschrieben, nämlich der Moment des Pausierens, des Ablegens einer Arbeit, des (vorübergehenden oder endgültigen) Archivierens. Die darin kommentarlos aufscheinende Stagnation transportiert ein Bild der Krise ohne jegliche Lord-Chandos-Beredtheit.

In gewisser Weise stellt der „gewöhnliche rilke" in seinem indirekten Sprechen über Leere, Krise und Depression schon einen Vorgriff auf eine ganze Reihe von Gedichten dar, die alle kurz nach dem Verfassen des Theaterstückes *Aus der Fremde* (Jandl 1997/10, 177–258) entstanden sind und den darin entwickelten Duktus der indirekten Rede bzw. die kurz davor eruptiv auftauchende „heruntergekommene Sprache" wieder aufnehmen. Diese Gedichte sind zu keiner Serie mehr zusammengefügt: Sie stehen vielmehr in ihrer Vereinzelung da, hängen aber insofern zusammen, als sie die Abwesenheit von Inspiration, den fundamentalen Zweifel an der eigenen Arbeit und die Situation des Schreibens in ihrer ganzen „Gewöhnlichkeit" thematisieren: „ich sitzen vor schreibmaschin / und lassen meinen fingern / bißchen klappern" (Jandl 1997/8, 154); „immer wieder er so / dasitze vor der schreibmaschine und / sein wille sei / ohne gedankenkraft" (ebd., 158); „nichts im kopf / setze ich mich / an die maschine / spanne ein blatt ein / mit nichts darauf" (ebd., 172). Diese Sätze verraten einen Druck, der von außen und von innen gleichzeitig kommt, einen Zwang zur Produktion, der auf den Widerstand der Einfallslosigkeit trifft; die Sprache wird diesem Zustand gegenüber aber nicht aggressiv oder regressiv wie in der „heruntergekommenen Sprache", wo sich der völlige innere Zusammenbruch in einer erstaunlich lebendigen und derben Weise äußert, auch wenn Jandl im ersten der drei zitierten Gedichte ihren Ton noch einmal aufnimmt. Hier ist alles ruhig, fast möchte man sagen, beunruhigend still, weil trotz aller Abwesenheit von Inspiration eine Spannung entsteht, die kein Ventil mehr findet und das sprachliche Äquivalent einer „Ruhe nach dem Sturm" oder einer stillen Implosion darstellt.

Für Ernst Jandl entzaubert sich der Mythos des Dichterlebens zu Beginn der 1970er Jahre aus der eigenen Lebenspraxis heraus. 1969 läßt er sich von seinem Dienst als Lehrer karenzieren, was er auch 1974, also fünf Jahre später, noch als „zeitlich begrenzt" bezeichnet. (Jandl 1999/11, 90) Wovor Jandl möglicherweise Angst hatte und weswegen er sich so lange die Option offen hielt, in den Lehrerberuf zurückzukehren, läßt sich vielleicht so umschreiben: Als Schriftsteller von Beruf würde es für ihn kein klandestines Schreiben mehr geben, also keines aus der gesicherten Deckung des Lehrerseins heraus. „Mein Beruf als Lehrer verhindert es, daß ich literarisch unproduktive Zeiten als Zeiten des Nichtstuns genieße, oder verabscheue", schreibt er in einem Aufsatz 1967, als seine Lebenssituation noch eine andere war. (Ebd., 34) Die hauptberufliche Ausübung des Schreibens hatte zur Folge, daß Jandl sich seinen Schreibkrisen und dem unter Umständen monatelangen Ausbleiben von Inspiration unausweichlich stellen mußte. Außerdem war er vor die Aufgabe gestellt, eine einzig den Bedürfnissen und Notwendigkeiten des Schreibens gehorchende Tages- und Lebensstruktur zu entwickeln, die den Zweck hatte, eine Abfolge von Tätigkeit und Ruhe, Arbeit und Freizeit einzurichten. Der Zusammenfall von Arbeits- und Lebensraum verlangte nach einer anderen Ordnung, einer anderen Disziplin, die die Trennung von Beruflichem und Privatem, soweit dies in einem freien Beruf möglich ist, aufrechterhalten konnte. In *Aus der Fremde* zeigt Jandl, welchen inneren und äußeren Konflikten ein freier Schriftsteller ausgesetzt ist, dem im Grunde das die Arbeitsgesellschaft der 1970er Jahre noch beherrschende Modell der tayloristischen Arbeitsorganisation eingeschrieben ist.

Die Unmöglichkeit, eine radikal freie Existenz ohne fest gezogene Grenzen zu leben, worum er Kollegen wie H.C. Artmann beneidete (siehe ebd., 98), rückt Jandls Arbeits- und Lebensgewohnheiten denjenigen von sogenannten normalen, nicht in einem künstlerischen Beruf arbeitenden Menschen näher. Sein poetisches Notwehrprogramm besteht in der Folge in einer massiven literarischen Thematisierung der Krisen einerseits (*von einen sprachen, Aus der Fremde, selbstporträt des schachspielers als trinkende uhr*) und andererseits in einer notwendigen Entzauberung des Schreibens als Akt genialer Eingebungen: Die Schreiblust bleibt konstant, aber der Schreibfrust und die Hemmung werden nicht mehr ausgespart, schon gar nicht die Banalität/Normalität solcher Zustände. In diesem Sinn kann man die „heruntergekommene Sprache“ und die auf sie folgenden Gedichte in „komprimierter Alltagssprache“ – wie schon angedeutet – nicht als neuen Lord-Chandos-Brief verstehen. Auch die Krise hat ihre Aura eingebüßt und ist – in Form der psychischen Krankheit der Depression – in den 1970er Jahren zu einem Massenphänomen geworden. In der Normalität steckt eine tiefe, kollektive Krise der Subjektivität, von der auch ein „gewöhnlicher rilke“ erfaßt und in deren tragische wie komische Facetten er hineingezogen wird.

Verwendete Literatur

Christensen 1990 = Inger Christensen: Brief im April. Gedichte. Münster: Kleinheinrich 1990.

Jandl 1997/7 = Ernst Jandl: die bearbeitung der mütze. In: Ders.: Poetische Werke, Bd. 7. Hg. von Klaus Siblewski. München: Luchterhand 1997.

Jandl 1997/8 = Ernst Jandl: der gelbe hund & selbstporträt des schachspielers als trinkende uhr. In: Ders.: Poetische Werke, Bd. 8. Hg. von Klaus Siblewski. München: Luchterhand 1997.

Jandl 1997/10 = Ernst Jandl: Aus der Fremde. In: Ders.: Poetische Werke, Bd. 10. Hg. von Klaus Siblewski. München: Luchterhand 1997.

Jandl 1999/11 = Ernst Jandl: Autor in Gesellschaft. Aufsätze und Reden. Poetische Werke, Bd. 11. Hg. von Klaus Siblewski. München: Luchterhand 1999.

Jandl 2000 = Ernst Jandl: a komma punkt. München: Luchterhand 2000.

Musil 1987 = Robert Musil: Der Mann ohne Eigenschaften. Reinbek bei Hamburg: Rowohlt 1987.

Navratil 1976 = Leo Navratil: Schizophrenie und Sprache. Schizophrenie und Kunst. Zur Psychologie der Dichtung und des Gestaltens. München: Deutscher Taschenbuch Verlag 1976.

Sechehaye 1973 = Marguerite Sechehaye: Tagebuch einer Schizophrenen. Frankfurt am Main: edition suhrkamp 1973.

etc is poetry – poetry is etc

Von Arne Rautenberg

easy grammar poem

aye is poetry
you is poetry
hey is poetry
she is poetry
eat is poetry
wee is poetry
you is poetry
etc is poetry (Jandl 1997/4, 80)

Um nicht gleich mit der Tür ins Luftschloß zu fallen, verpackt man die Frage nach dem, was ein Gedicht eigentlich zu leisten imstande ist, am besten in ein poetisches Gewand und raubt ihr zudem, aus Gründen der Entmystifizierung, das Fragezeichen. Ernst Jandls 1970 veröffentlichtes *easy grammar poem* ist so ein Gedicht; es gibt sich als Poesie zu erkennen und hinterfragt sich zugleich als solche.

Grundlage gibt das englische Konjugationsschema, das dem Englischlehrer Jandl wohl bisweilen aus den Ohren gekommen sein dürfte. Normalerweise wird dieses Schema genutzt, um Prädikate zu beugen, damit sie als Dreh- und Angelpunkte, als zentrale Sprachinformationen, in den Sätzen geschmeidig gehalten werden können. Doch Jandl dreht den Spieß um und beugt mit dem Personalpronomen das Subjekt; lediglich die Personalpronomen mit drei Buchstaben (also „you" und „she") bleiben unversehrt an ihren Plätzen. Die anderen werden einer Assonanz-Kur unterzogen und auf jeweils drei Buchstaben aufgestockt. Aus I wird „aye", aus he wird „hey", aus it wird „eat", aus we wird „wee" und aus they – eine Ausnahme, auf die später noch einzugehen ist – „etc". Der den akustisch gebeugten Subjekten beigestellte Zusatz „is poetry" dagegen wirkt seltsam unbeugsam und starr. (Pseudo)Subjekt – Prädikat – Objekt; jede Gedichtzeile liest sich in dieser grammatischen Light-Version wie ein kurzer (falscher) Satz; einzig der Ausnahmefall „she is poetry" läßt Raum für Richtigkeit und liebenswürdige Konnotationen.

Das bewußte Vermeiden der grammatischen Norm, ja, der Umweg des Falschverstehenwollens, um etwas Richtiges, zumindest Wichtiges kundzutun, ist ein typisches Jandl-Merkmal. Hier stellt es sich in einer mantrahaft durchkonjugierten Poesie-Variante dar; ein besonders sinnfälliger, weil autopoetischer Bumerang. Doch bevor sie sich als poetische Selbstreflexion zu erkennen gibt, erscheint sie als nicht unheiteres Spiel, dessen Dreh, die Beugung des Subjekts, akustisch bedingten Zufällen abgerungen wurde.

Allerdings ist die letzte Gedichtzeile Jandl eine Pointe wert: Statt der eigentlich hier einzufordernden dreibuchstabigen they-Assonanz, bricht er mit dem Konzept, um sich einen Reim aufs Ganze zu machen, dem Suchenden im Gedicht ein stabilisierendes Moment entgegenzusetzen und um schließlich ein Statement zu zementieren. Das Durchnudeln des Konjugationsschemas geht als formal aufgepeppte Trostlosigkeit in einem allgegenwärtigen Platzhalter auf.

„etc", die Abkürzung des lateinischen „et cetera", meint, dem Grimmschen Wörterbuch folgend, ein Einhalten im Reden oder Schreiben, weil fortzufahren weitläufig, überflüssig und lästig wäre; das deutschsprachige Pendant „und so weiter" wird von dem benutzt, der unbeliebte oder unanständige Namen oder Sachen im Ungesagten lassen bzw. sich ein Weiterdenken ersparen will. Ob das Innehalten im Sprechen seine Ursachen darin hat, daß ein Aussprechen unmöglich, weil unaussprechlich ist, oder ob es lediglich unausgesprochen und möglicherweise doch aussprechbar ist, bleibt offen. Einerseits zeugt das Gedicht vom Innehalten, von einer Kapitulation vor dem Unsagbaren – und reißt abrupt mit dieser Feststellung ab; andrerseits widerspricht es sich an diesem Punkt durch seine bloße Existenz selbst, indem es das Unsagbare auf eine poetisch ungewöhnliche Weise vorführt. Das Innehalten vor dem Unsagbaren, ob nun der Ohnmacht geschuldet oder nicht, wird als ein bewußter Akt gezeigt. Dieser bewußte Akt des Innehaltens ist, nach Jandls „etc is poetry", ein Akt der poetischen Erweckung.

Poesie ist demnach mehr als bloße Dichtkunst, Poesie findet auch außerhalb der verschrifteten Dichtung statt. Poesie IST schlichtweg und ohnehin immer und überall. Was braucht es da noch unsere Erweckung? Ein Gedanke, den H. C. Artmann bereits 1953 in seiner *Acht-Punkte-Proklamation des poetischen Actes* aufzugreifen scheint: „Es gibt einen Satz, der unangreifbar ist, nämlich der, daß man Dichter sein kann, ohne auch irgendjemals ein Wort geschrieben zu haben." (Artmann 1978, 5) Man muß es wohl eine poetische Offenbarung nennen, als Dichter zu erspüren, in welch einem Ungleichgewicht die phänomenale Weltwucht zum Geschriebenen, ja, Gedachten steht. Die winzige Ausschnitthaftigkeit zu Dichtung erstarrter Phänomene steht wie eine Ameise vor einem Elefanten. Ein Gedanke, der Demut zu lehren imstande ist.

Kann „etc is poetry" als unterm Strich des Gedichts stehend gelten, so ist der implizierte Umkehrschluß der Gleichung – „poetry is etc" – als Appell vom Gedicht aus in die Welt gerichtet: Liebe Welt, die Dichtkunst ist ein Stoppen vor dem Unsagbaren! Sie ist unfähig! Gescheitert!

Nicht lange her, da war die Dichtung angetreten, das Gerippe des Weltinnenraums, wenn schon nicht zu erweitern, so doch zumindest bunt anzumalen; nun steckt in den Aussagen „etc is poetry" – „poetry is etc" ein sprachpessimistischer Impetus als paradoxe Provokation. Die Gretchenfrage: Ist Poesie überflüssig? steht plötzlich im Raum – die Poesie zeigt ihre transparente, blasse Haut und ihren Januskopf.

Die Herausforderung anzunehmen, heißt einen Kampf anzunehmen, heißt sich mit einem Umstand auseinanderzusetzen, sich zu positionieren und differenzieren zu lernen – der Fall der Provokation ist eigentlich eine auf lange Sicht um die Ecke gedachte Form möglicher Aufklärung. Die Gattung der herkömmlichen Poesie kämpft, so Jandl in diesem Gedicht, ums nackte Überleben.

easy grammar poem ist ein Paradebeispiel für Jandls poetische Selbstverortung: „es gibt dichter, die alles mögliche sagen, und dies immer auf die gleiche weise. solches zu tun habe ihn nie gereizt; denn zu sagen gebe es schließlich nur eines; dieses aber immer wieder, und auf immer neue weise." (Jandl 1997/5, 7) Schon die Barockdichter haben gezeigt, zu welch formaler Ausdrucksspanne das dichterische Genre in der Lage ist, wenn immer nur eines (Memento mori!) gesagt werden soll. Was aber ist dieses eine heute? John Cage, von Jandl bewundert und ins Deutsche übersetzt, plädiert in seinem Credo – „Ich habe nichts zu sagen / und ich sage es / und das ist / Poesie / wie ich sie brauche" (Cage 1995, 7) – für die Absichtslosigkeit, mit der man ein Terrain betritt. Genaugenommen hat die Absichtslosigkeit bereits hier, da instrumentalisiert, ihre Unschuld verloren.

Es ist kein Zufall, daß lediglich das Subjekt des *easy grammar poem* gebeugt und gebeutelt scheint; die Unbeugsamkeit des Objektes „poetry", das das eigentlich zu beugende Prädikat an sich gekettet hält, schert sich nicht um den Untergang des Subjekts ins assonantisch Bedeutungslose.

Wie sehr Jandl das Bauen, das Vertrauen aufs Wort in Frage stellt, zeigt sich noch auf einer anderen Ebene: Nicht zuletzt deswegen mußten alle Schein-Subjekte auf drei Buchstaben zurechtgestutzt untereinander stehen, um die triumphalen Leerstellen zwischen den Worten besonders eben und gleichmäßig hervortreten zu lassen. Das Gedicht selbst steht, zu drei vertikalen Blöcken formiert, wie verloren im luftleeren Raum, vom Weiß der Seite wie vom Wind des Todes durchströmt. Die Ohnmacht, auf diesem Weg gegen ein allgegenwärtiges Nichts oder Alles, je nachdem, wie man es sehen will, zu einer Aussage zu kommen, wird zusätzlich auf einer visuellen Ebene vorgeführt.

Enzensbergers Erkenntnis folgend, daß Titel als Nenner, Schlüssel, Falle oder Sigel deutbar sind (Enzensberger 1965, 78), kann der niedlich daherformulierte Titel *easy grammar poem* nur als Falle bezeichnet werden; einmal mehr als Ausdruck von Jandls Understatement-Taktik, mit welcher er die Grammatik, den Klebstoff der Sprache, möglichst leger vom Sockel holt und auflöst.

Die Wirkung einer derart lustvollen poetischen Bankrotterklärung ruft im rezipierenden Dichter (der Jandl ja trotz seiner Urheberschaft auch in eigener Sache blieb!) ein Trotzgefühl, ein Memento scribi, wach. Daß Jandl nicht wirklich vor der Ohnmacht der Dichtung kapitulierte, zeigen die vielen TROTZDEMS, die seine Gedichte sind – zusammengefügt in einem massiven, variantenreichen und sprachkritischen Werk, dem Jandl seinen Stellenwert als Top-Dichter des vergangenen Jahrhunderts zu verdanken hat.

Und wenn das Gegenteil genauso richtig ist, wird ein Behauptungssatz wie dieser ganz schnell überflüssig. Wie im *easy grammar poem* vorgeführt, bricht die Poesie als lustvolle Donquichotterie gern mal eine Lanze für die Paradoxie. Ihr unkonventionelles Rumstochern in den weißen Flecken des vermeintlich Unsagbaren ist eben eine ihrer erheblichen Triebfedern. Es geht nicht zuletzt darum, den Kitzel zu halten, oben benanntes Innehalten zu suggerieren, den Impuls überspringen zu lassen und damit die weitere Freisetzung von Gedanken zu ermöglichen. Bisweilen folgt diesem Umstand gar der Rattenschwanz der Erkenntnis.

Die erkennende Reflexion mittels Poesie hat, ob intendiert oder nicht, Tradition. Wie oft wurde und wird in philosophischen Diskursen auf Dichtung zurückgegriffen; bisweilen hat sie die Rolle einer ins Gespräch mit einbezogenen Schwester der Philosophie (Heidegger beispielsweise widmet ihr Jahre seiner Aufmerksamkeit, versucht am Beispiel Hölderlins seine eigene Idee von der Philosophie des uneigentlichen Sprechens herauszuarbeiten).

Jandl gilt als schlagkräftiger Schmied im Waffenarsenal der Poesie. Allein damit macht er jemandem wie mir, der poetisch weiter auf der Suche bleiben will, Mut. Selbst stets wieder auf der Schwelle einer neuen Wut stehend, traue ich der poetischen Selbstbegrenzung in Ausdrucks- und Stilfragen, wie sie von vielen Kollegen praktiziert wird, nicht. Zu satt wird der Muff, den man selbst praktiziert, zu eng das von Scheuklappen verdeckte Blickfeld.

In der Frage, welches Instrumentarium der Poesie zur Verfügung steht, mag Jandls Werk kronzeugenhaft als Exempel der unbegrenzten, ungebremsten poetischen Möglichkeiten gelten: ob kurz, ob lang; ob Klang ob Wort; ob laut, ob leis; ob hohl, ob voll; ob derb, ob brav; ob Spaß, ob Ernst; ob hoch, ob tief; ob Form, ob frei; ob lahm, ob rasch; ob hui, ob pfui; ob schlicht, ob Schmuck; ob breit, ob schmal; ob schwer, ob leicht; ob kühl, ob heiß; ob schwarz, ob weiß; ob hart, ob weich – die Möglichkeiten der Poesie sind mannigfach und werden es – so sie nicht von anderweitig kanonisierten Tendenzen und Dominanzen zukünftig überdeckt werden sollten – auch bleiben. Zu offenbar sind die siamesischen Zwillinge Kurzweil und Überraschung mit dem sprachkritischen Sendungsbewußtsein der Moderne in den poetischen Kanon hineingeschlittert. Nun stehen sie mittendrin. Im poetischen Genre auf lange Sicht Selbstbegrenzung aus Gründen der Unflexibilität, Wiedererkennbarkeit bzw. Marktkonformität zu üben – wozu? Jandl hat in seinem dichterischen Gesamtwerk gezeigt, daß sowohl experimentelle als auch traditionelle Koordinaten progressiv zu nutzen sind; vom konkreten Gedicht bis zur Befindlichkeitspoesie ist in diesem Werk alles möglich geblieben – und ein Jandl-Gedicht ist immer ein Jandl-Gedicht.

Zudem stecken Kurzweil und Überraschung jedweden Vorwurf der Beliebigkeit in die Tasche. Sie putzen sich nämlich immer wieder neu heraus, kommen mal in Lackschuhen, mal in Springerstiefeln daher, rufen im besten Fall Erstaunen und/oder Schrecken hervor. Es fällt jedes Mal schwerer, die Avantgarde zu Grabe zu tragen. Mag sein, daß sie mit den letzten Jahrzehnten in die Jahre gekommen ist und einen dicken Bauch bekommen hat. Aber ihre Organe, ihr wesenseigenes Instrumentarium ist ja auch stets mit der Zeit mitgewachsen. Ihr Superorgan ist die einverleibte Frischzellenkur. Wer ans Experiment glaubt und die Kraft hat, die ausgetretenen Wege wieder zu verlassen, der bleibt jung. Jandls Werk ist ein massiver Brückenpfeiler für das Herüberretten der poetischen Avantgardeidee von der Nachkriegs- in die Jetztzeit.

Jede Zeit findet künstlerisch, ob Mainstream oder Underground, die ihr adäquaten Formen und Gegenformen. Das, was Schwitters in seinem gesamtkünstlerischen Ansatz offenbarte, nämlich, daß Kunst ja immer nur Collage sein muß, weil sie nicht anders kann, als zu versuchen, empfangene Ausschnitte der Wirklichkeit miteinander zu verbinden, ist bis heute gültig.

Jonathan Meese („Sei gegen alles! – und dann relativiere!"), Deutschlands nach Beuys radikalster und „totalster" Gesamkunstwerkspropagandist, macht es derzeit in der Kunstwelt vor: In einer selbstausbeuterischen Umtriebigkeit werden alle vorstellbaren Genres bedient, um auf pamphlethafte Weise Symbol- und Wortgewalten miteinander zu vermischen, so daß sich alle Gut-Böse-Patina ab- und auflöst. Die Kunst ist ihr Selbstzweck, wer nach Sinn sucht, wird vom Sinn-Niedermacher niedergemacht. Die Zerstörung wird gefeiert. Der Anti-Beuys. Aus der von Dada initiierten Zerstörung von (sich ja jederzeit wieder neu generierendem) Sinn und Vernunft (= dem scheinbar stimmigen Umgang mit Sinn) lassen sich, das ist meine feste Überzeugung, ad infinitum Kräfte und poetische Potentiale freisetzen.

Kurzum, vielleicht ist das die Zauberkraft der Avantgarde: Daß sie die Hoffnung nach Veränderung in sich trägt und also, obwohl sie zuerst durch die feindlichen Linien stößt, zuletzt stirbt.

Die Antwort auf die Frage nach dem empfundenen Antrieb jedweden Schreibens wird sich wohl nicht mit einer singulären Sichtweise zufrieden geben. Vielleicht liegt die Antwort in der Autoreflexion verborgen; denn Schreiben ist immer auch Autoreflexion: Man verbringt viel Zeit mit seinem Ich, lernt sich, seine Wahrnehmung aus sich selbst heraus kennen, blättert sie vor sich auf und empfindet möglicherweise eine tiefe Befriedigung aus dem Umstand, Zeit mit sich zu verbringen, sich seiner selbst bewußt zu werden – und daraus in Kombination mit rezeptiver und erkenntnistheoretischer Rückstrahlung sein Selbstbewußtsein zu nähren, gar sein Selbstwertgefühl zu ziehen. Vielleicht hat das Schreiben auch eine Ableiterfunktion; alle negativen Energien, die sich aus der Frage nach dem Sinn des „Ganzen" ergeben, lassen sich ableiten, finden ein Behältnis und können aus der Umlaufbahn lästiger Hirnwendungen heraus- und abgelegt werden. Vielleicht gibt es auch eine gewisse Sucht nach dem winzig leichten Schwindelgefühl, dem Endorphinausstoß, der einem viel zu selten widerfährt, wenn man glaubt, gerade poetisch Außergewöhnliches zu leisten. Vielleicht hinterläßt die Summe aller Texte, die über Jahre hinweg entstanden sind, ein Befriedigungsgefühl: Läßt sich diese Summe nicht letztendlich als Zeitkonserve in ganz eigener und innerer Sache lesen, als eine exorbitante Form des emanzipierten Tagebuchs? Zweifelhafte Utopien.

Bei aller Dramatik und Tragik, welche sich beim Schreiben einstellt, das einen auszehrt, sind auch immer Momente des Glücks darunter, bisweilen gar Griffe nach Sternen. Wie ambivalent diese geistigen Höhenflüge sind, welch lustvollen Kitzel es bedeutet, keinen Boden mehr unter den Füßen zu haben, wird bei der

Lektüre von Jandls Gedicht *der wahre vogel* deutlich. Ein autopoetisches Sinnbild tut sich auf: Seiner Existenz die Bodenständigkeit zu entziehen, kommt einerseits einem barbarischen Akt nahe, aus dem sich andrerseits opiumgleich ein unerhörter Lustgewinn ziehen läßt; die Ware Vogel als Rauschgift. Flieg, Vöglein, flieg! Tragik unumgänglich, denn Landung unmöglich, da tödlich.

der wahre vogel

fang eine liebe amsel ein
nimm eine schere zart und fein
schneid ab der amsel beide bein
amsel darf immer fliegend sein
steigt höher auf und höher
bis ich sie nicht mehr sehe
und fast vor lust vergehe
das müßt ein wahrer vogel sein
dem niemals fiel das landen ein (Jandl 1997/8, 232)

Verwendete Literatur

Artmann 1978 = H. C. Artmann: ein lilienweißer brief aus lincolnshire, gedichte aus 21 jahren. Frankfurt am Main: Suhrkamp 1978.

Cage 1995 = John Cage: Silence. Aus dem Amerikanischen von Ernst Jandl. Originalausgabe: Middletown/Connecticut: Western University Press 1961. Frankfurt am Main: Suhrkamp 1995.

Enzensberger 1965 = Hans Magnus Enzensberger: Gedichte. Die Entstehung eines Gedichts. Nachwort von Werner Weber. Frankfurt am Main: Suhrkamp 1965.

Jandl 1997/4 = Ernst Jandl: der künstliche baum. flöda und der schwan. Poetische Werke, Bd. 4. Hg. von Klaus Siblewski. München: Luchterhand 1997.

Jandl 1997/5 = Ernst Jandl: dingfest. verstreute gedichte 4. Poetische Werke, Bd. 4. Hg. von Klaus Siblewski. München: Luchterhand 1997.

Jandl 1997/8 = Ernst Jandl: der gelbe hund & selbstporträt des schachspielers als trinkende uhr. In: Ders.: Poetische Werke, Bd. 8. Hg. von Klaus Siblewski. München: Luchterhand 1997.

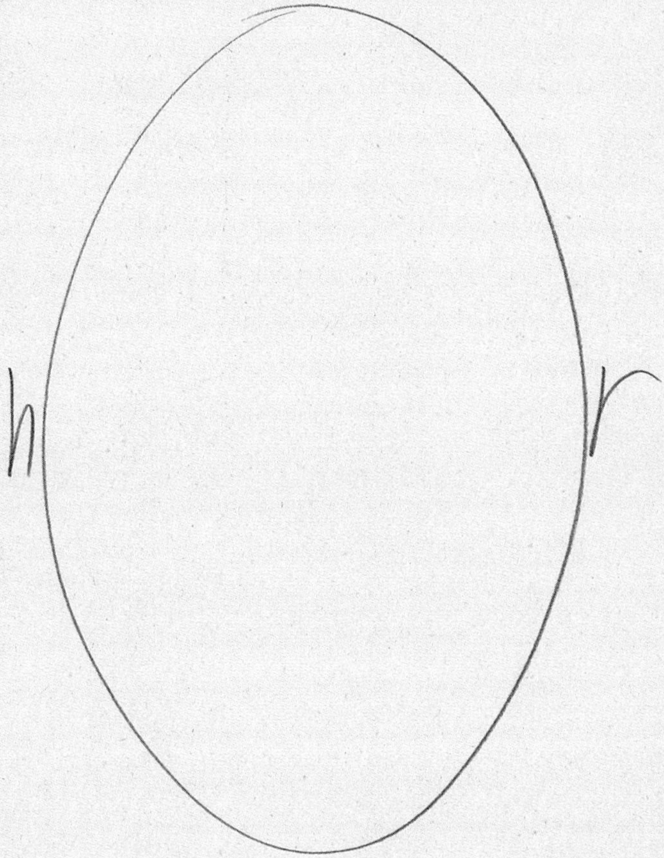

‚ganz ohr'

Ernst Jandl

Jandl als Erzieher

Jandl als Lehrer und Dichter. Eine Schulstunde

Von Barbara Mühlberger

Jandl als Lehrer? Jandl ist in erster Linie als Dichter und Vertreter der „konkreten Poesie" bekannt, daß er Lehrer war, interessiert dabei nur am Rande, wenn überhaupt. Auch er selbst spricht von einer „unzureichenden Motivation" (Jandl 1983, 128) in bezug auf seine Entscheidung, den Lehrerberuf zu ergreifen. In seinen Überlegungen *Zur Problematik des freien Schriftstellers* betont Jandl aber andererseits, „daß ich mir diese Tätigkeit [des freien Schriftstellers, B.M.] von Anfang an nur neben einer anderen vorstellen konnte, neben einem Beruf, mit dem ich mir mein Geld verdiente". (Ebd., 129)

Tatsächlich hat Jandl bereits 1950, in dem Jahr, in dem er das Studium der Germanistik und Anglistik abgeschlossen hatte, seine Tätigkeit als Lehrer aufgenommen. Im Nachlaß finden sich zahlreiche Belege, die seinen Lehreralltag dokumentieren, unter anderem: Sitzpläne, Stundenvorbereitungen, annotierte Schulbücher und Lehrerhandbücher. Anhand dieser Dokumente soll der Versuch unternommen werden, eine Schulstunde bei Ernst Jandl zu rekonstruieren. Das Material reicht von den 1950er Jahren bis in die 1980er Jahre. Besonders detailliert sind die Aufzeichnungen im Zeitraum von 1955 bis 1966. Also in einer Zeit, in der viele Gedichte entstanden, die Jahre später Eingang in den Deutschunterricht finden sollten und damit zu des Dichters Popularität beigetragen haben!

Dazu ist zu sagen, daß die „Lesebuchauswahl Jandlscher Gedichte [...] auf einen kleinen Kreis immer wieder zitierter Texte beschränkt [bleibt]". (Korte 1988, 203) Dieser umfaßt laut Hermann Korte folgende Gedichte: *ebbe/flut, loch, raupe, etüde in f, vater komm erzähl vom krieg, my own song* sowie *ottos mops, lichtung, auf dem land* und *schtzngrmm.* „Die mit Abstand meisten Texte finden sich in der Taschenbuchausgabe von ‚Laut und Luise', die [...] Jandls Popularität dauerhaft begründete. Anders formuliert: Die Schule hat jene aus heutiger Sicht bereits längst Geschichte gewordene Rezeptionsphase gleichsam festgeschrieben und damit das [...] Klischee vom ‚Sprachclown'- und ‚Sprachspiel'-Jandl maßgeblich mitverbreitet." (Ebd., 204) Die Schule bereitete Jandl damit ein doppeltes Schicksal: einmal als Lehrer und ein andermal als Dichter, der in der Schule gelesen und „bearbeitet" wird. Hier wollen wir uns aber dem Lehrer widmen und eine Schulstunde bei Ernst Jandl besuchen.

Der Sitzplan, der mit äußerster Sorgfalt aufgezeichnet wurde, gibt Aufschluß über die Größe der Klasse und die Form des Unterrichts. Es ist ein Frontalunterricht, etwas anderes lassen die mit Lineal gezogenen Bankreihen, in denen die Namen der Schüler verzeichnet sind, nicht vermuten. Auch der Platz des Lehrers bleibt nicht ausgespart, wird aber nur lapidar mit „LEHRER" beschriftet. Nachdem die Namen aller Schüler verlesen und ihre Anwesenheit überprüft wurde, kann der Unterricht beginnen. Möglicherweise wurde dieses Ritual von der einen oder anderen Klassenbucheintragung unterbrochen und verzögerte somit den Beginn der Schulstunde um ein paar Minuten. Die Stundenvorbereitung für den 6. September 1963 sieht vor, sich mit den englischen Begrüßungsformeln zu beschäftigen. Jandl nimmt dazu das in Österreich notorische Englischlehrbuch *Ann and Pat* zu Hilfe. Hier finden sich jene Übungen wieder, auf die Jandl in seinen Stundenvorbereitungen äußerst penibel verweist.

Am Lehrerhandbuch läßt sich ablesen, wie die einzelnen Schüler im Schuljahr abgeschnitten haben. Darin sind vor allem die Bewertungen der Schularbeiten, mündliche Wiederholungen sowie die Mitarbeit festgehalten. Aber auch einzelne Störenfriede oder Erlässe über das Verhalten in öffentlichen Gebäuden und Parkanlagen trägt Jandl hier ein. Die Vorbereitung für die einzelnen Stunden enthalten zuweilen Diktate, die bereits als ein Stück konkreter Poesie gelesen werden können, wie z.B. jenes vom 12. Oktober 1958, das folgende Sätze enthält:

> Robinson und Freitag wollten die Wilden loswerden. Ich konnte ihn nicht loswerden. Ich konnte den Gedanken nicht loswerden, daß ich ihm hätte helfen sollen. Er konnte seine Läuse nicht loswerden. [...] Ich wollte diese Furcht nicht loswerden. Eine Schule muß schlechte Schüler loswerden.

Daneben finden sich lose Blätter, etwa eine Zusammenfassung der Literaturgeschichte, Leselisten von Maturanten und ein Blatt zur „Literaturpflege", unterteilt nach: Romanen, Dramen, Novellen und Lyrik, wobei Jandl zu letzterer keine Angaben machte! Die Hefte bzw. Blätter, die die Stundenvorbereitung enthalten, bewahrte Jandl nach Ablauf des Schuljahrs, getrennt nach Schulstufe und Unterrichtsfach, in einem Kuvert auf. Die Deutschstunden unterscheiden sich von den Englischstunden insofern, als sie mit Hinweisen auf die organisatorische Abwicklung des Schulalltags durchsetzt sind wie die Anmeldung für das Tagesschulheim, Bestellungen für die Schulmilch usw. Das läßt vermuten, daß Jandl auch die Funktion des Klassenvorstands innehatte, der zu Beginn des Schuljahrs sich an die Schüler wendet, um ihnen den Unterschied zwischen Volksschule und Mittelschule zu vermitteln. Dazu gehört auch ein Mittelschülern entsprechendes Verhalten, das heißt die Einrichtungsgegenstände müssen pfleglich behandelt werden, auf Sauberkeit ist zu achten, Pünktlichkeit und Höflichkeit gehören auch zu den Tugenden der Jandlschen Schulstunden. Darüber hinaus werden einzelne Schüler mit verschiedenen Ämtern betraut.

Was sagt nun das Lehrerdasein Ernst Jandls über sein Dichtersein aus? Dazu nochmals Jandl in seinen Überlegungen *Zur Problematik des freien Schriftstellers*; an einer Stelle zitiert er Walter Jens mit folgenden Worten: „Nur der Beruf gibt dem Schriftsteller jene Existenzgrundlage, die er sich durch sein Schreiben nicht verdienen darf. Zugleich aber gibt der Beruf ihm allein die Möglichkeit, sich am Leben zu reiben und die Wirklichkeit handelnd und leidend zu durchdringen. Wer tags [...] vor einer Schulklasse steht, ist vor der Gefahr des Narzißmus gefeit [...]. Zugleich aber kann der Schriftsteller jetzt wirklich zu seinem Vergnügen schreiben, die Kunst verliert den Charakter des grimmigen Ernstes. Nur der ‚freie' Schriftsteller muß vor jeder schlechten Kritik zittern, um zugleich jede gute maßlos zu überschätzen." (Jandl 1983, 133) Jandl schreibt dazu: „Das ist mir aus dem Herzen gesprochen." Damit soll gesagt sein, daß der Dichter Jandl ohne seinen Lehrerberuf wahrscheinlich nie ans Tageslicht gekommen wäre, er benötigte die „Unbemerkbarkeit" der „graue[n] Lehrerhülle" (Jandl 1999/11, 338), um in ihrem Schutz kreativ arbeiten zu können, weshalb er sie erst abgestreift hat, als das existentielle Risiko nur mehr gering war bzw. die Entlastung durch das Lehrerdasein einer immensen zusätzlichen Belastung für den Dichter gewichen war. „Ich zog mit meinen Gedichten landauf landab und es geschah, daß sie wahrgenommen, akzeptiert und gedruckt wurden. Ich erhielt zuletzt auch den einen oder anderen Preis dafür, während ich als Lehrer in Auflösung geriet." (Jandl 1985, 650)

Verwendete Literatur

Jandl 1983 = Ernst Jandl: Die schöne Kunst des Schreibens. Erw. Neuausgabe. Darmstadt: Luchterhand 1983.

Jandl 1985 = Ernst Jandl: Biographische Notiz. In: Ders.: Gesammelte Werke, Bd. 3. Stücke und Prosa. Hg. von Klaus Siblewski. Darmstadt und Neuwied: Luchterhand 1985.

Jandl 1999/11 = Ernst Jandl: Rede an Friederike Mayröcker. In: Ders.: Autor in Gesellschaft. Aufsätze und Reden. Poetische Werke, Bd. 11. Hg. von Klaus Siblewski. München: Luchterhand 1999.

Korte 1988 = Hermann Korte: Jandl in der Schule: Didaktische Überlegungen zum Umgang mit Gegenwartsliteratur. In: Baustelle Gegenwartsliteratur. Die neunziger Jahre. Hg. von Andreas Erb. Wiesbaden: Westdeutscher Verlag 1988.

ernst jandl

lernmittelfreiheit

a "received poem"
- ein ~~erhaltenes~~ "empfangenes gedicht"
(as compared to a "found poem" -
im gegensatz zu einem "aufge-
fundenen gedicht")

münchen, 23.4.1975

betrifft: TEXTBUCH 5. jahrgangsstufe
texte für den deutschunterricht

sehr geehrter herr dr. jandl,

anläßlich des zulassungsverfahrens zur LERNMITTELFREIHEIT beim BAYERISCHEN KULTUSMINISTERIUM wurde uns die bedingung gestellt, in der 2. auflage ihr gedicht

"auf dem land"
aus: laut u. luise

wegzulassen. wir geben ihnen davon vorsorglich jetzt schon kenntnis, da wir die nach § 46 URG anfallenden honorarzahlungen mit auslaufen der 1. auflage einstellen werden.

mit freundlichen grüßen
....
schulbuch - lektorat

CODA: zentralsparkasse der gemeinde wien, auslandsabteilung
auszahlung bzw. gutschrift vorbehaltlich der ordnungs-
mäßigkeit u. des einganges
DM 3,24 kurs: 7,0698 wert: 18.06 OE S 22,91

1.7.75

Drei Fragen zum Bild des Lehrers – Ernst Jandl antwortet

Die folgenden Fragen formulierte 1972 eine Studentin der Pädagogischen Akademie in Salzburg und sandte sie an verschiedene Autoren. Die Ergebnisse sollten in ihre Abschlußarbeit zum Thema „Das Bild des Lehrers in den Biographien der Dichter" einfließen. Im folgenden die Fragen und Ernst Jandls Antworten.

Ist der Lehrer, als Sachautorität verstanden, heute noch notwendig?
Kann er ersetzt werden durch unpersönliche Wissensvermittler (etwa Fernsehunterricht, Lehrprogramme zum Selbststudium usw.)?

Der Lehrer ist auch eine von der Gesellschaft eingesetzte Institution zur Erziehung junger Menschen.
Welche Gefahren oder Vorzüge sehen Sie in der Stellung des Lehrers als „Autorität von Amts wegen"?

Der Lehrer ist für junge Menschen als positives oder negatives Vorbild nur ein Erzieher unter vielen anderen.
Welche persönlichen Qualitäten sind für das Ergreifen des Lehrberufes erforderlich?
Welchen Stellenwert soll der Lehrer unter den vielen Erziehern junger Menschen einnehmen?

1.
Der Lehrer ist heute notwendig wie eh und je, oder notwendiger denn je (solches abzuwägen ist Geschmackssache), aber jedenfalls nicht weniger notwendig als zu irgendeiner Zeit.

Wissensvermittler und Sachautorität ist nicht das gleiche, von allen Arten von Lehrern kann bestenfalls ein wissenschaftlich arbeitender Universitätslehrer zugleich Lehrer und Sachautorität sein.

Unpersönliche Wissensvermittler sind von Personen programmiert und daher ebensowenig unpersönlich wie etwa ein Roman deshalb unpersönlich wäre, weil ihn sein Autor nicht selbst vorliest, sondern die Lektüre dem Leser überläßt. Nirgends steht die Ersetzung des Lehrers durch unpersönliche Wissensvermittler zur Diskussion – eine Frage dieser Art gehört in den Bereich von Science-fiction, nicht in den Bereich der Pädagogik; dort gibt es nur die sehr wichtige Frage nach dem optimalen Verhältnis zwischen Lehrer und unpersönlichem Wissensvermittler.

2.
Die Schule ist eine Institution, der Lehrer ist keine Institution; jedenfalls verwende ich das Wort „Institution“ nicht für Menschen, außer vielleicht einmal in ironischem Sinn. Daß der Lehrer auch zur Erziehung junger Menschen da sei, stimmt insofern nicht, als dies in erster Linie seine Aufgabe ist, nicht „auch“. Wenige Lehrer heute sehen sich noch als „Autorität von Amts wegen“; die es tun, sind jene Unglücklichen, die Lehrer sind, ohne dafür geeignet zu sein, und die diesen Beruf, zu ihrer Qual und zur Qual der Jugendlichen, ein Leben lang ausüben müssen, weil das Berufsschema, in das sie gepreßt sind, nicht flexibel ist. Gerade in diesem Beruf müßte es zu jeder Zeit Ausstiege geben und die Möglichkeit des Umsteigens in eine andere Sparte.

3.
Wenigstens der Lehrer muß wissen, daß es keine Vorbilder gibt, keine Menschen als Vorbilder, und daß er selbst keines sein kann; das muß er den Jugendlichen begreiflich machen. Er muß ihnen begreiflich machen, daß sie nicht in ein festes, gesichertes, abgeschlossenes System hineinwachsen, sondern daß vor ihnen nichts Bekanntes liegt; alles, was sie fortsetzen sollen, liegt hinter ihnen, und jede Fortsetzung dessen kann nur in einer Richtung geschehen, die unbekannt ist, und auf eine Weise, die ebenfalls unbekannt ist. Vorsicht – als ein Instinkt des Bewegens im Unbekannten –, Skepsis – als Resultat der Beschäftigung, der kritischen Beschäftigung mit dem im Rücken liegenden Bekannten –, Verzicht auf ideologische Krücken, das werden einige der Eigenschaften sein, zu denen er erziehen muß, somit auch Eigenschaften, die er selbst besitzen muß, um in geeigneter Weise Lehrer zu sein.

Der Stellenwert des Lehrers als Erzieher müßte proportional sein zur Zeit, die Jugendliche und Lehrer gemeinsam verbringen.

Aus der Praxis –
Ernst Jandl als Lehrer. Dokumente

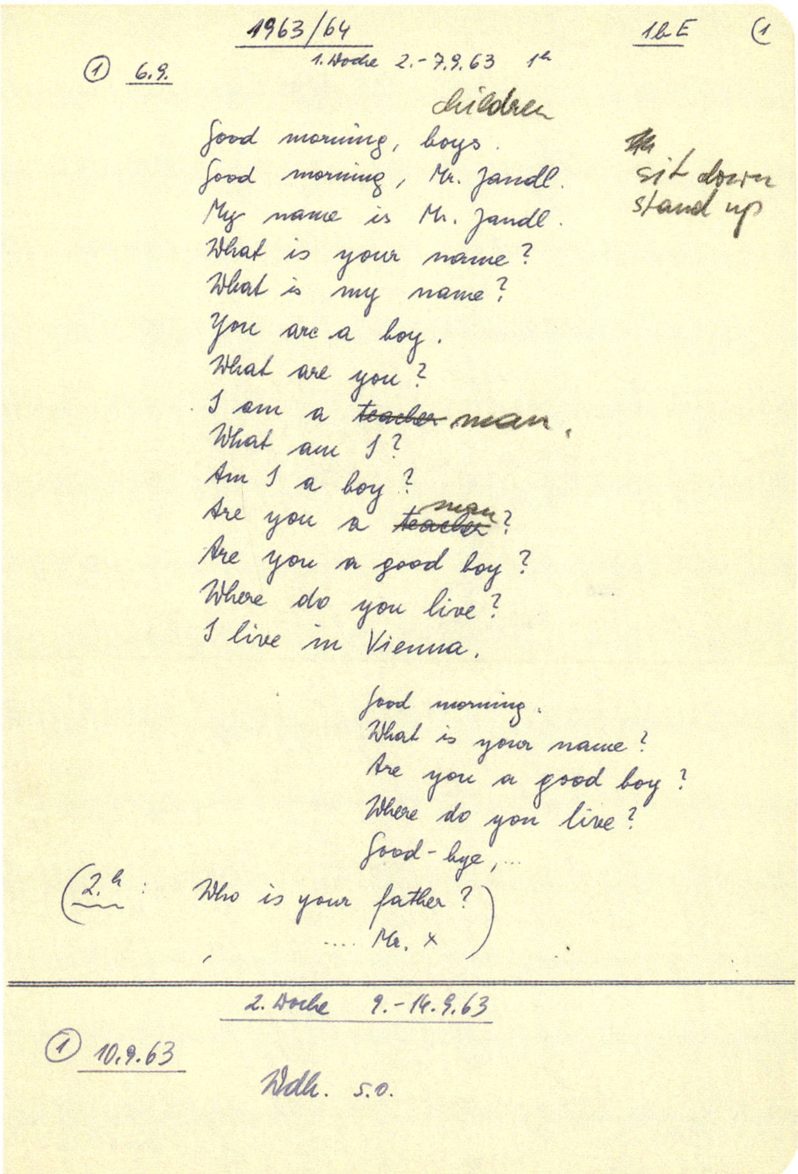
1963/64 1b E (1

(1) 6.9. 1. Woche 2.-7.9.63 1h

Good morning, ~~boys~~ children.
Good morning, Mr. Jandl.
My name is Mr. Jandl.
What is your name?
What is my name?
You are a boy.
What are you?
I am a ~~teacher~~ man.
What am I?
Am I a boy?
Are you a ~~teacher~~ man?
Are you a good boy?
Where do you live?
I live in Vienna.

~~th~~ sit down
stand up

Good morning.
What is your name?
Are you a good boy?
Where do you live?
Good-bye, ...

(2.h : Who is your father?
... Mr. X

2. Woche 9.-14.9.63

(1) 10.9.63

Wdh. s.o.

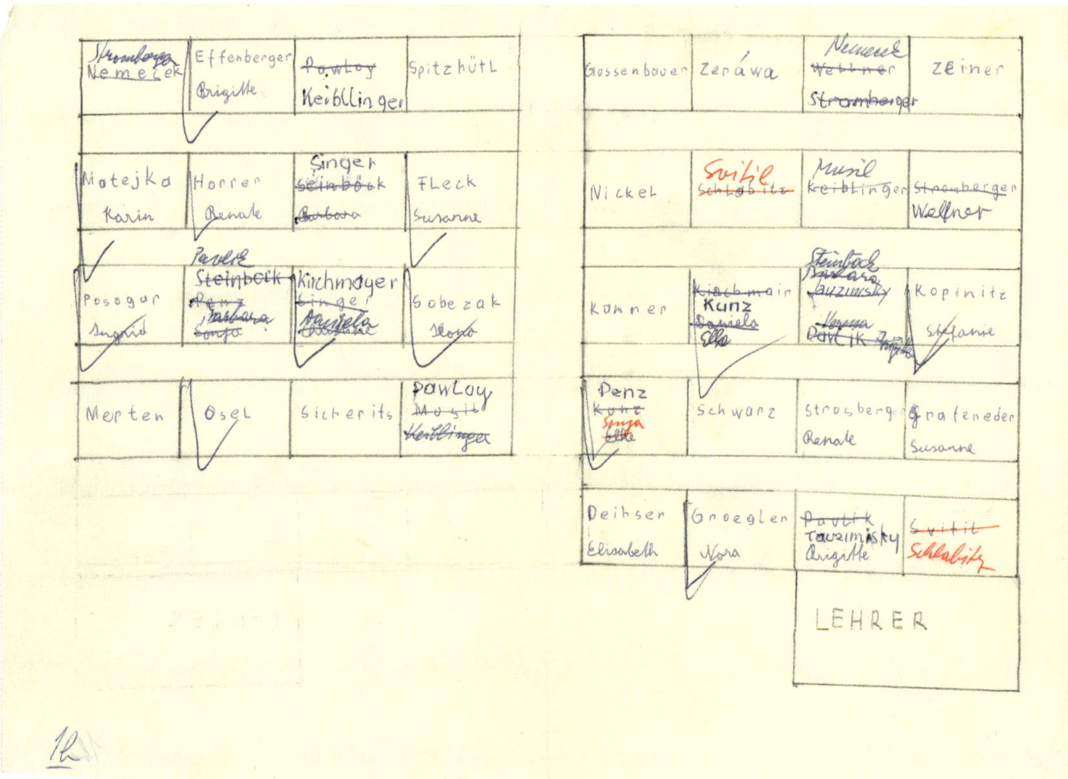

Lehrerheft Ernst Jandls: Unterrichtsvorbereitung Englisch,
Schuljahr 1963/64, 5. Schulstufe, Klasse 1b (vorhergehende Seite)

Sitzplan der Klasse 1b, Schuljahr 1963/64 (oben)

Lehrerheft Ernst Jandls: Unterrichtsvorbereitung Englisch,
Schuljahr 1963/64, 5. Schulstufe, Klasse 1b (rechts)

18. Woche 13.–18.1.63

16.1. 1st Test!

Wdh. u. Einübung: s. 17. Woche u. 1st Test.

Exercises: pg. 40/3, 4, 5, 6, 7a, b

1st Test — Jan. 16th, 1963

1) The teacher spells some words. I write them down.

2) Dictation

When the teacher is coming, the children stand up. The teacher says, "Good morning, children." The children answer, "Good morning, sir." Then the teacher tells the children to sit down.

He ~~The teacher~~ sees a new boy. The boy's name is Henry Miller. He can understand a little English. Two boys and one girl are absent. They are ill. The children write letters to them. Nelly ~~One girl~~ writes on the blackboard. The teacher helps her and corrects her mistakes. ~~Blac~~ Then two boys clean the blackboard. It is cold in the classroom. The teacher tells Jack to shut the window. Jack stands up, goes to the window and shuts it.

3) Buchstabieren (gr. Jn!)

table, winter, yellow, farm, rabbit, cupboard

2) What is your name?

Where do you live?

Where is Vienna?

Have you a brother?

~~Have you a sister?~~

3) What can you see.

4) ~~What does baby say?~~ or

Baby's spoon

Lehrerheft Ernst Jandls: Englisch, Ausschnitt aus dem 1st Test, Schuljahr 1955/56, 5. Schulstufe, Klasse 1b

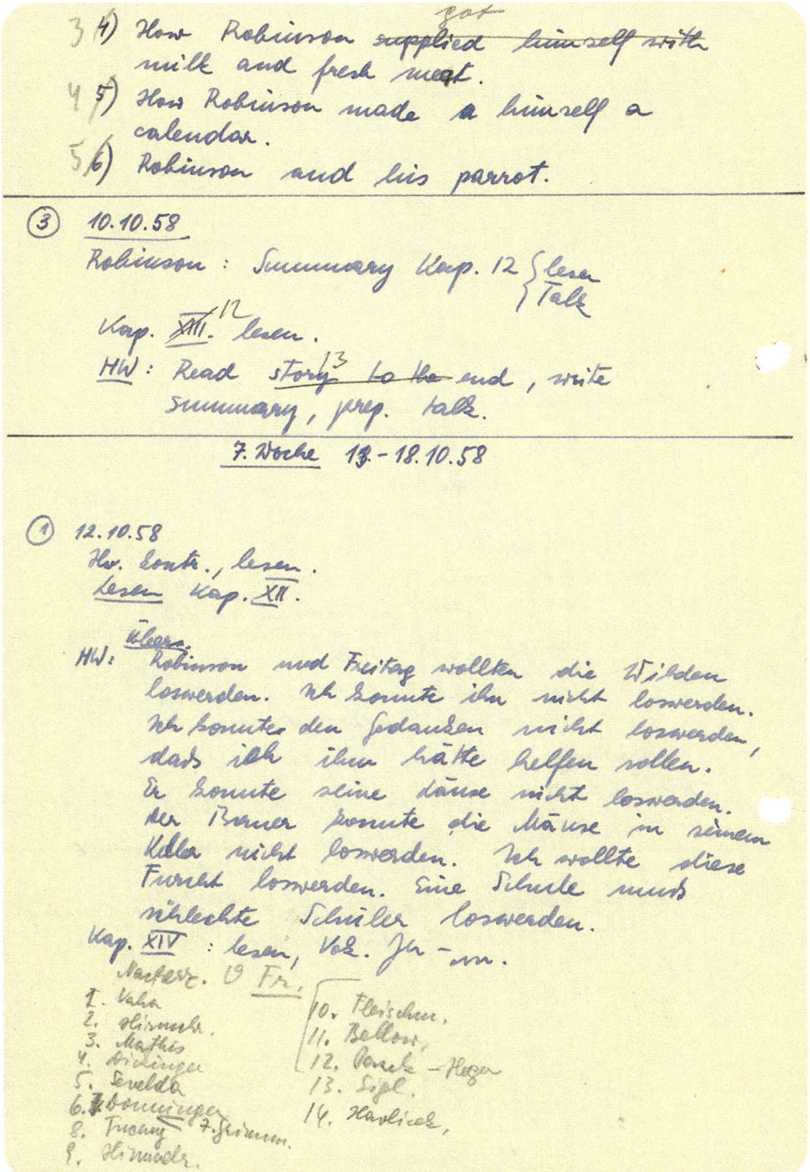
3 ~~4)~~ How Robinson ~~supplied himself with~~ got milk and fresh meat.
4 ~~5)~~ How Robinson made ~~a~~ himself a calendar.
5 ~~6)~~ Robinson and his parrot.

③ 10.10.58
Robinson: Summary Kap. 12 { lesen / Talk
Kap. ~~XIII~~ 12 lesen.
HW: Read story 13 ~~to the~~ end, write summary, prep. talk.

7. Woche 13.–18.10.58

① 12.10.58
Hw. Kontr., lesen.
Lesen Kap. XII.
HW: Übers. Robinson und Freitag wollten die Wilden loswerden. Ich konnte ihn nicht loswerden. Ich konnte den Gedanken nicht loswerden, daß ich ihm hätte helfen sollen. Er konnte seine Läuse nicht loswerden. Der Bauer konnte die Mäuse in seinem Keller nicht loswerden. Ich wollte diese Furcht loswerden. Eine Schule muß schlechte Schüler loswerden.
Kap. XIV: lesen, Vok. Ja–nn.
Nachprz. 19 Fr.
1. Vaha
2. Hirnschl.
3. Mathes
4. Dichinger
5. Sevelda
6. Bonninger 7. Heimann
8. Trnany
9. Hirnschl.
10. Fleischm.
11. Bellow,
12. Parzele – Heger
13. Sigl.
14. Havlicek,

Lehrerheft Ernst Jandls: Unterrichtsvorbereitung Englisch, Schuljahr 1958/59, 8. Schulstufe, Klasse 4a

1962/63 7b Literaturpflege

Romane:

P Balzac, Vater Goriot

Hugo, Die Elenden

alles P Dostojewskij, Der Idiot, Die weißen Nächte

P Tolstoi, Krieg und Frieden

P Mann, Buddenbrooks

Werfel, Die 40 Tage des Musa Dagh (Schule!)

P Hemingway, Wem die Stunde schlägt

P Lewis, Babbitt

P Dreiser, Amerikan. Tragödie

Kästner, Fabian

P Döblin, Berlin Alexanderplatz

Dramen:

Ibsen, Wildente

Sartre, Das Spiel ist aus

Miller, Tod d. Handlungsreisenden

Ionesco

Novellen:

Maupassant, Der Bindfaden, das Perlenhalsband

Mann, Tonio Kröger

Lyrik:

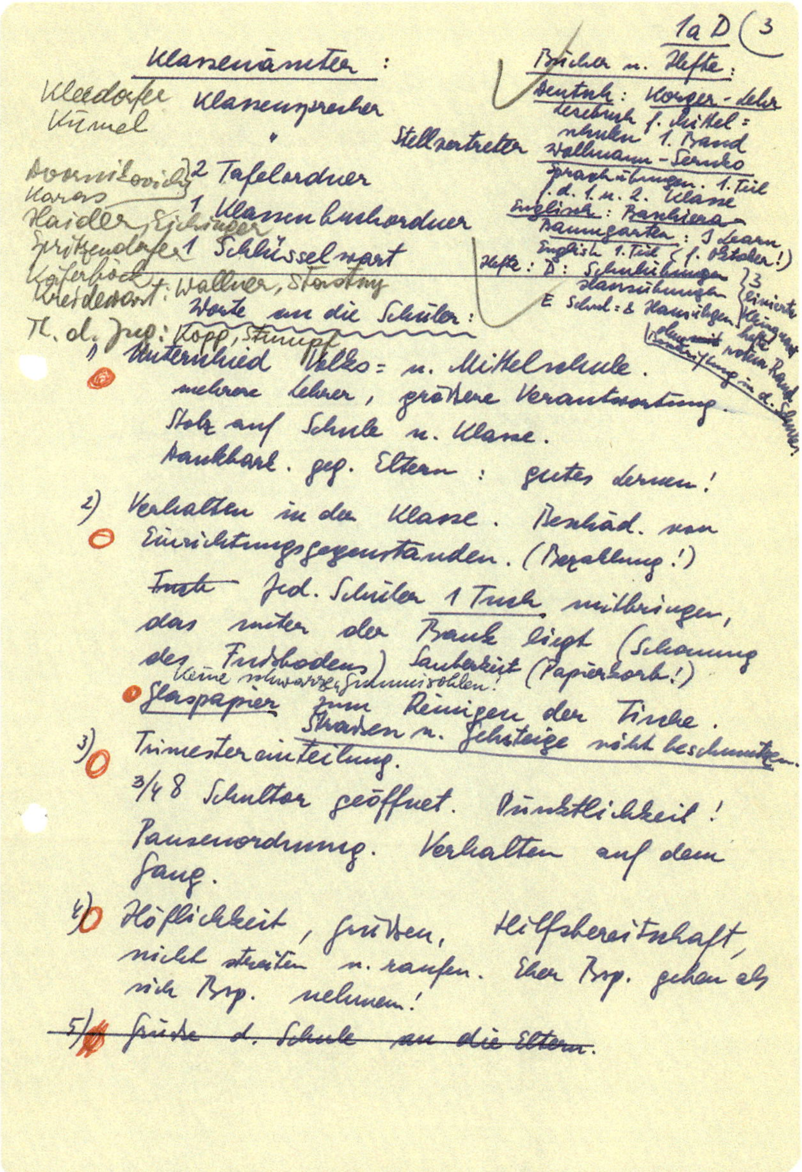

1a D (3

Klassenämter:

Kleedorfer, Kümel – Klassensprecher u. Stellvertreter
Dvornikovich, Karas – 2 Tafelordner
Haider, Eichinger – 1 Klassenbuchordner
Spitzendorfer – 1 Schlüsselwart
Koferböck, Weidendorf: Wallner, Stastny
Kl. d. Jug.: Kopp, Strumpf

Bücher u. Hefte:
Deutsch: Kanzer-Lesebuch f. Mittelschulen 1. Band
Wollmann-Senko Sprachübungen 1. Teil f. d. 1. u. 2. Klasse
Englisch: Baumgarten: I learn English 1. Teil (f. Oktober!)
Hefte: D: Schulübungen, Hausübungen } 3 liniert
E. Schul- & Hausübungen

Worte an die Schüler:

1) Unterschied Volks- u. Mittelschule. mehrere Lehrer, größere Verantwortung. Stolz auf Schule u. Klasse. Dankbark. geg. Eltern: gutes Lernen!

2) Verhalten in der Klasse. Beschäd. von Einrichtungsgegenständen. (Bezahlung!) ~~Tuch~~ Jed. Schüler 1 Tuch mitbringen, das unter der Bank liegt (Schonung des Fußbodens) Sauberkeit (Papierkorb!) keine schwarzen Gummisohlen! Glaspapier zum Reinigen der Tische. Stiegen u. Gehsteige nicht beschmutzen.

3) Trimestereinteilung. 3/4 8 Schultor geöffnet. Pünktlichkeit! Pausenordnung. Verhalten auf dem Gang.

4) Höflichkeit, grüßen, Hilfsbereitschaft, nicht streiten u. raufen. Eher Bsp. geben als sich Bsp. nehmen!

~~5) Grüße d. Schule an die Eltern.~~

Lehrerheft Ernst Jandls: Unterrichtsvorbereitung Deutsch, Schuljahr 1959/60, 5. Schulstufe, Klasse 1a

Lehrerheft Ernst Jandls: Deutsch, Schuljahr 1962/63, 11. Schulstufe, Klasse 7b (links)

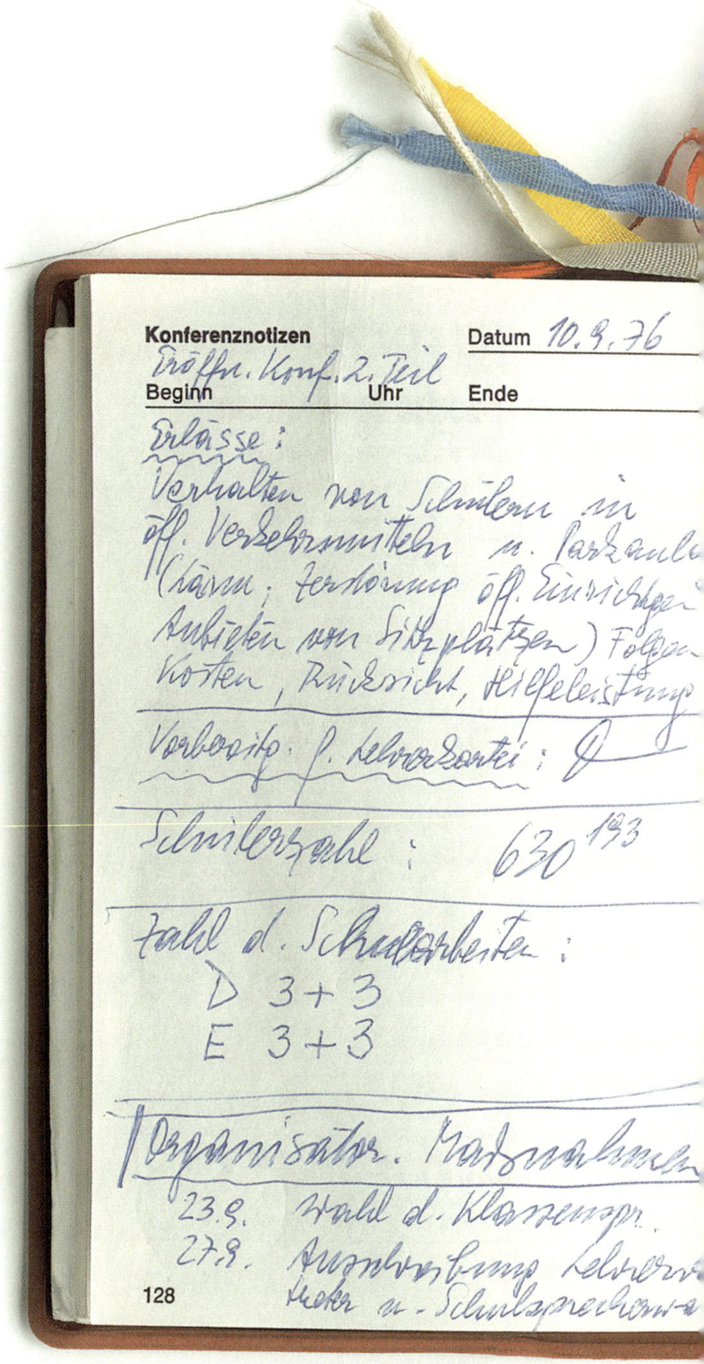

Lehrerhandbuch Ernst Jandls: Notizen zur Eröffnungskonferenz, Schuljahr 1976/77

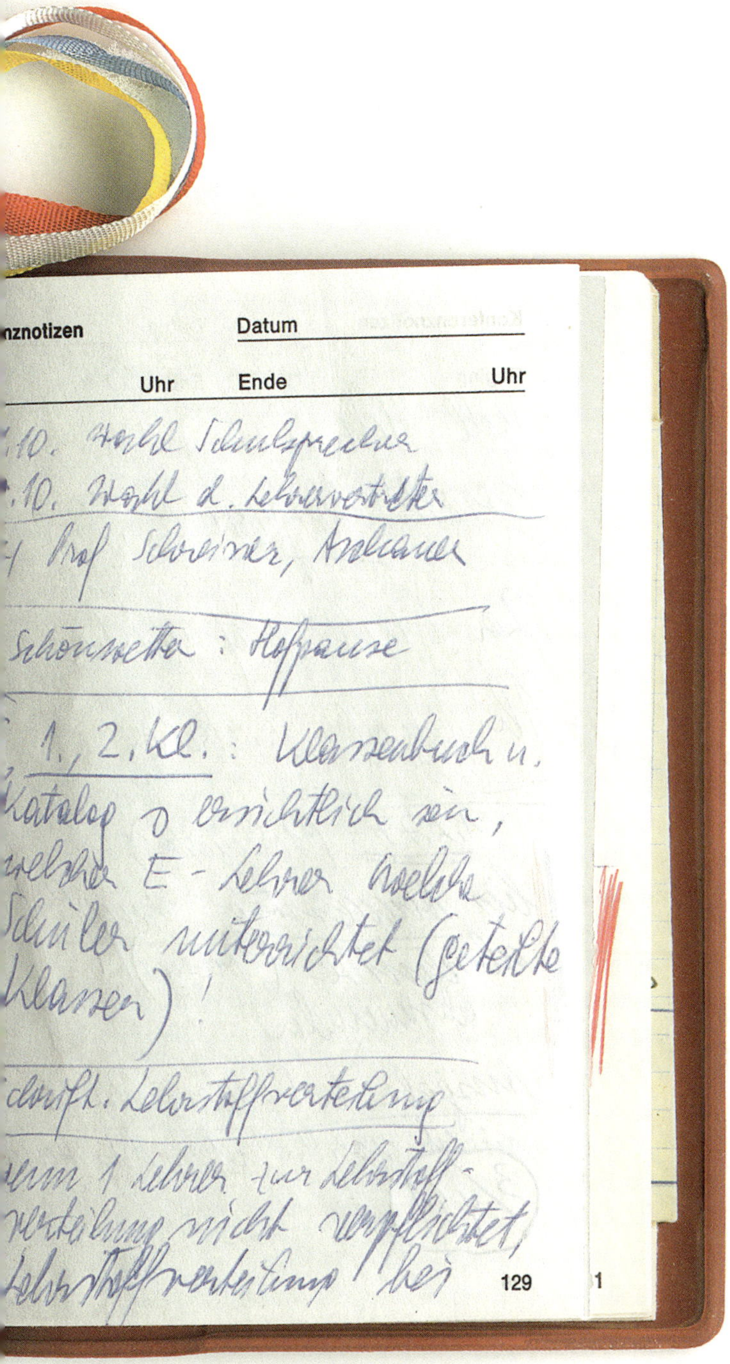
nznotizen
Datum
Uhr
Ende
Uhr
.10. Wahl Schulsprecher
.10. Wahl d. Lehrervertreter
Schönwetter: Hofpause
1., 2. Kl.: Klassenbuch u.
Katalog → ersichtlich sein,
welcher E-Lehrer welche
Schüler unterrichtet (geteilte
Klassen)!
schriftl. Lehrstoffverteilung
wenn 1 Lehrer zur Lehrstoff-
verteilung nicht verpflichtet,
Lehrstoffverteilung bei
129

Ernst Jandl: Zum Gedicht *im delikatessenladen*
Antwort auf die Frage einer Schülerin

Wien, 7. Mai 1974

Liebe Christine,
herzlichen Dank für Deinen Brief und das hübsche bunte Bildchen, über das ich mich sehr freue. Nun zum Gedicht „im delikatessenladen". Delikatessen sind bekanntlich besonders köstliche Dinge zum Essen. In diesem Gedicht betritt ein Mann einen Laden, wo solche besonders köstlichen Dinge, die man essen kann, verkauft werden. Er tut nun so, als erwarte er, daß er dort nicht bloß köstliche Dinge zum Essen kaufen könne, sondern auch köstliche Dinge anderer Art, diese Dinge übrigens in derselben Weise haltbar gemacht wie Speisen, die man in einem Delikatessenladen kaufen kann, also etwa tiefgekühlt oder als Konserve. Zu solchen köstlichen Dingen gehört zum Beispiel eine sonnige Landschaft im Frühling, eine blühende Wiese im Mai, irgendwo in den Bergen. Wenn die Sonne warm scheint, kann man sich dort niederlassen, die Natur genießen und alles andere vergessen. Warum tut er so, als erwarte er, daß er eine solche Wiese im Delikatessenladen kaufen kann? Nun, vielleicht gehört er zu den Leuten, die glauben, daß man im Leben alles kaufen kann; damit hat er natürlich unrecht, und schließlich bekommt er ja seine „Maiwiesenkonserve" auch nicht. Oder [er] weiß, daß es Leute gibt, die glauben, daß man im Leben alles kaufen kann, gehört aber selbst nicht zu diesen Leuten und verlangt im Delikatessenladen die Maiwiesenkonserve, um durch dieses unsinnige Verlangen deutlich zu machen, daß man nicht alles Schöne einfach kaufen kann.

Er bekommt sie nicht, doch er läßt nicht locker, sondern verlangt darauf eine schöne Winterlandschaft, also ebenfalls etwas Köstliches, das man nicht einfach kaufen kann. Wieder hat er keinen Erfolg, das heißt, es zeigt sich wiederum, daß man nicht alle schönen Dinge des Lebens einfach kaufen kann. Jetzt geschieht aber

Brief einer 12jährigen Schülerin aus Deutschland
an Ernst Jandl vom 23. April 1974

Kleinrinderfeld, den 23. April 1974

Sehr geehrter Herr Jandl!

Leider habe ich noch nie etwas von Ihnen gelesen! Deshalb war ich sehr überrascht, als wir in der Schule das Gedicht „im delikatessenladen" ~~gelesen~~ lasen. Keiner verstand, was Sie damit ausdrücken wollen. Unsere Deutschlehrerin, Frau Dürr, meinte, daß einer an Sie schreiben soll. Ich bitte Sie deshalb, schreiben Sie mir bald ihre Gedanken über das Gedicht.

Herzliche Grüße

Ihre Christine Spiegel

D-8702 Kleinrinderfeld

Frühlingstr. 14

Ich werde bald 12 Jahre und gehe in das Mozartgymnasium.

etwas Seltsames: er bemerkt etwas, das zu beiden Landschaften gepaßt hätte, zur Frühlingswiese ebenso wie zur Winterlandschaft. Es sind Hasen, die in diesem Delikatessenladen verkauft werden. Es gibt große Delikatessenläden, wo neben tausend anderen Dingen auch Wildbret zum Verkauf angeboten wird. Die Hasen, tot, sind dann meist an den Hinterbeinen zusammengebunden und an einen Haken gehängt, also mit dem Kopf nach unten. Hier hat er in diesem Delikatessenladen nun tatsächlich etwas entdeckt, das zu der Landschaft gehört, die er ursprünglich haben wollte, ein Stück Natur. Wie zur Maiwiese die Sonne und die Blumen, und wie zur Schneehalde die schön beschneite Fichte (und auch die Wintersportler, die er nicht haben wollte), so gehört zu den Hasen in dem Zustand, in dem sie da hängen, also totgeschossen, auch der Jäger. Deshalb also die Frage: „Wo hängen denn die Jäger?" – eine unsinnige und zugleich grausame Frage, die aber in dem Augenblick einen Sinn bekommt, wenn man nicht mehr damit einverstanden ist, daß die einen immer die Gejagten sind, und die andern immer die Jäger, und daß sich daran niemals etwas ändern soll. Aus der Sicht des Jägers ist es ganz richtig, daß die Hasen immer die Gehetzten und Gejagten sind, die schließlich totgeschossen und verkauft werden. Aus der Sicht der Hasen allerdings müßte das gleiche Recht für alle gelten. Warum sollte es den Jägern dann nicht ebenso ergehen wie den Hasen?

Das Gedicht ist also vielleicht eine Art Fabel, mit einer Lehre am Schluß. Von dort könnte man vielleicht weiterdenken, ob es hier wirklich nur um Jäger und Hasen geht, oder ob es nicht in unserer menschlichen Welt vorkommen kann, daß die einen immer die Mächtigen sind, und die andern immer die Machtlosen, und daß dieser Zustand als ein rechtmäßiger Zustand bezeichnet und verteidigt wird.

Ich hoffe, daß es mir gelungen ist, Dir und den Mädchen und Jungen in Deiner Klasse das schwierige Gedicht etwas klarer zu machen.

Herzliche Grüße
Dein
Ernst Jandl

Ernst Jandl: Zum Literaturunterricht

[Ausschnitt]

Dichtung, in ihrer Absicht und Wirkung, ist immer auf den einzelnen gerichtet. Dichtung im Kollektiv zu „erleben", analysieren, interpretieren und beurteilen, wie das in Schulen getan wird, geschieht selten ohne einen gewissen qualvollen Rest für Schüler und Lehrer. Keinem, weder einem Schüler noch einem Lehrer, ist zuzumuten, daß er sich widerstandslos zur Beschäftigung mit einem Stück Literatur, einem Stück Kunst, bereit findet, wenn ihm dieses nicht liegt, wenn es ihn nicht anspricht, wenn es ihn kalt läßt, oder wenn es ihn abstößt. Menschen lassen sich nicht beliebig zu Freunden oder Gatten paaren; ebensowenig darf man erwarten, daß sich jeder beliebige (Schüler oder Lehrer) mit jedem beliebigen Stück Kunst in Kontakt bringen läßt. Niemandem ist daraus ein Vorwurf zu machen: keinem Schüler, keinem Lehrer, keinem Stück Kunst.

Zu fragen ist nur, ob und wie sich an dieser Stelle das Unterrichtssystem so ändern ließe, daß es den menschlichen Gegebenheiten besser entspricht.

Wohl am ehesten wäre eine Verbesserung von einer Zerlegung des Unterrichtsfaches Deutsch in mehrere Einzelfächer zu erwarten, die von verschiedenen Lehrern unterrichtet werden könnten; prinzipiell müßte dann Literatur ein Fach für sich sein, getrennt von den Übungen in gesprochener und geschriebener Sprache und der Beschäftigung mit den Problemen der Grammatik und der Sprachwissenschaft. Das Fach Literatur müßte jedem Schüler die Möglichkeit geben, sich sachlich zu informieren und an Literatur gerade das zu erreichen, zu lesen, es seinen Kollegen vorzustellen und mit ihnen darüber zu diskutieren, das ihn interessiert. Voraussetzung dafür ist, als Arbeitsstätte für das Fach Literatur, ein Bibliotheksraum, der zugleich Leseraum ist, in jeder Schule; und darin, für jeden Schüler zugänglich – wobei die Vorstellung der „Altersgemäßheit" unbedingt fallengelassen werden muß –, eine umfassende Sammlung von Büchern, von den Klassikern bis zu Gomringer, Heißenbüttel, Mayröcker, Mon und den Autoren der Wiener Gruppe; dazu Nachschlagewerke allgemeiner und spezieller Art sowie eine Auswahl moderner Sekundärliteratur (Literaturgeschichte; Dichtungsgattungen; Aspekte moderner Dichtung; Einzeldarstellungen).

Jeder kann in dieser Bibliothek nach Belieben stöbern, jedes Buch zur Hand nehmen und es jederzeit weglegen. Jeder findet seinen eigenen Weg. Der Lehrer ist jederzeit bereit zu beraten. Der Aufenthalt – von Arbeitsgruppen oder Klassen – in dieser Bibliothek muß für jeden Beteiligten zu einem Erlebnis werden, etwas, worauf er sich freut; ich denke an meine eigenen Abenteuer am elterlichen Bücherschrank, sobald ich lesen konnte, und dann viele Jahre hindurch.

Das sogenannte „Jugendbuch" bliebe, mit wenigen Ausnahmen, aus einer solchen Bibliothek ausgeschlossen; es hat weder mit Kunst noch mit Pädagogik zu tun, sondern ist einfach ein Kommerzartikel.

Die Auswahl der Bücher müßte ohne jede Prüderie erfolgen und ständig durch Neuerscheinungen ergänzt werden.

Zur aktiven Teilnahme an Referaten, Gesprächen und Diskussionen, wie sie sich als Folge der Beschäftigung jedes einzelnen in der Bibliothek fallweise ergeben sollten, dürfte kein Schüler genötigt werden; die Nötigung dazu müßte einzig aus ihm selber kommen, als Bedürfnis, das, was er gelesen, entdeckt, erfahren hat, seinen Kollegen und seinem Lehrer mitzuteilen und seine Ansichten im Gespräch auf die Probe zu stellen.

Ein Unternehmen dieser Art kann allerdings nur dann gelingen, wenn es grundsätzlich keinen Unterschied bedeutet, was einer jeweils zu seiner Lektüre wählt – die Märchen der Brüder Grimm, oder den „Ulysses" von James Joyce. Wenn irgendeiner der Beteiligten, Schüler oder Lehrer, bereits die Wahl kritisiert, die Vorliebe, das Interesse, und sie irgendwie geringschätzig kommentiert, muß die Sache fehlschlagen. Denn es handelt sich hier nicht nur um Übungen zur Literatur, sondern auch um Übungen in der Kunst der Freiheit, die es ohne die Achtung vor dem anderen nicht gibt.

big O poem #1

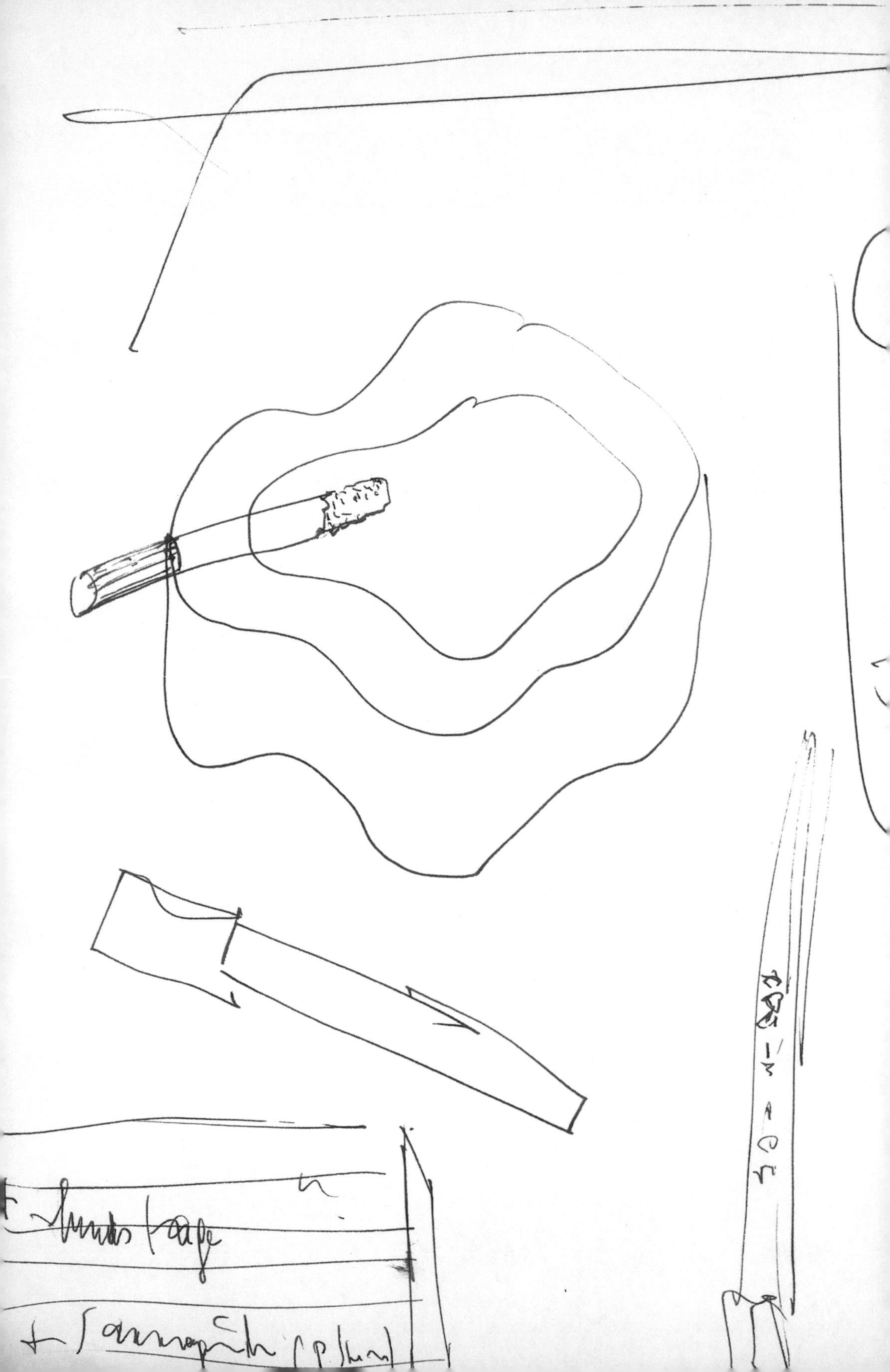

Jandl und …

ARNOLF RAINER

Poesie und Lebenszweck
Das Öffnen und Schließen des Mundes

Von Wendelin Schmidt-Dengler

I. Poesie und Poetik

„Meine Vorlesungen, jetzt, sind meine Gedichte." (Jandl 1985a, 117) So Ernst Jandl in der letzten seiner fünf Frankfurter Poetik-Vorlesungen vom November und Dezember 1984, und die Umkehr der Frage liegt nahe. Waren Jandls Gedichte, zu diesem Zeitpunkt sowie vorher, auch seine Vorlesungen? Mag der Unterschied von Jandls Gedichten, welchen Typs auch immer sie sein mögen, und seinen Vorlesungen so augenfällig sein, daß darüber keine Debatte erforderlich ist, so ist doch die Behauptung ernst zu nehmen, derzufolge der Substanz nach Vorlesung und Gedicht nicht geschieden, sondern als eines gelten sollen. Was in Jandls Satz von der Identität von Vorlesung und Gedicht gegen Ende seiner Ausführungen explizit wird, das wird bereits implizit angelegt in der Einleitung zur ersten Vorlesung: „um ein gedicht zu machen / habe ich nichts // eine ganze sprache / ein ganzes leben / ein ganzes denken / ein ganzes erinnern // um ein gedicht zu machen / habe ich nichts //.

Und nun erst – eine Vorlesung! Nein – fünf!

Um eine Vorlesung zu halten / habe ich nichts // eine ganze Sprache – mir fehlen die Worte / ein ganzes Leben – zu viele Versäumnisse / ein ganzes Denken – nur noch Perseverationen / ein ganzes Erinnern – ausschließlich Lücken // um eine Vorlesung zu halten / habe ich alles //." (Ebd., 5) Die eingangs zitierten Zeilen sind das Gedicht, mit dem Jandl seinen Gedichtband *der gelbe hund* (1980) eingeleitet hatte, ein Gedicht mit dem ironischen Titel *inhalt.* Erkennbar wird die verzweifelte Einsicht, daß das, was als Gedicht Kontur gewinnen und durchs winzige Nadelöhr der Poesie soll, auf eine ganze Sprache, ein ganzes Leben, ein ganzes Denken und ein Erinnern sich berufen müsse. All dies aber wird vor der Aufgabe, es zum Gedicht werden zu lassen, zu nichts. Jandl variiert das Gedicht als Einleitung zu dieser Vorlesung, indem er die Defizite in bezug auf Sprache, Leben, Denken und Erinnern dem Anspruch auf Totalität sarkastisch entgegenstellt, zugleich aber auch den Unterschied rein graphisch und für diejenigen, die den Text nur lesen, unverkennbar hervorhebt, da er in der Variation die Großschreibung einführt und damit den Übergang von der poetischen zur diskursiven Rede andeutet. Zugleich wird evident, daß just die Summe der Mängel das „alles" ergibt, aus dem die Vorlesungen zu gestalten seien. „Vor allem ein Thema", heißt es gleich – und mit dem Thema ist der Übergang zum Ausgangspunkt der Erörterungen geschaffen: „Unser Thema: das Öffnen und Schließen des Mundes." (Ebd.)

Damit scheint die Herstellung von Poesie extrem reduziert, und zwar auf die physiologischen Voraussetzungen. Daß dieser Ausgangspunkt notwendig ist, wird durch eine Serie von Beispielen demonstriert, bei denen die Textpartitur genaue Anweisungen zur Bedienung des Gesprächsapparates gibt. Jandl wendet sich in einem dieser Beispiele scharf gegen jede Poesie, die Innerliches nach außen bringen möchte, dieses Innerliche aber mit einer diffusen Sprache versieht; ein *beitrag zur neuen innerlichkeit* ist so ein Gebilde überschrieben, das nur aus Sprechanweisungen besteht, allerdings ist dieses Sprechen bei geschlossenem Mund zu besorgen, mit oder ohne Zuhilfenahme der Nase. (Ebd., 2)

Daß es bei dieser Übung des reinen Lautgedichts nicht bleiben kann, ist selbstverständlich, die Lautgedichte aber sind nicht nur Etüden, sondern gehören gleichrangig mit allen anderen Hervorbringungen Jandls in seine Auffassung von Poesie, die einerseits von den konkreten materiellen Voraussetzungen ausgeht, sich andererseits nicht darauf verpflichten will, auf konkrete Mitteilungen zu verzichten, es aber doch als zulässig erachtet, „mit den Möglichkeiten der Stimme" zu arbeiten „und diese weitgehend oder total von den Fesseln einer aus Wörtern bestehenden Sprache" zu befreien. (Ebd., 23) So kann Jandl dem *beitrag zur neuen innerlichkeit* auch das Gedicht *fortschreitende räude* entgegensetzen, worin der Einsatz des Johannes-Evangeliums „Im Anfang war das Wort" gleichsam von einer Krankheit befallen und aufgezehrt wird. Schon die erste Zeile demonstriert, wie prekär der Zustand des Logos geworden ist. „Him hanfang war das wort hund das wort war bei / gott […]". (Jandl 1985b, 1, 473) Der Prozeß, der die begrifflichen Konturen mehr und mehr durch die Demontage der Lautgestalt verschwinden läßt, mündet in dem Lautgebilde „flottsch", aus dem jeder auf seine Weise einen finalen Zustand rekonstruieren kann.

Das Ineinander von einschlägigen Beispielen aus der schriftstellerischen Praxis und der Reflexion über diese erzeugt die Dynamik des Textes; Paradigma und abstrakte Erörterung sind jeweils aufeinander angewiesen. Bei fühlbarer Priorität der Praxis erzeugt diese im Text geradezu ein Bedürfnis nach Theorie, die sich aber nie dazu versteigt, Vorschriften zu erlassen, die auf die Produktion zurückzuwirken hätten. Bei aller Leidenschaft für die Klarlegung einer Position ist Jandls Poetik nie in dem Sinne normativ, daß damit einzuhaltende Standards beschrieben würden, sehr wohl aber werden Zusammenhänge geklärt, in die der Autor seine Arbeit gestellt sehen möchte. Daraus erklärt sich auch die verhältnismäßig große Anzahl von literaturhistorischen Erörterungen, die indes jedoch wieder eigene Beispielketten hervorrufen. Das hier umrissene Verfahren in *Das Öffnen und Schließen des Mundes* ist nicht nur für diesen Text konstitutiv, sondern für die theoretische Arbeit Jandls überhaupt, eine Arbeit, die sein Schreiben von den Anfängen an begleitet hat und die mit dem Anwachsen und der Anerkennung des dramatischen und lyrischen Werkes immer mehr an Gewicht gewann.

II. Die rechte weiß, was die linke tut

Das Öffnen und Schließen des Mundes markiert ein entscheidendes Etappenziel auf dem Weg, den die poetologischen Bemühungen Jandls seit den Anfängen in der zweiten Hälfte der 1950er Jahre genommen haben. Die wichtigsten Äußerungen sind in der Werkausgabe überschaubar dokumentiert, und die Entwicklung läßt sich leicht nachzeichnen. *Der Dichter, der uns angeht* – so ist eine Glosse überschrieben, in der Jandl von einer völlig paradoxen Konzeption des Dichters und seiner Funktion ausgeht. Von diesem heißt es: „Seine Stimme ist nicht sehr laut, denn sie soll den Lärm der Maschinen stören; seine Silben sind nicht genormt, denn sie sollen den Takt der Maschinengewehre stören; seine Worte sind wie ein Kamm, wenn einer Haare hat; seine Worte sind wie ein Kamm in der Hand eines Kahlkopfs." (Jandl 1985b, 3, 443) Auch wenn diese kräftigen Metaphern nach wie vor für Jandls Produktion Gültigkeit haben, so ist doch auffallend, wie sehr er sich zusehends von solchen allgemein gehaltenen Forderungen entfernt und sich zunehmend der „Logik des Produziertseins" (Adorno 1961, 43) der eigenen Schriften widmet. Die hier zur Diskussion stehenden Vorlesungen werden in ihrem Duktus von dem Vortrag *Voraussetzungen, Beispiele und Ziele einer poetischen Arbeitsweise* (1970) präludiert, worin Jandl sich einen Begriff von Sprache als „Rohstoff" der Poesie zurechtlegt und beabsichtigt, eine Position „auf der anderen Seite der Sprache zu beziehen". Die „Themen kommen von selber". (Jandl 1985b, 3, 485) Im Jahre 1974 hielt Jandl an der Universität Wien Vorlesungen unter dem Titel *Mitteilungen aus der literarischen Praxis*, die 1976 mit einigen Erweiterungen in dem Band *Die schöne Kunst des Schreibens* erschienen.

„Ich schreibe verschiedene Arten von Gedichten" – so versuchte Jandl 1967 sein Programm möglichst offen zu umschreiben (ebd., 470); ein Jahr später differenzierte er:

„Ich arbeite an zwei Arten von Gedichten: 1. in einem weiten Sinne gesellschaftskritischen in komprimierter Alltagssprache; 2. in einem weiten Sinne sprachkritischen in manipulierter Sprache, wobei die Manipulation innerhalb des Gedichtes systematisch erfolgt, das System von Gedicht zu Gedicht jedoch wechselt." (Ebd., 479) Eine weitere Differenzierung erfolgt – ohne daß diese Alternative jedoch hinfällig wäre – dann in *Die schöne Kunst des Schreibens.* Vier Punkte werden benannt, die ein Viereck ergeben, und mit diesem wäre der Bereich der poetischen Arbeit abzustecken: das Gedicht in der Alltagssprache, das Sprechgedicht, das Lautgedicht und das visuelle Gedicht, wobei sich in nur wenigen Fällen der Typus rein darstellen läßt, doch ist dies eine hilfreiche Anleitung, Gedichte – und dies nicht nur im Falle Jandl – zu unterscheiden. (Ebd., 544) An diesem Punkt hielt Jandl 1974. In diesem Jahr erschien mit *serienfuss* auch ein Gedichtband, der eine Summe der bislang angewendeten Verfahren darstellt und für den Autor auch die Grenze der in *Die schöne Kunst des Schreibens* skizzierten Praktiken sichtbar machte. Zum Verständnis des Ortes, den *Das Öffnen und Schließen des Mundes* in der Entwicklung innehat, ist das Wissen um die allmähliche Ausformung und Gewinnung einer neuen Sprache Voraussetzung, einer Sprache, die Jandl selbst eine „heruntergekommene Sprache" nennt. Diese Sprache ist für den Gedichtband *die bearbeitung der mütze* (1978) stilbildend. Die Zeit vor der Abfassung dieser Gedichte und der „Sprechoper" *Aus der Fremde* (1979) kann als eine fundamentale Krise bezeichnet werden, die in der Theorie wie in der Praxis überwunden wurde und die die früheren Leistungen Jandls zwar nicht als überholt, aber doch in einem anderen Licht erscheinen läßt.

War zuvor in Jandls Gedichten kaum von einem Ich die Rede, so macht dieses sich nun zusehends bemerkbar; allerdings tritt es als ein „beschädigtes Ich" auf, und dieses erzeugt nun die „beschädigte Sprache". Eine deutliche Analogie zu diesem Zustand sieht Jandl in den „zerfetzten Gesichtern" von Francis Bacon. (Jandl 1985a, 21)

Aus Jandls Texten vor 1976 scheint sich das konkrete historische Ich verflüchtigt zu haben. Deutlich wird dies in einem visuellen Gedicht, das der Form nach eine Wortsäule ist, die auf dem Wort „ich" aufruht; diesem gesellen sich links der Buchstabe „n" und rechts der Buchstabe „t" hinzu; aus dem so entstandenen Wort „nicht" wird wiederum das Wort „ich" eliminiert, so daß zwischen dem „n" und „t" nur ein Vakuum übrigbleibt. (Jandl 1985b, 1, 396; vgl. Lengauer 1979, 97–111)

Das „Ich" kehrt zurück, und zwar über den Körper, *my right hand. my writing hand. my handwriting* – so der kennzeichnende Titel einer 1976 erschienenen Nummer der *neuen texte* über Ernst Jandl, worin zwar nicht auf die Stimme, sehr wohl aber auf das Körperwerkzeug hingewiesen wird, das für den Schriftsteller so wichtig ist. In der Neuausgabe von 1985 ist darin auch eine Partie enthalten, die aus Zeitgründen bei den *Frankfurter Vorlesungen* nicht vorgetragen wurde, die aber auch nicht in die Buchausgabe aufgenommen wurde. Hier begegnet die Wortprägung „Körpergedichte", womit Gedichte gemeint sind, die „mit einer am Sprechen beteiligten Stelle des Körpers zu tun" haben. (Jandl 1985c, ohne Paginierung) Die Aufmerksamkeit Jandls geht nun, so könnte man formulieren, weg vom „Rohstoff Sprache" und hin zum rohsten und dem Verfall am sichtbarsten unterworfenen Rohstoff, zum Körper des Menschen. Und mit der Hinwendung auf die Grenze unseres Daseins endete bereits die Vorlesungsreihe von 1974 über *Die schöne Kunst des Schreibens*: „Ich denke, es wird mit jedem von uns ein Ende haben ehe auch nur einer von uns sich daran vollständig gewöhnt haben wird." (Jandl 1985b, 3, 581)

III. Realisation von Freiheit

Es wäre ein falsches Bild von Jandls poetologischer Reflexion, wollte man sie auf den wie immer beschreibbaren Herstellungsprozeß beschränken und damit bei allem Selbstzweifel doch den Eindruck einer narzißtischen Attitüde erzeugen, die Jandls Schreiben an Kopfwirklichkeiten oder bloß am eigenen Körper sich ausrichten läßt. „Kunst heute, also auch Dichtkunst, kann als eine fortwährende Realisation von Freiheit interpretiert werden." (Ebd., 480) Entscheidend dabei ist, daß diese Freiheit nicht nur von einem auf das schreibende Subjekt bezogenen Begriff von Innovation abzuleiten ist, sondern auch die Wirkung der Literatur meint und die politische Realität – und da besonders die Österreichs – anvisiert. So kann, und Jandl wußte das sehr genau, seine Poesie auch als ein Ärgernis verstanden werden, und ein Ärgernis war Jandls Dichtung vielen und ist es manchen vielleicht noch immer. „Freiheit" meint nicht nur die Wahl der poetischen Methode, meint nicht nur die Autonomie des Gedichts oder die ebenso fragwürdige Illusion von der Autonomie der Kunst oder des Künstlers. Daß für Jandl Freiheit das Telos der politischen Erfahrung ist, ist untrennbar mit seiner Erfahrung der Unfreiheit verbunden, mit dem Krieg, dem Nationalsozialismus und der restaurativen Atmosphäre in Österreich nach 1945. Auf diesen Hintergrund seiner persönlichen Biographie nimmt Jandl immer wieder Bezug; auch in *Das Öffnen und Schließen des Mundes* wird sehr konkret auf die Situation der Literatur in Österreich eingegangen, doch hat sich im Vergleich zu früher die Tonlage einerseits verschärft, andererseits ist die Bereitschaft, andere, auch traditionellere Konzepte von Poesie anzuerkennen, weitaus größer. In den *Österreichischen Beiträgen zu einer modernen Weltdichtung* (1966) hatte Jandl alle namhaft gemacht, die für sein Verständnis der modernen Literatur maßgebend waren: „Stramm, Arp, Schwitters, Gertrude Stein, Joyce, etc." Hinzuzufügen wären Raoul Hausmann, Cummings, Carl Sandburg, Bertolt Brecht, Arno Holz (auf Arno Holz hat Ernst Jandl den Verfasser einmal gesprächsweise nachdrücklich hingewiesen). (Ebd., 447) Zu erwähnen wäre der Aufenthalt in England in der ersten Hälfte der 1950er Jahre, wo Jandl Erich Fried kennen- und – trotz gezielter Vorwarnung durch den Wiener Autor Hermann Hakel – auch schätzen lernte. (Ebd., 546f.; vgl. auch Jandl/Hell 1992, 20f.)

Die Absage an eine Literatur, die ihr Maß an einer wie immer sich definierenden Klassizität nahm, und die Hinwendung zu einer Poesie, die sich des Materialcharakters der Sprache bewußt ist, findet sich in dem frühen Gedicht *Zeichen* (1953), das Jandl in den meisten seiner poetologischen Texte als programmatisches Gedicht heranzieht: „Zerbrochen sind die harmonischen Krüge, / die Teller mit dem Griechengesicht, / die vergoldeten Köpfe der Klassiker – // aber der Ton und das Wasser drehen sich weiter / in den Hütten der Töpfer." (Jandl 1985b, 1, 48) In den *Frankfurter Poetik-Vorlesungen* konzediert Jandl die Bedeutung der „modernen Klassiker" für die Zeit nach 1945 und meint damit Thomas Mann, Bertolt Brecht und Franz Kafka: „Ja, die deutsche Literatur hatte wieder ihre modernen Klassiker, und deren Größe ist unbestritten." Doch es folgen gleich die antiklassische Wendung und die Parteinahme für die Tradition, die verschüttet war, für die radikale Avantgarde und den Expressionismus: „Aber wo blieben jene, die mit der Idee des Klassischen, das immer eine Art von Mäßigung mit einschließt, so radikal gebrochen hatten wie August Stramm oder Hugo Ball, Raoul Hausmann oder Kurt Schwitters, jene echten Revolutionäre, die in das Gefüge der Sprache mit Witz und Gewalt eingegriffen hatten, mit Ergebnissen, die bis dahin noch unvorstellbar gewesen waren." (Jandl 1985a, 26) Scharf verteidigt Jandl die Avantgarde, und da vor allem Gerhard Rühm, gegen den Vorwurf, bloße Imitation der ad acta gelegten, ja „überwundenen" Avantgarde der 1920er Jahre und des Expressionismus in der Art eines August Stramm zu sein: „Was Rühm tat, war alles andere als Nachahmung. Es war ein Ansetzen, über nahezu dreißig Jahre hinweg, an einer Stelle, die offengeblieben war und nach Weiterführung schrie." (Ebd., 28) Peter Bürger will in seiner *Theorie der Avantgarde* (1974) die Neoavantgarde treffen, weil sie das Ziel der frühen Avantgarde – die Aufhebung der Kunst durch die

Lebenspraxis – nicht zur Kenntnis nehme und sich immer noch töricht auf die Herstellung von Kunst einlasse; jede Form von „Neoavantgarde" verfalle daher der „Inauthentizität". (Bürger 1974, 71) Für Jandl hingegen ist die Rückbesinnung auf die Avantgarde die authentische und die eindeutig bevorzugte Möglichkeit nicht nur für die Kunst, sondern auch für das Leben; eine notwendige Wiedergutmachung, da es der Avantgarde dereinst nicht vergönnt gewesen sei, ihre Möglichkeiten denn auch auszuschöpfen.

Wichtig war für Jandl die Zusammenarbeit mit der „Wiener Gruppe"; allerdings ist hier eine Differenzierung angebracht, eine Differenzierung, die von dieser „Wiener Gruppe" (Hans Carl Artmann, Gerhard Rühm, Friedrich Achleitner, Konrad Bayer, Oswald Wiener) früher vorgenommen wurde, als Jandl dies wahrgenommen hatte. „Wenn es nach mir gegangen wäre, hätten wir vier, Mayröcker, Artmann, Rühm und ich, den inneren Kern jeder progressiven Literaturgruppierung in Wien [gemeint sind die 1950er Jahre, W.S.D.] bilden müssen. Spätestens das erste literarische Kabarett der ‚Wiener Gruppe', am 6. Dezember 1958, machte es mir klar, daß ich draußen war, nie drinnen gewesen, keine Figur in einem gemeinsamen Spiel." (Jandl 1985b, 3, 607; Pfoser-Schewig 1987, 69–82) Den Unterschied zeigt Jandl auch präzis an. Rühms Lautgedichte haben ihm zwar imponiert, er aber habe auf diese mit Sprechgedichten gekontert: „Man mußte, auch wenn man derart radikal vorging, auf Bedeutung nicht völlig verzichten." (Jandl 1985a, 28) Dem Programmatiker Rühm schienen Effekte geradezu verpönt und die von Jandl zielsicher gesetzten Pointen ein Verstoß gegen das Gebot der Askese, die zur puren Präsentation der progressiven Konzepte unabdingbar schien. Jandls Praxis bewahrt überdies – selbst bei maximaler Distanz zur Alltagssprache – immer noch die Möglichkeit einer Rückkoppelung mit dieser oder konserviert – und das gilt für das Lautgedicht im besonderen – ein mimetisches Moment.

In den Thesen über die *Österreichische[n] Beiträge zu einer modernen Weltdichtung* scheint die Einheit dieser österreichischen Avantgarde gewahrt. Die auf den ersten Blick nur sehr feinen, aber doch auch essentiellen Unterschiede sind kaum merkbar. Für Österreich sei eine Dichtung kennzeichnend, „die geschlossene Systeme von Beziehungen herstellt. Sie forciert keine Beziehungen nach einem Außen, weil sie selbst ein Teil dieses Außen ist, nicht eine Stimme, die von einem Innen über ein Außen zu einem Innen spricht." (Jandl 1985b, 3, 449) Für die Poetik-Vorlesungen bleibt – und das ist an der Polemik gegen die neue Innerlichkeit auch erkennbar – der Ausgangspunkt verbindlich, doch wird das Vorgehen durch neue Perspektiven angereichert.

IV. Die nicht mehr schönen Künste

Die vier weiteren Vorlesungen, die auf den einleitenden Vortrag unter dem Titel des Gesamtwerks *Das Öffnen und Schließen des Mundes* folgen, haben allesamt Titel, die bereits anderen Werken Jandls zuteil wurden. Es beginnt mit dem *Röcheln der Mona Lisa,* worauf *Szenen aus dem wirklichen Leben* und *Die Humanisten* folgen. Die letzte Vorlesung hat zwei Titel: *Aus der Fremde oder Selbstporträt des Schachspielers als trinkende Uhr. Das Röcheln der Mona Lisa* bezeichnet „die Zerstörung des Schönen", heißt es lapidar (Jandl 1985a, 30), und so sind auch die Titel der beiden folgenden Abschnitte zu verstehen: Es geht um die Reduktion der Ansprüche, die hinter Begriffen wie „wirkliches Leben" und „Humanisten" stecken. Der erste Abschnitt hatte im wesentlichen eine Rekapitulation der frühen Standpunkte dargestellt. Mit dem Kapitel über *Das Röcheln der Mona Lisa* setzt ein neuer Abschnitt ein, dem abzulesen ist, wie es mit einer neuen Sprache weitergehen könnte, die „bisher aus der Poesie" verbannt war (ebd., 33) – einer Sprache, die das Verbum fast nur im Infinitiv duldet und von den Fällen nur den Akkusativ kennt, einer Sprache, die dem „Gastarbeiterdeutsch" nicht unähnlich sein soll, dieses aber nicht parodistisch denunzieren will. Denn mit dieser Sprache wird vielmehr die Passion zur Sprache gebracht, die Jandl für alles Beschädigte hat. „Ich liebe, was niemand erlesen, / was keinem zu lieben gelang: / mein eignes, urinnerstes Wesen / und *alles, was seltsam und krank*" – auf diese Zeilen des Dekadenzdichters Felix Dörmann, mit dem Jandl in stilistischer und thematischer Hinsicht nur wenig verbindet, wurde er von einem Jugendfreund während der Nazizeit hingewiesen, Verse, die für ihn und seinen Freund ein eigentümliches Schibboleth bedeuteten als „Absage an die nationalsozialistische Auffassung von Kunst und Leben" (Jandl 1985b, 3, 664; Hervorhebung durch Jandl). Die „heruntergekommene Sprache" geht somit nicht nur aus der subjektiven Erfahrung des Älterwerdens hervor, sondern ist untrennbar mit der Ablehnung einer Ideologie verbunden, die in der Kunst und auch im Leben nur das Gesunde gelten lassen will und die Ausscheidung alles Kranken fordert. Es gilt, das Schöne zu zerstören, doch dies ist nicht vandalische Destruktion, sondern Maxime einer Ästhetik, die der Kunst neue Geltungsbereiche schaffen will. „Aber zu welchem Zweck sollte das Schöne zerstört werden? Gewiß doch zum Zweck der Erreichung von Kunst." (Jandl 1985a, 30f.)

Und von dieser einmal gewonnenen Position gibt es kein Zurück, es gibt kein Zurück von der „heruntergekommenen Sprache" in eine schöne Sprache. Entscheidend ist auch, daß die Gedichte aus dieser neuen Sprache nicht in die Alltagssprache übersetzt werden dürfen, um daraus einen wie eindeutigen Sinn zu gewinnen; *franz hochedlingergasse*: „diesen wohlklingenden Namen einer Gasse im zweiten Wiener Gemeindebezirk" nahm Jandl als Titel für folgendes Gedicht: „wo gehen ich / liegen spucken / wursten von hunden / saufenkotz // ich denken müssen / in mund nehmen / aufschlecken schlucken / denken müssen nicht wollen." (Jandl 1985b, 2, 254) Eine Auflösung in finite Verbformen ist leicht herstellbar, sie würde indes nicht nur jene von Jandl „selbst erlebte Zwangsvorstellung" (Jandl 1985a, 47) völlig zerstören, sondern auch jede syntaktische Ambiguität aufheben, die sich in den Infinitiven ausspricht und die von der Entmündigung des Subjekts und seiner Beschädigung kündet. Die „beschädigte Sprache" ist die Sprache, die der Autor dank seiner Souveränität als schaffendes Subjekt wählen kann. Diese Wahlmöglichkeit ist der entscheidende und unverzichtbare Rest von Freiheit und als solcher wesentlicher Bestandteil der Poesie.

In den Thesen über die *Österreichische[n] Beiträge zu einer modernen Weltdichtung* hielt Jandl auch an der scharf gezogenen Grenze von autonomer Poesie und der „außersprachlich vorgestellten Welt" fest; seine These heischt Verbindlichkeit: „Diese Dichtung ist weder meßbar an einer außersprachlich vorgestellten Welt, noch meßbar an den Verbindlichkeiten einer zu praktischen Mitteilungen dienenden Sprache. Sie ist autonom, zu messen nur an ihren eigenen Beispielen." (Jandl 1985b, 3, 449) Die dritte Vorlesung hat den Titel *Szenen aus dem wirklichen Leben*, den Jandl auch einer Zusammenstellung seiner Gedichte zu einem dramatischen Text gegeben hat. Dieser Titel würde nun die völlige Zurücknahme der zuvor zitierten Position nahelegen; solches erfolgt nicht, sehr wohl aber eine Modifikation. Zunächst aber gilt es, die Trennung der poetischen Texte von der „außerpoetischen Realität" als eine „mutwillige und künstliche" zu bezeichnen, die nur „zum Zweck der gegenwärtigen Betrachtung vollzogen" werde. (Jandl 1985a, 49) John Cage liefert für diese Partie ein leitmotivartig wiederholtes Motto: „Ich habe nichts zu sagen / und ich sage es / und das ist Poesie / wie ich sie brauche." (Ebd., 48, 49, 124; vgl. auch Jandl 1985c) Das ist nicht als eine Absage an die Verbindlichkeit der poetischen Aussage zu sehen, als ein Bekenntnis zu ihrer Redundanz zu lesen, sondern ist vielmehr komplementär zu Jandls Credo, das er der Gedichtsammlung *dingfest* (1973) vorangestellt hat: „er habe immer etwas zu sagen gehabt, und er habe immer gewußt, daß man es so und so und so sagen könne, und so habe er sich nie darum mühen müssen, etwas zu sagen, wohl aber um die art und weise dieses sagens. denn in dem, was man zu sagen hat, gibt es keine alternative; aber für die art und weise, es zu sagen, gibt es eine unbestimmte zahl von möglichkeiten. es gibt dichter, die alles mögliche sagen, und dies immer auf die gleiche weise, solches zu tun habe ihn nie gereizt; denn zu sagen gebe es schließlich nur eines; dieses aber immer wieder, und auf immer neue weise.“ (Jandl 1985a, 86; Jandl 1985b, 1, 547)

Damit ist einerseits für die Arbeit des Dichters die Priorität der Inhalte vor der Form festgeschrieben, andererseits wird dieser Inhalt auch außer Streit gestellt, er versteht sich von selbst, es ist das „eine“, über das das Einverständnis nicht mehr herbeigeredet werden muß. „Das Moralische versteht sich immer von selbst“, dieser Aphorismus von Friedrich Theodor Vischer wäre auf diese Position anwendbar. (Vischer 1912, 22) Zum anderen jedoch läßt Jandl keinen Zweifel darüber, woraus dieses „eine“ zu bestehen habe: Es schließt ein deutliches antinationalsozialistisches und pazifistisches Engagement ein, das sich jedoch selbst nicht als solches benennt und fein herausgeputzt präsentieren will. Die Innovation erscheint als die Chance, von diesem „einen“ in verschiedener Gestalt zu reden, sie ist die notwendige Ingredienz jeder Poesie, sie ist etwas, woran wir uns nicht gewöhnt haben. (Jandl 1985b, 3, 581, 591) Der Vorspruch zu *dingfest* macht Jandls Haltung dingfest; er wird daher auch in den Vorlesungen zur Gänze zitiert (Jandl 1985a, 86), und daß das „eine“ oder „etwas“, das Jandl zu sagen habe, dem „nichts“ bei John Cage entspricht, ist nicht nur ein kokettes Paradox, sondern vielmehr der Versuch, Poesie nicht in die Knechtschaft eines Themas führen zu wollen oder zur Vollstreckerin gerade anstehender Arbeitsaufträge zu machen. Wer meint, daß das, was an der Poesie Mitteilung sei, auch ihr Gegenstand sein und das Verfahren bestimmen müsse, dem erteilt Jandl eine entscheidende Absage, ohne indes an der Bedeutung dessen zu zweifeln, was zu sagen ist. Helmut Heißenbüttels *Politische Grammatik* wird zum Beispiel für eine gelungene Transposition politischer Thematik in der Literatur gehalten. Und mit einer Verve, die der Aussage über diesen Text geradezu den Charakter einer Maxime verleiht, formuliert Jandl: „Zweifellos so, fast nur so, läßt sich politische Erkenntnis mit den Mitteln der Sprache zu Kunst machen.“ (Ebd., 91) *die humanisten* ist der Titel eines kurzen Dramas von 1976, geschrieben in der „heruntergekommenen“ Sprache, und das ist auch der Titel des vierten Abschnitts. Als Humanisten treten zwei Universitätsprofessoren auf, die sich als Bewahrer der durch die Tradition verbürgten Werte offenbaren. Daß sie diese gerade durch die „heruntergekommene“ oder „beschädigte Sprache“ ausweisen wollen, ist das satirische Ferment des Textes, wodurch die Botschaft in ihrer Eindeutigkeit noch verstärkt wird: „‚Humanisten‘, wie dieser Begriff hier zu verstehen ist, sind die Vorhut und Nachhut jedes totalitären Systems. Sie sind die Bewahrer der ewigen Werte während der unübersichtlichen Zwischenzeiten von Demokratie, Pluralismus, Liberalität. Der Moment, da sich die Nachhut zu Vorkämpfern wandelt, ist nicht vorauszusehen, doch ist ihm vorzubeugen." (Ebd., 81; Schmidt-Dengler 1982, 22–30) Deutlicher ließe sich Jandls Engagement nicht formulieren. Er hat keinen Hehl daraus gemacht, daß es ihm dabei meist sehr konkret um spezifisch österreichische Zustände geht; seine Kritik ist im besonderen in bezug auf Österreichs Vergangenheit immer nachdrücklicher geworden. Indes bleibt diese Kritik an die Form und in diesem Falle an die „heruntergekommene Sprache" gebunden.

In der „Sprechoper" *Aus der Fremde* hat der Autor auch ein eigenes Verfahren entwickelt: Die Figuren reden über sich selbst in der dritten Person und im Konjunktiv, und dies alles in dreizeiligen Strophen. Nie zuvor hat das Subjekt in seinem Œuvre eine solche Rolle gespielt wie in diesem Stück und in dem Gedichtband *selbstporträt des schachspielers als trinkende uhr*, und die abschließende Vorlesung, die Jandl für „sein Eigenleben reserviert" (Jandl 1985a, 7 u. 104) haben wollte, ist mit gutem Grund unter die Titel dieser beiden Werke gestellt worden. Wer sich aber hier die anekdotische Zubereitung der Künstlerexistenz erhofft, wird enttäuscht. Die erwartete Zusatzinformation über das Privatleben verweigert der Autor, er verweigert sich und den anderen die Zurichtung des Lebens zur bequem konsumierbaren Biographie oder Autobiographie. Das *selbstporträt* reduziert den Einblick in das Privatleben auf einen Moment des Stillstands, auf sieben Minuten aus dem Leben eines Schriftstellers (man vergleiche dazu etwa die Opulenz von Handkes *Nachmittag eines Schriftstellers*!), von 17 Uhr bis 17 Uhr 07; da gibt es die Zigarette, den Schluck Whisky, den Kampf gegen den Schachcomputer: „so errichte er / die backgroundstruktur / für sein heutiges gedicht." (Ebd., 122) Dieser Schluß kehrt sich – auf andere Weise freilich – gegen jene Verinnerlichung, die zu Beginn der Vorlesungen attackiert worden war. Dem Kuß als einer „Verhinderung von Sprechen und Essen und Trinken und Husten und tief durch den Mund Ein- und Ausatmen und allem sonst, wozu er, unser Mund, für uns geschaffen ist", gilt zuletzt „alle Liebe", ein Öffnen und Schließen des Mundes jenseits aller Zweckhaftigkeit, die sublimste Form des Verstummens. (Ebd., 127f.)

V. Poesie – der widerliche Lebenszweck

Die Vorlesungen kehren zurück, von wo sie ihren Ausgang nahmen. Ein *gute nacht gedicht*, nur gehaucht, beschließt den Zyklus; es ist Friederike Mayröcker gewidmet. (Ebd., 128 f.) Der theoretische Diskurs wird in das Gedicht, das leise Lautgedicht überführt, der Mund hat sich noch einmal zu einem „Luftkuß" geschlossen und geöffnet.

Dieser Abschluß bekräftigt die Auffassung, daß die Vorlesungen auch die Gedichte waren und daß wir umgekehrt in den Gedichten die Verfahren zu erkennen angehalten sind. Jandl hat sich streng an das vorgegebene Genus „Vorlesung" gehalten. Die strenge Trennung von den poetischen Texten ist durch die graphische Anordnung durchgehend evident. Die Vorlesungen sind klar aufgebaut, die Gliederung ist übersichtlich, und doch kann man nicht sagen, daß Jandl von Abschnitt zu Abschnitt ein Thema nach dem anderen abgehakt hat. Es ist in jeder Vorlesung eben nicht nur davon die Rede, worauf der Titel abzielt, sondern jede einzelne Stelle ist mit dem Gesamttext verwoben. Die verbindlichen Vorbilder, die konkrete Situation während und nach dem Krieg, das Prinzip der Innovation, die Lage der Schriftsteller in einer Krise, die nicht enden will, die Gebrechlichkeit des Körpers und die stets verspürte Nähe des Todes, die Unhintergehbarkeit der Sprache, die genaue Abgrenzung der eigenen Position gegenüber Freund und Feind und nicht zuletzt das Bewußtsein, zu einer Gruppe von Hörern zu sprechen und daher auch im Sinne einer Performance mit dem Körper wirken zu wollen, im besonderen mit der Stimme, und zwar mit dem Öffnen und Schließen des Mundes:

All das läßt sich nicht auseinandernehmen, läßt sich nicht auf den Generalnenner eines Konzeptes bringen, das auf andere Autoren übertragbar oder gar lehrbar wäre. Auch die so beliebte Formel vom „Einblick in die Werkstatt" greift zu kurz; der Text verzichtet auf den Bekenntnischarakter und warnt – mit Gertrude Stein – vor Psychologisierung. (Ebd., 69) Jandl insistiert auf dem „Einfall, ohne den ein Gedicht nie entsteht" (ebd., 21; vgl. 17, 46). Wie es zu diesem Einfall kommen kann, darüber eine Aussage zu machen, wäre aus der Sicht Jandls verfehlt: Klar grenzt er das Sagbare vom Unsagbaren ab, und die Klarheit der Grenzziehung verbürgt die Gültigkeit dieser Poetik. Auch wenn das Leben ganz auf das Schreiben abgestellt ist, so ist davon doch der Zustand des Glückes denkbar weit entfernt. Da „ihm sein leben / viel zu sehr / als dreck erscheine", wolle er daraus keine biographischen Glanzpunkte herausholen, aber er werde „niemals / [...] zögern [...] / in den dreck zu fassen // um herauszuziehen / was vielleicht / einen stoff abgäbe // für poesie / seinen widerlichen / lebenszweck." (Ebd.,120)

In Johann Strauß' Operette *Der Zigeunerbaron* sind „Borstenvieh" und „Schweinespeck" der „ideale Lebenszweck" eines derben Viehzüchters (Schnitzer o.J., 7); was Borstenvieh und Schweinespeck vermögen, das vermag die Poesie nie und nimmer. Leben und Poesie können nicht harmonisch nebeneinander bestehen, und die Kluft zwischen diesen beiden machen Jandls Gedichtbände, die *idyllen* (1989) und die *stanzen* (1992), deutlich sichtbar. Daß die Dichtkunst auch eine „Realisation von Freiheit" sein könnte, wird umso problematischer, je schonungsloser vom Körper und seiner immer prekäreren Verfassung gesprochen wird. Die Ansprüche werden zurückgeschraubt, aber doch gibt es den Wunsch, für die Freiheit wenigstens einen Ort noch übrig zu lassen: „Man kann Dinge vorn oder hinten miteinander verbinden, oder oben oder unten, aber irgendwo, an irgendeiner Stelle, sollte man jedes von ihnen ungebunden lassen, damit es, wenn schon nicht sich von der Stelle bewegen, so doch flattern kann; flattern, das ist schon fast alles, was jeder von uns will; an Freiheit will." (Jandl 1985a, 95) Das Öffnen und Schließen des Mundes ist das, was noch an Freiheit zu haben ist. In den *idyllen* finden sich einige Texte, die auf die Poetik-Vorlesungen Bezug nehmen. Ein Gedicht, das in deren Umkreis gehört, zeigt mit ebenso platter wie raffinierter Doppeldeutigkeit, wie Befreiung durch einen entweichenden Hauch zu spüren ist: „ich war jung und dumm / ich bin alt und dumm / ich entkleide mich vor publikum / plötzlich sind alle stumm // ich bücke mich / ich zeige ein loch / ein hauch entweicht / leben ist leicht." (Jandl 1989, 154)

Verwendete Literatur

Adorno 1961 = Theodor W. Adorno: Noten zur Literatur II. Frankfurt am Main: Suhrkamp 1961.

Bürger 1974 = Peter Bürger: Theorie der Avantgarde. Frankfurt am Main: Suhrkamp 1974.

Hell/Jandl 1992 = Bodo Hell/Ernst Jandl: Die wirklichen Möglichkeiten. Zwei Reden zum Erich-Fried-Preis 1991. Graz: Droschl 1992.

Jandl 1985a = Ernst Jandl: Das Öffnen und Schließen des Mundes. Frankfurter Poetik-Vorlesungen. Darmstadt, Neuwied: Luchterhand 1985. (Vgl. zum Erstdruck bei Luchterhand auch den Abdruck der Vorlesungen bei „Volk und Welt", worin in bezug auf den tschechischen Lyriker Josef Hiršal der Text entschieden geändert wurde.)

Jandl 1985b = Ernst Jandl: Gesammelte Werke [in drei Bänden]. Darmstadt und Neuwied: Luchterhand 1985.

Jandl 1985c = Ernst Jandl: my writing hand. my handwriting. ernst jandl. Linz: edition neue texte 1985.

Jandl 1989 = Ernst Jandl: idyllen. Gedichte. Frankfurt am Main: Luchterhand 1989.

Lengauer 1979 = Hubert Lengauer: Dichterische Sprache und Technokratie. In: Die österreichische Literatur seit den zwanziger Jahren. Hg. von Friedbert Aspetsberger. Wien: Bundesverlag 1979, 97–111.

Pfoser-Schewig 1987 = Kristina Pfoser-Schewig: „...keine Figur in einem gemeinsamen Spiel". Ernst Jandl und die Wiener Gruppe. In: die wiener gruppe. Walter Buchebner Literaturprojekt. Wien, Köln, Graz: Böhlau 1987.

Schnitzer o.J. = Johann Schnitzer: Der Zigeunerbaron. Operette in drei Akten. Musik von Johann Strauß. Wiesbaden: Aug. Cranz.

Vischer 1912 = Friedrich Theodor Vischer: Auch einer. Eine Reisebekanntschaft. Stuttgart und Berlin: Deutsche Verlagsanstalt 1912.

„Nochmal den Text? Ein anderer.“ Ernst Jandl und die Avantgarde

Von Oliver Ruf

I have followed I have been followed I am followed by another
(Gertrude Stein)

Die Perspektiven fallen in diesem Bild. Gelbrot fiebern die Wände, an sie sind Vorhänge gemalt. Eine aufgeschnittene Wohnstube ist zu sehen, mit stürzenden Linien, bedrängendem Fluchtpunkt, in flammenden Farben. Ein beengender Angst-Winkel scheint auf, in dem alles raffiniert stört, der keinen unverkrümmten Weg mehr zuläßt, wo man sich an allen Ecken stößt – geformte Expression. (Vgl. Skasa 1980, 6) Der italienische Maler Antonio Recalcati hat diesen Bühnenraum gebaut. Er ist ein Zitat. Recalcati zitiert ein Gemälde des Expressionisten Ernst Ludwig Kirchner, sein *Interieur*, das in den ersten Kriegsmonaten 1914 entstand. Damit wird also an eine Tradition angeknüpft und somit das Stück, dessen Bühne hier besorgt wurde, formal eingebettet. Es heißt *Aus der Fremde* und stammt von Ernst Jandl: „Die Darstellung einer Depression, die einen etwa fünfzigjährigen Schriftsteller nahezu vollständig isoliert.“ (GW 3, 352)

Daß das Bühnenbild in der Inszenierung von Ellen Hammer, die am 19. Februar 1980 auf der Schaubühne am Halleschen Ufer in Berlin Premiere feierte, an die klassische Avantgarde erinnert, war ausnehmend gescheit. Jandl kommentiert in seinen Frankfurter Poetik-Vorlesungen *Das Öffnen und Schließen des Mundes* die neue literarische Revolution zu Beginn der 1950er Jahre, zu der er ja selbst bekanntlich zählt, ausdrücklich mit der Erklärung, derart die Anfänge der avantgardistischen Dichtung wiederentdeckt, sich zu ihnen bekannt und sie erneut an die Öffentlichkeit gebracht zu haben, um nach dem jähen, gewaltsamen Ende der frühen Moderne durch das Dritte Reich die Verbindung zum so brutal Unterbrochenen zu finden; er sieht sich in der Tradition all jener, die „mit der Idee des Klassischen, das immer eine Art von Mäßigung mit einschließt, so radikal gebrochen hatten wie August Stramm oder Hugo Ball, Raoul

Hausmann oder Kurt Schwitters, jene echten Revolutionäre, die in das Gefüge der Sprache mit Witz und Gewalt eingegriffen hatten, mit Ergebnissen, die bis dahin unvorstellbar gewesen waren" (ÖM, 26). Er nahm „Zuflucht" zur klassischen Avantgarde, lernte von ihr, assimilierte Techniken, nahm sie als Quelle der Inspiration, „nie versiegend, nie versagend". (Ebd., 28, 71)

Ernst Jandl war ein Diskjockey der Literaturgeschichte. Er hatte die unterschiedlichsten „Platten", und er hatte Schöpferkraft. Wie ein DJ, der im Club die Songs permanent überlagert, mixt und dadurch neue Musik kreiert, aber dermaßen, daß die Originale mal laut, mal leise noch erkennbar sind, so erzeugte Jandl durch Vermengung verschiedenartigster Traditionen und Ideen einen Grundton, den man, einmal gehört, nicht mehr loswerden kann. „Verjandelung" könnte dieser literarische Ohrwurm heißen. Einer solchen Auffassung genügend, folgt die Forschung sporadisch den intertextuellen Fährten in Jandls Texten und hat damit begonnen, Jandls Praxis direkter und indirekter intertextueller Verweise zu prüfen. (Vgl. z.B. Riha 1996, Sauder 2000, Plachta 2001) Dieses Verfahren zeigt sich daran, daß disparate Hypotexte umgewandelt und dekonstruiert werden – als „dramatischer Dekonstruktivismus" und „Traditionskritik" (Sauder 2000, 96, 111) wie als Ausdruck eines „produktiven Umgangs mit Tradition im Horizont der Gegenwart" (Sauder 1983, 451). Jandl hat sich immer wieder den Traditionen der Literatur verpflichtet (vgl. Riha 1996, 42); eine Lektüre von Jandls Texten erweist, daß es eine Fülle von Texten darunter gibt. (Vgl. Schmidt-Dengler 1982, 23)

Intertextuelle Lektüren zu Jandls Texten haben bislang die Dekonstruktionen und Umwandlungen solcher Hypotexte dargeboten, die auf die Tradition in Form des Klassischen verweisen, Rilke- und Goethe-„Material" zum Beispiel. (Vgl. Schulz 1988, Kopfermann 1997) Eine intertextuelle Lesart, die darstellt, welche Bestandteile der künstlerischen Diskurse der klassischen Avantgarde in Jandls Texte eingegangen sind und dort ihre Abdrücke hinterlassen haben, soll hingegen im Folgenden aufgezeigt werden, und zwar am Beispiel seiner bereits anfangs erwähnten Sprechoper *Aus der Fremde*; zumal sich in diesem Text eine Reihe von Transformationen feststellen lassen: Überlagerungen und Entstellungen des Hypotextes, von Poetiken, Texten und Auseinandersetzungen der literarischen Avantgarde, insbesondere der Dichter Kurt Schwitters und Hugo Ball und der Dichterin Gertrude Stein. – Das übliche Echo, möchte man über den Nachhall solch adaptierter Tradition bei Jandl sagen, die namentlich in den Selbstäußerungen des Autors präsent ist. (Vgl. ÖM, 28, 70–72; GW 3,

447) Aber offenbart sich nicht das Talent eines Dichters besonders dann, wenn er am Schöpferischsten interpretiert, wenn er dem eigenen Schaffen mit einem Zitat begegnet:

> Einer dem einige sicherlich folgten war einer der vollständig bezaubernd war. Einer dem einige sicherlich folgten war einer der bezaubernd war. Einer dem einige folgten war einer der sicherlich vollständig bezaubernd war.
>
> Einige folgten sicherlich und waren sicher daß der dem sie da folgten einer war der an der Arbeit war und einer war der dann aus sich etwas herausbrachte. Einige folgten sicherlich und waren sicher daß der dem sie da folgten einer war der dann aus sich etwas herausbrachte das als eine gewichtige Sache auftrat, eine feste Sache und eine vollständige Sache.
>
> Einer dem einige sicherlich folgten war einer der an der Arbeit war und war sicherlich einer der dann aus sich etwas herausbrachte und war einer der einer gewesen war der sein ganzes Leben lang einer gewesen war der etwas hatte das aus ihm kam.
>
> Etwas war aus ihm gekommen, sicherlich war es aus ihm gekommen, sicherlich war es etwas, sicherlich war es aus ihm gekommen und besaß Bedeutung, eine bezaubernde Bedeutung, eine feste Bedeutung, eine kämpfende Bedeutung, eine klare Bedeutung. (ÖM, 73)

Jandl übersetzt an dieser Stelle seiner Poetik-Vorlesungen Gertrude Stein, die über Picasso als Vorbild sinniert. Tradition war wichtig für Ernst Jandl, nicht nur in der Distanz zur Höhenkammliteratur, sondern auch in der Fortführung der Moderne. Was in seiner Lautpoesie augenfällig ist, muß für sein Drama noch exemplarisch nachgewiesen werden. Interessieren soll im Folgenden aber nicht die von Jandl selbst vorgenommene Bezugnahme zum Theater von Shakespeare und T.S. Eliot (vgl. GW 3, 346), sondern der Bezug zur klassischen Avantgarde, was in der vorliegenden Lektüre anhand eines „weiten", poststrukturalistischen Intertextualitätsmodells geleistet werden soll, wie es von Vertretern wie Roland Barthes und Charles Grivel seit Begründung dieser Disziplin durch Julia Kristeva praktiziert wird. (Überblick in Broich/Pfister 1985, Holthuis 1993, Ogasawara 1996) Berücksichtigung finden müssen sonach die Bezugsautoren der klassischen Avantgarde mit ihren Texten als auch ihr kulturelles Umfeld. Denn das Geflecht, in dem Jandls *Aus der Fremde* verwoben ist, wäre nur notdürftig beschrieben, blieben die Kontextualisierungen auf literarische Prä-Texte beschränkt. Entscheidend sind für Jandls Sprechoper auch die Diskurse des kulturellen Feldes zu Beginn des 20. Jahrhunderts, mit denen sich die klassische Avantgarde auseinandersetzte – Jandls *Aus der Fremde* als Permutation einer kulturellen Landschaft, ein Text, der auf das kulturelle Feld der literarischen Moderne rekurriert: „Die Autoren der ‚Wiener Gruppe' hatten nach dem Ende der kulturellen Isolation durch den Faschismus als erste die historischen Avantgardebewegungen wiederentdeckt und mit nahezu philologischer Akribie durchforscht, hatten Gertrude Stein, die Dadaisten und Surrealisten, die radikalen Expressionisten und Kurt Schwitters als entscheidende Anreger neuer Literatur- und Theaterformen entdeckt". (Schlichting 1981, 275) Es soll demnach auch deutlich werden, inwiefern Jandls Sprechoper kulturwissenschaftlich dekodierbar ist.

*

Nach dem Umbruch von 1945 begann sich nicht nur Jandls Lyrikproduktion zu entfalten, er erprobte sich auch an theatralischen Formen: *egmont ein stück; lawinenspiel; vier leute. ein landwirtschaftliches stück; auf dem schiff. ein stück; FATTSA; szenen aus dem wirklichen leben; gesten: ein spiel; der raum. szenisches gedicht für beleuchter und tontechniker; parasitäres stück* (vgl. GW 3, 183–235) – was fehlte, war Mitte der 1970er Jahre der Schritt hin zu einem abendfüllenden Bühnenstück. Anfang März 1976 schloß Jandl auf Drängen seines Freundes Otto Breicha mit dem „steirischen herbst" einen Vertrag, durch den er sich verpflichtete, innerhalb der nächsten drei Jahre ein abendfüllendes Stück zu schreiben. Unmittelbar darauf wurde ihm vom künstlerischen Leiter des Schauspielhauses, Rainer Hauer, angetragen, bereits für den bevorstehenden „steirischen herbst" einen Einakter zu liefern. Es entstand das Vier-Personen-Stück *die humanisten*, das am 26. Oktober 1976 unter der Regie von Peter Lotschak auf der Probebühne des Grazer Schauspielhauses uraufgeführt wurde. Erst zweieinhalb Jahre nach dem ursprünglichen Vertragsabschluß, in der zweiten Jahreshälfte 1978, schrieb Jandl nach mehreren erfolglosen Ansätzen und dem Gedanken daran, vom Vertrag zurückzutreten, das Drei-Personen-Stück *Aus der Fremde. Sprechoper in 7 Szenen* und sandte es am 24. Dezember an Rainer Hauer und an seinen Theaterverlag Kiepenheuer & Witsch in Köln. Wenig später schickte er dem Text ein von ihm besprochenes Tonband nach. Zum ersten Mal öffentlich präsentiert wurde das Stück als Leseaufführung am 20. Mai 1979 auf dem Berliner Stückemarkt, inklusive Diskussion mit dem Autor, im Rahmenprogramm des dortigen Theatertreffens. *Aus der Fremde* hatte am 28. September 1979 auf der Probebühne des Schauspielhauses in Graz Premiere. Regie führte Rainer Hauer, es spielten Kurt Hradek, Brigitte Antonius und Daniel Reinhard. (Vgl. GW 3, 350f.; Siblewski 2000, 166–171) Zeitgleich erschien *Aus der Fremde* in Nr. 65 der Zeitschrift *Manuskripte* und in der Novembernummer 1979 von *Theater heute*. (Vgl. GW 3, 732) Weitaus mehr beachtet als die Uraufführung in Graz wurde indes die Inszenierung von Ellen Hammer im Februar 1980 an der Schaubühne Berlin, ihre erste Regiearbeit. Peter Fitz spielte die Hauptperson: „Qualen als Motor durchgedrehter Uhrwerke". (Skasa 1980, 6) Fitz hatte dafür „heftige" Gebärden und Intonationen – „ein scharfes Krümmen beim hastigen Essen", das „Insichverschrauben vor Empörung" und „ständig ein Wetzen und Schaben der bestrumpften Füße aneinander"; „Fitz heult und knirscht und jagt über Kaskaden, zerbröckelt unter seinem Jammer". (Ebd.)

Mit dieser deutschen Erstaufführung war Ellen Hammer, so das einhellige Urteil der Kritik, eine ausnehmend starke und haften bleibende Inszenierung gelungen. (Übersicht der Rezensionen in Pfoser-Schewig 1985, 179) Das Stück wurde von den *Theater heute*-Kritikern zum „Stück der Saison" gewählt. (Vgl. Hammer 1980, 44) Jandl erhielt für *Aus der Fremde* im Juni 1980 den Mühlheimer Dramatikerpreis, wofür er sich mit den folgenden Versen bedankte: „um ein stück zu schreiben / habe ich nichts / eine ganze sprache / ein ganzes leben / ein ganzes denken / ein ganzes erinnern / um ein stück zu schreiben / habe ich nichts". (GW 3, 356) Zuvor hatte er sich dagegen gewehrt, den Inhalt der Sprechoper ausschließlich mit seiner eigenen Person und seinen eigenen Lebensumständen in Verbindung zu bringen, und er hatte dazu eigens ein Papier verfaßt, das er im Programmheft der Schaubühnen-Inszenierung mit dem Titel *Autobiographie und Literatur mit autobiographischen Zügen* drucken ließ. (Vgl. ebd., 353) Darin postuliert Jandl, daß der Schreiber von letzterem „Inhalte seines eigenen Lebens – Inhalte im weitesten Sinn" benützt, „um daraus, allein oder gemischt mit anderem, das nicht zuerst Inhalt des eigenen Lebens ist, etwas grundsätzlich anderes zu machen als etwas, das primär das eigene vergangene Leben für den Schreibenden selbst und die anderen gegenwärtig und haltbar macht". (Ebd.) Jandl gesteht ein, daß *Aus der Fremde* autobiographische Züge enthält, das offensichtliche Durchschimmern von Friederike Mayröcker in der Figur *sie* und von Ernst Jandl in der Figur *er*: eine Art Wasserzeichen dieses Stücks. Nur: Es erfolge „nie ein Längsschnitt, als das Zeigen von Veränderung durch Zeit hindurch", sondern „bloß ein einziger Schnitt quer durch, eine einzige vorübergehende Situation". (Ebd., 354) Jandl betreibt ein Vexierspiel. Es geht ihm nicht um die Rekonstruktion biographischer Einwirkungen. Durch den Text vibriert nur bei oberflächlicher Lektüre Autobiographie. Jandls Clou besteht darin, Diskurse der Avantgarde aufzugreifen, sie zu zerstreuen, letztendlich auch zu zertrümmern.

Die Demontage des Gesamtkunstwerks

1918 hatte der Maler und Dichter Kurt Schwitters beim Chefrezitator des *Sturm*, Rudolf Blümner, Privatunterricht genommen, war mit *Sturm*-Künstlern und Dada-Aktivisten aufgetreten. In Artistik und Schockwirkung des Vortrags folgte er seinen Freunden Blümner und Raoul Hausmann, pflegte dazu seine Hannoversche Artikulationstechnik und entflammte sein Publikum durch Triebkraft, Musikalität und Brillanz. (Vgl. LW 4, 8) Schwitters schrieb Bühnenanweisungen für ein hochsensitives aktives Publikum und verfaßte Miniszenen (ebd., 22–24); seine kleinen dramatischen Arbeiten sind als Studien zu seiner Merzbühnenkunst anzusehen – Schwitters wollte das Gesamtkunstwerk, was er ertragreich theoretisch ausbreitete, zum Beispiel in Gestalt der *Erklärungen meiner Forderungen zur Merzbühne*, die als Anleitung zur radikalen Anwendung aller möglichen Theatermittel angesehen werden können:

> Man setze riesenhafte Flächen, erfasse sie bis zur gedachten Unendlichkeit, bemäntele sie mit Farbe, verschiebe sie drohend und zerwölbe ihre glatte Schamigkeit. Man zerknicke und turbuliere endliche Teile und krumme löchernde Teile des Nichts unendlich zusammen. Glättende Flächen überkleben. [etc.] (Ebd., 9)

Schwitters' Merzbühne fügt sich in den kulturhistorischen Zusammenhang seiner Zeit. Die Zeitgenossenschaft mit einer Vielfalt von Bühnentheorien in Manifesten und Pamphleten ist evident, erinnert sei nur an die Theatermanifeste der Futuristen um 1910, an deren antipsychologisches, mechanisches, abstraktes, simultanes Theater (vgl. ebd., 11), und an Kandinskys *Gelben Klang*, „destinées à plonger le spectateur (dont la collaboration est exigée) dans un œuvre d'art totale, fondée sur la mise en œuvre de divers éléments scéniques non hiérarchisés", „une combinatoire complexe, imaginée par un seul artiste, à la fois auteur du texte, peintre des décors, compositeur et metteur en scène". (ÜT, 53) Das penetrant Inszenatorische, das ein Merkmal eines Theaters der

Kunstsynthesen bis heute darstellt, wurde damals mobilisiert. Schwitters bezog sich mit seinem Merzbühnenkonzept auf zeitgemäße Einfälle, im einzelnen auf die *Sturm*-Bühne, die elektromechanische Schau von El Lissitzky und das „Totaltheater" von Lászlò Moholy-Nagy, am Rande auch auf das mechanische Theater von Vilmos Huszár und auf den Maschinenkult des russischen Theaters. (Vgl. LW 4, 11) Schwitters empfand seine Theorie als Ausdruck zeitgenössischer Ideen. (Vgl. ebd., 12) Er schreibt *an alle Bühnen der Welt*: „Ich fordere die Merzbühne. Ich fordere die restlose Zusammenfassung aller künstlerischen Kräfte zur Erlangung des Gesamtkunstwerkes." (LW 5, 39) Dabei ist davon auszugehen, daß Schwitters nicht an eine Realisierung der Merzbühne dachte; vielmehr wollte er mit ihr das konventionelle Theater und die Theaterreformen seiner Zeit in Frage stellen: Der Text *An alle Bühnen der Welt* beschreibt nicht die Merzbühne, er ist sie. (Vgl. Grawe 1993, 75) Schwitters greift mit der Merzbühne den theaterreformistischen Diskurs der Avantgarde auf und führt ihn ad absurdum. Und Ernst Jandl entstellt diese Deutung in seiner Sprechoper *Aus der Fremde* zur Kenntlichkeit.

Aus der Fremde spielt in einem großen, eher kahl wirkenden Zimmer in einem Mietshaus von 1910. (Vgl. AF, 7) Jandl plaziert das Stück bereits im Bühnenbild auch im kulturellen Kontext der literarischen Avantgarde, und das heißt auch in demjenigen von Kurt Schwitters und dessen Merzbühnentheorie. (Daß Jandl selbst in einem Mietshaus von zirka 1910 wohnte, ist nur ein weiterer Hinweis auf die Doppel- und Mehrfachcodierungen des Stückes.) Kaum zufällig hat Jandl außerdem sein Stück als „Sprechoper" etikettiert. Gerade zu Beginn des 20. Jahrhunderts ist die Idee von der Oper als Gesamtkunstwerk im Sinne von Richard Wagners modernem Musikdrama präsent, was den oben geschilderten avantgardistischen Theater-Diskurs zweifelsohne mitbeeinflußte. Jandl hingegen demontiert dies in *Aus der Fremde*, indem er nachgewiesenermaßen barocke Opernkunst reflektiert (vgl. Plachta 2001) – bereits bei den *humanisten* hatte er aufs Gesamtkunstwerk „gepfiffen" (vgl. GW 3, 346). Und so findet sich die Inspiration, die Schwitters hier für Jandl war, denn auch in diesem Zusammenhang: Der Sprechoper ist jener bühnenreformistische Diskurs eingeschrieben, der chiffriert und „Schwitters-like" entstellt wird. Die Sprechweise, heißt es darin anfangs, unterscheide sich „von jeder gewohnten Bühnendiktion" (AF, 5); so daß sich die Stimmen mehr oder weniger an der Grenze zum Singen bewegen, ohne Gesang tatsächlich zu erreichen, wobei die dreizeiligen Zeilen-Gruppen für das Sprechen und innerhalb dieser die Einzelzeilen rhythmische Einheiten bilden. (Vgl. ebd.) Jandl „legt bei der Gattungsfestlegung seines Theaterstücks als ‚Sprechoper' die Betonung auf den ersten Bestandteil des Wortes und distanziert sich mit dieser Reduktion von der Oper als Gesamtkunstwerk, obwohl er zahlreiche ihrer Elemente in seinen Text ‚importiert' hat". (Plachta 2001, 211)

Jandl hat bühnenkonzeptionelles Wissen bereits in den der Sprechoper vorangegangenen Stücken eingebettet, wenn er die einzelnen Elemente einer Total-Theater-Inszenierung aufteilt und damit jeweils für sich genommen in einzelnen Texten experimentiert. Er hat in seinen frühen Stücken geprüft, was im Instrumentarium des Theaters beiseite gelassen werden kann, welche Einzelheiten ausreichen, um ein Stück zu produzieren. (Vgl. Sauder 2000, 95f.) In *gesten* wirken die spielenden Personen lediglich als Textträger. Die Texte sind an den Personen angebracht: „das spiel umfaßt 8 texte. jeder text besteht aus dem sichtbaren 5-maligen gleichzeitigen vorhandensein eines einzigen wortes, das, als kolonne angeordnet, einen rechteckigen block bildet." (GW 3, 216) Am Oberkörper zeigen die Personen je ein Wort, der erste und letzte Buchstabe ist auf den Oberarmen zu lesen, so daß beim Anheben der Arme mittels Abtrennen zweier Buchstaben ein neues Wort entsteht. Da dasselbe Wort als Block fünfmal erkennbar ist, wird allein das oberste durch Spreizen der Arme umgewandelt. Durch Wedeln der Arme kommt es zu einer weiteren Version des „verkörperten" Textes: „Gerade dieses Stück demonstriert besonders augenfällig, wie konsequent Jandl seine Zerlegung des Theaterstücks in die einzelnen Elemente seiner Bühnenrealisierung treiben kann." (Sauder 2000, 99) In *der raum* realisieren ausschließlich ein Beleuchter und ein Tontechniker ein „szenisches Gedicht":

lichtsprühen hell sehr hell
bis gegen decke und wände
langsam weniger dicht
bis in fernste winkel
rasch weniger dicht
sprühreste dicht
sprühreste bis
versprüht

zischen *scharf sehr scharf*
bis gegen decke und wände
langsam weniger dicht
bis in fernste winkel
rasch weniger dicht
zischrest bis
verzischt (GW 3, 226)

Im *parasitären stück*, das im Anschluß an ein klassisches Sprechstück seine Aufführung finden soll – der Beginn ist vom Ende des vorangegangenen klassischen Sprechstücks durch eine Pause getrennt (vgl. ebd., 234) –, wird alles des in den letzten zehn oder weniger Minuten des Bezugsstücks Gesprochenen durch „mit heraushängender zunge unter einhaltung der zeitdauer des gesprochenen ausdruckslos gelalltes" ersetzt; „das bei diesem lallen entstehende stereotype geräusch ist in rhythmus und klang am ehesten mit einer reihe in einem einzigen exhalationsstrom hervorgestoßener rasch aufeinander folgender kurzer l-laute (l-l-l-l-l) vergleichbar." (Ebd., 235) Jandl nähert sich damit einer Dekonstruktion avant la lettre an (vgl. Sauder 2000, 99), indem er das vorangegangene klassische Bezugs-Sprechstück im Nachhinein „zerstören" will, „was vom Theater ein größeres Maß an Selbstlosigkeit fordert, als gemeinhin zu erwarten". (GW 3, 344) In den *humanisten* tritt er wiederum den rückwärts gewandten Weg an, indem dieses Stück aus sichtbaren Sprechern und hörbarem Gesprochenen und überdies aus den sichtbaren Bewegungen der sich hörbar machenden Sprecher nebst einem „nach Tunlichkeit von Christian Ludwig Attersee herzustellenden Hintergrundprospekts" und aus sonst nichts besteht. (Ebd., 346)

Und nun: In *Aus der Fremde*, dem Endpunkt seiner Bühnenerprobung, seinem ersten und einzigen abendfüllenden Stück, verschwistert Jandl die einzelnen Theater-Elemente in Gänze. Erst die Sprechoper bildet die „beglückende" Synthese der auseinandergenommenen Elemente, die zusammen „das Theater" bilden. (Hammer 1990, 160) Es gibt ein Bühnenbild, Requisiten, einen Bühnentext, Licht und Ton, Musik in Form von Sprechmelodie und Schauspieler, die miteinander reden, vor allem einen Mann und eine Frau, die Dialoge miteinander führen – auch über Fragen bühnenästhetischer Art: „die bühne / als zuschauerraum / gegen den zuschauerraum"; im Stück erarbeitet *er* dieses Stück, das „völlig neu" sei, „nichts mehr von dem / was sie schon kenne". (AF, 50) In *Merz 4 Banalitäten* (Juli 1923) gibt Kurt Schwitters unter dem Titel *Aus der*

Welt: ,MERZ' ebenfalls einen Dialog wieder, der zwischen ihm, Schwitters, und dem Publikum bestritten wird. Schwitters ruft seine Merzbühne aus: „Ich bin Kurt Schwitters. Ich fordere die Merzbühne!" (LW 5, 153) Schwitters deklariert, daß sich die Merzbühne von allen früheren Bühnendarstellungen unterscheide. (Vgl. ebd., 155) In Jandls *Aus der Fremde* wird ein modernes Theater, wie es sich Schwitters auf der Basis des Theater-Diskurses der Avantgarde vorstellte, angedeutet, aber nicht als tatsächliches Total-Theater realisiert. Daß die Figur *er* indes über ein „neues Theater" nachdenkt, in dem der eigentümliche Sprachgebrauch des Konjunktivs (vgl. Abraham 1982, Krämer 1982, Guntermann 1987, Schmidt-Dengler 1999) betont wird, der „zur objektivierung / im sinne der zerstörung von illusion" beiträgt, um „das spiel auf der bühne / durch eine art von erzählen zu ersetzen" (AF, 63), und daß dieser Gedanke durch den Text als „immanente Selbstinterpretation" (Schlichting 1981, 278) umgesetzt wird, weist darauf hin, daß Jandl mit seiner Sprechoper den Diskurs, in dem sich Schwitters' Merzbühnentheorie bewegt, verschlüsselt aufgreift und – mit sehr viel Witz – zur Sprech- und Sprach-Inszenierung deformiert. Jandl äußert sich denn auch über *Voraussetzungen, Beispiele und Ziele einer poetischen Arbeitsweise* wie folgt:

> Tradition, so gesehen, ist etwas Lebendiges, und in steter Bewegung; etwas, in dem sich vieles gleichzeitig bewegt, zusammenläuft, oder sich trennt, zu immer neuen Mustern. Tradition besteht aus Traditionen.
>
> Tradition ist das Dauernde, in dem die Traditionen auftauchen und verschwinden – alles, was traditionsbildende Kraft hat, ist schon dadurch als Teil der Tradition gekennzeichnet […]. (GW 3, 489)

Der Künstler und die Zeitkrankheit

Die Rezeption von Kurt Schwitters durch Ernst Jandl ist – was dessen Lyrik betrifft – hinlänglich belegt. (Vgl. u.a. Kurz 1993; Schaub 2000; zur Rezeptions- und Wirkungsgeschichte von Kurt Schwitters vgl. Hereth 1996) Jandl hat immer wieder Lautgedichte des Merzkünstlers vorgetragen (vgl. Schaub 2000, 315; ÖM, 27f., 75f.) und ihn auch was das Drama anbelangt als Eingebungsquelle angesehen. (Vgl. ÖM, 71f.) Ernst Jandl „liebte" die Texte der Avantgarde im Allgemeinen und von Kurt Schwitters im Besonderen. (GW 3, 620)

Sich überlappend, doch unverschränkt liegen Jandl und Schwitters nebeneinander. Auf der textlichen Relaisebene finden wir bei Schwitters beispielsweise eine ‚groteske' Oper, den *Zusammenstoß* von 1927. (Vgl. LW 4, 33–84) Und: *Es kommt drauf an. Lustspiel in vier Aufzügen*, entstanden zwischen 1927 und 1930. (Vgl. ebd., 157–213) Darin rechnet er mit dem Künstlerbild des Biedermeier, der Neuromantik und der Moderne ab: „Vom traditionellen Bild des verkannten Künstlers, der in der Dachstubenidylle lebt, bis zum expressionistischen Kraftgenie und Ideenkünstler werden alle Künstlerbilder parodiert." (Ebd., 17) Damit greift Schwitters ein Thema auf, das wiederum in den Schriften der Avantgarde debattiert worden ist. Der Dichter Hugo Ball z.B. beschäftigte sich in *Der Revoluzzer*, einer sozialistischen Zeitung im Umfeld der syndikalistischen Arbeiterbewegung von Fritz Brupbacher, genauer: in dem Beitrag *Die junge Literatur in Deutschland* vom 14. August 1915 mit dem Schriftsteller- beziehungsweise Künstlertypus, wie er ihn wahrnahm; nachdenklich erfaßt er dessen gesellschaftliche Situation:

> Der junge Literat bürgerlicher Herkunft findet heute keinen Boden und kein Publikum mehr. Irgendwie empfindet er in Lebensfragen realer, radikaler denn je. Irgendwie gerät er dadurch mit der Kriminalität in Konflikt. Irgendwie fühlt er sich ohne Schutz und Subsistenz. Er vertreibt sich die Zeit mit Psychoanalyse und neigt zur Hochstapelei. Er stänkert in 20 Berufen und zieht sich zurück, um überhaupt zu verzichten. (KUZ, 34)

Wenig später hat Ball in der Zürcher Spiegelgasse den sogenannten Dadaismus als dessen maßgeblicher Präzeptor begründet. Er versah seine *Verse ohne Worte* – nach Scheerbarts *Kikakoku! Ekoralaps!* und Morgensterns *Das große Lalula* die ersten Lautgedichte – mit einer Poetik und trug damit in entscheidender Weise zur Fortführung der literarischen Avantgarde nach 1910 bei. Ball gilt als einer der wichtigsten kulturkritischen Vertreter der Moderne; er hat sich 1914 ebenfalls am bühnenreformistischen Diskurs beteiligt. In der Theaterzeitschrift *Phöbus* beleuchtete er in Heft 2 vom Mai 1914 das Münchener Künstlertheater, bei dem etwas „produktiv Neues" versucht werden sollte, „nicht mehr eine Reform, sondern ein Bruch mit der Tradition". (MM, 361) Ball dachte an eine künstlerische Experimentierbühne, an ein „Theater der Neuen Kunst": Es handelte sich nicht mehr um eine Reform „der Dekoration und des Bühnenraums", sondern um „Neuschöpfung", es handelte sich um eine „neue Form des ganzen dramatisch-szenischen, des theatralischen Ausdrucks", es handelte sich darum, „ein Repertoire aufzustellen, das zugleich in die Zukunft und in die

Vergangenheit wies, Stücke zu finden, die nicht nur ‚Dramen' wären, sondern den *Geburtsgrund* alles dramatischen Lebens darstellten und sich so aus der Wurzel heraus zugleich in Tanz, Farbe, Mimus, Musik und Wort entlüden". (Ebd., 362) Der Passus liest sich in Ansätzen wie eine Vorwegnahme von Jandls Sprechoper, in der der Schriftsteller von einem „direkte[n] sichtbaren zeigen" von Dingen spricht, von denen erzählt werde, von einem „vorführen" und „umgehen" mit ihnen, wofür allein ein einziger Anlaß bestehe, nämlich: das Theater „als anlaß für dieses umgehen". (AF, 64)

Als Jandl anfing, sich mit reinen Lautgedichten zu beschäftigen, tat er dies in Bezugnahme auf Hugo Ball. (Vgl. ÖM, 28) In seiner Sprechoper greift Jandl nicht allein den Theaterdiskurs der klassischen Avantgarde auf, der sich sowohl bei Ball als auch bei Schwitters zeigt; er reinszeniert auch die Debatte um ein Künstlerbild, wie sie Hugo Ball betrieb. Im Essay *Der Künstler und die Zeitkrankheit* (November/Dezember 1926) für die katholische Monatsschrift *Hochland* kam Ball Mitte der 1920er Jahre auf das zurück, was er in seinem *Revoluzzer*-Beitrag 1914 angedacht hatte. Ball diagnostizierte eine hohe Einschätzung der Kunst „im schroffsten Gegensatz" zur Geltung der Person des Künstlers (vgl. KUZ 107):

> Fragt man die Künstler, woran sie leiden, so kann man immer wieder dasselbe hören. Sie haben keine Beziehung mehr zur Wirklichkeit. Das Band, das sie in früheren Zeiten mit der Gesellschaft einigte, ist zerrissen. Es ist keine Tragfähigkeit, kein Anknüpfungspunkt mehr vorhanden. (Ebd., 108)

Finster zeichnet Ball ein Bild vom Künstler, das Jandl auch in *Aus der Fremde* malt. Jandls Schriftsteller *er*, zirka 50 Jahre, kurzes, schütteres Haar, faltiges Gesicht, Brille, saloppe Kleidung, Kettenraucher (vgl. AF, 5), spricht bereits in der ersten Szene von „seiner Angst" (ebd., 14) und von Selbstmord (vgl. ebd., 16). Als er einmal das Haus verläßt, empfindet er die Welt außerhalb seiner Wohnung als Fremde (vgl. Koch 1989): Das „düstere" Treppenhaus zeige ihm, daß er fremd sei; mit „trüben" Fenstern belauere ihn der „enge" Innenhof; „dunkles gewölbe" scheuche ihn ans Tor; aus dem „gefängnis des hauses" trete er „ins gefängnis der straße": „drohend folgten ihm / die fassaden / der bourgeoisie". (AF, 32f.) Auch Jandls *er* ist die Beziehung zur Welt abhanden gekommen. *er* leidet an der Zeitkrankheit, wie sie Hugo Ball debattierte. Sein Leiden findet jedoch im Kontext von Alltagshandlungen statt. Die intertextuellen Einschreibungen dieser Textstelle geben eine Debatte ums Künstlerbild zwar preis, transformieren sie aber zugleich für die Gegenwart. Jandls Schriftsteller kann als Nachfahre von Balls zeitkrankem Künstler gelesen werden, der nicht mehr emphatisch und genial ist. (Vgl. Gamper 1981, 124) Ist Jandls Schriftsteller also eine Künstler-Allusion der Avantgarde eingeschrieben, so wird zugleich die Auseinandersetzung mit der Situation des Künstlers zur Kulturkritik der Gegenwart gewendet: „aufgefressen" würden „tage und tage" von den Anfragen anderer, daß er „nicht längst erstickt sei / an briefen / ihm ins maul gestopft", daß „nicht längst sein hirn geplatzt sei / schnatternder gifte voll / eingeflößt ins ohr per telefon" und „er sich zerren lasse / ans drängende publikum / die wollten ihren autor sehen". (AF, 86)

Schon in *die humanisten* hat sich Jandl der Kulturkritik zugewandt; darin geht es vor allem um die Auseinandersetzung mit den repräsentativen und konservativen österreichischen Kulturinstitutionen. (Vgl. Sauder 1983, 449) Die Hauptpersonen, Universitätsprofessor *m1* und Künstler *m2*, treten als Kunstbewahrer auf, die „modenliteraturen" für „kulturen*schanden*" erachten. (GW 3, 247) Sie werden am Ende erschossen. Jandl destruiert auf diese Weise die Gegner von – künstlerischer – Modernität. Die polemische Wucht, mit der Jandl in seinem Einakter die „humanistische" Trivialvorstellung vom visionären Dichter zerlegt, ist jedoch weniger radikal als die Artistik des Mißlingens in seiner Sprechoper. (Vgl. Wagner 1996, 66) Sie kommt den Realitäten des Poetenlebens näher als manch anderes Künstlerdrama: „Jandls Schriftstellerfigur ist weder mit den gängigen Stigmata des Künstlers behaftet noch muß sie ihre Plausibilität durch Herabsetzung ins Banale gewinnen. Die Alltäglichkeit und die notwendige Qual des Schreibens wurde bislang kaum mit derartiger Präzision in Szene gesetzt." (Schlichting 1981, 280) In Jandls *Aus der Fremde* wird die typische Situation des freien Künstlers, des jeder Bindung an Familie und Arbeitgeber Ledigen, vorgeführt (vgl. Skasa 1979, 29) – ein Gedanke, den Jandl nicht nur literarisch von der Avantgarde in seine Zeit hinüberträgt, sondern auch in essayistischer Form.

In der *Neuen Rundschau* äußerte er sich *Zur Problematik des freien Schriftstellers* und plädierte für eine Doppelexistenz. Das Schreiben solle neben einem Beruf, mit dem man Geld verdiene, ausgeübt werden. (Vgl. PS, 55) Nur der Beruf gebe dem Schriftsteller jene Existenzgrundlage, die er sich durch sein Schreiben nicht verdienen dürfe. (Vgl. ebd., 57) Jandl bezieht sich auf ein Buch über *Alte Schriftsteller in der Bundesrepublik*, in dessen Aussagen sich ein „erschreckendes Bild von der Armut, Abhängigkeit und Hoffnungslosigkeit in den Reihen altgewordener Schriftsteller, Berufsschriftsteller" ergebe. (Ebd., 64) Als literarische Reaktion auf seinen Essay lagerte Jandl einige Jahre später seine Auffassungen von der problematischen poetischen Lebensführung in der Sprechoper ein und trägt dem auch als Gattungszitat Rechnung. Schon die Künstlerdramen des 19. Jahrhunderts mühten sich, den schöpferischen Prozeß abzubilden; allerdings bezeichnet Jandls Stück als Künstlerdrama „einen Endpunkt bürgerlicher Geschichte, in der, seit der Aufklärung, der Künstler nie eine andere als problematische Stellung einnahm". (Gamper 1981, 129; zur Analyse der dramatischen Struktur vgl. Cadonna 1985) Denn Jandl unterläuft und ironisiert diesen Kontext, indem er die Rolle des Künstlers der Lächerlichkeit aussetzt. Er verklammert den Mythos, das Ur-Bild vom freien Künstler mit alltäglichen, privaten, rituellen, unfreiwillig komisch wirkenden Handlungen: „an der decke / suche er nach der markierung / für das fuß-ende"; „nicht ins gesicht / wolle er bekommen / den fußpilz" (AF, 25) – Jandls *Aus der Fremde*, ein Alltagsdrama.

Das Ritual der Redundanz

Drama und Theater bilden gesellschaftliche Ausdrucksformen, in denen kulturspezifische Auffassungen und Handlungsweisen dargestellt und interpretiert, übertrieben und verändert werden. Aufgrund ihrer Partizipation an der theaterübergreifenden, sozialen Inszenierungskultur weisen sie über Text- und Bühnengrenzen hinaus (vgl. Bachmann-Medick 1998, 98); mitentscheidend ist, daß literarische Texte Kultur nicht einfach abbilden, sondern „über einen Prozeß der Symbolisierung und Neukodierung oftmals erst herausbilden oder eigenwillig verändern". (Ebd., 99) Ein kultureller Zusammenhang wird oftmals an Ritualen sichtbar; sie weisen im Alltagsleben „sakrale" Zwischenzeiten aus, was in Anlehnung an Victor Turner für die Theater-Analyse fruchtbar gemacht werden kann. (Vgl. Turner 1989, s. auch Braungart 1996) So läßt sich Jandls Sprechoper *Aus der Fremde* als ein Drama interpretieren, das in seiner Handlungsstruktur alltägliche Ritualabläufe repräsentiert. Liminale Erfahrungen, Existenzunsicherheiten, werden durch Ablenkungsrituale, „ablenkungsmanöver" (AF, 46), kompensiert. Jandls Schriftstellerfigur sichtet die Tagespost und verfährt dabei auffällig nach einem Muster: „zugeklebtes und verschnürtes" sei als Erstes zu öffnen; Drucksachen würden „vorerst / zur seite geschoben"; Reklame komme „zerrissen" in den Papierkorb; ebenso „politische propaganda";

Briefe werden überflogen und konserviert, zerrissen oder „für genaueres studium beiseitegelegt". (Ebd., 37f.) Auch das Zu-Bett-Gehen entpuppt sich als signifikantes Ritual: Wecker-Stellen auf acht Uhr, Mineralwasser-Bereitstellen, Schlaftablette-Schlucken, Bettzeug-Holen und Bettzeug-Ausbreiten, Bettlicht-An- und Hauptlicht-Ausknipsen, Zähneputzen, letzte Zigarette, Bettlicht-Löschen, Augen-Schließen. (Vgl. ebd., 25–27 sowie 104–107) Jandl erzählt von „Sprech- und Verhaltensritualen" (Gamper 1981, 123), von „ritualisierten täglichen Überlebensstrategien" (Karasek 1980, 214), und führt damit ein kulturelles Muster vor Augen, wodurch indirekt wiederum auf die Avantgarde angespielt wird, und zwar: auf das Ideal der Redundanz, das typisch für Jandls wichtigstes literarisches Vorbild, Gertrude Stein, gewesen ist. (Vgl. Sabin 1996, 96) Jandl verehrte die „godmother" der modernen Literatur, besonders was ihr Theater anbelangt:

> Denn um es ganz zu wissen, müssen Sie auch wissen, daß Gertrude Stein es war, die die Strukturelemente des Dramas, wie *Akt* und *Szene* aus dem Drama einfach herausnahm, um sie in jeder Art von Text zu verwenden, wenn dadurch eine Strukturierung zu erreichen war, ohne daß dabei irgend etwas wie ein Drama herauskommen mußte. Das habe ich von ihr gelernt, immer muß man für die eigene Sache lernen, wo es zu lernen gibt [...]. (ÖM, 70)

Jandl folgte ihr nicht nur im Prinzip der Aufspaltung einzelner Theaterelemente – z.B. mit *mal franz mal anna (drama)* (vgl. ebd., 71); er nahm sich Gertrude Steins Erzählen, das sich in unendlichen Wiederholungen und Variationen des Gleichen entwickelt (vgl. Sabin 1996, 130), zum Vorbild, „neue Methoden zu dichten zu ersinnen, nach denen neuartige Gebilde aus Sprache erzeugt werden können": „So wurde, für die eigene Arbeit, nutzbar gemacht was bisher unbekannt gewesen, oder wenn bekannt, umgangen worden war." (GW 3, 447)

Wie die Leser von Gertrude Stein deren Texte rezipieren müssen, indem sie die darin enthaltenen sprachlichen Puzzles zusammenfügen (vgl. Sabin 1996, 131), so müssen die Leser beziehungsweise Zuschauer von Ernst Jandls Sprechoper die Redundanz-Einschreibungen des Stücks aktiv zusammensuchen. Die Komplementarität des „ereignislosen" Geschehens ist bei Jandl „durch das strikte Reglement von Sprache und Aktion, durch manische Sprech- und Vollzugszwänge in einer neuen Perspektive auf Alltäglichkeit entworfen". (Schlichting 1981, 277) Jandls Sprechoper bildet mit dem Alltagszeremoniellen, das darin beschrieben wird, mit den auffallenden Wiederholungszwängen der Schriftstellerfigur *er* eine Postdramatisierung von Gertrude Steins Dichtung:

> Reader I wish you to understand how to speak and return every day. If anybody returns every day we don't want to hear them.
> Reader I wish you to understand how to speak and return every day. If every one returns every day we do want to hear them. (OP, 126)

Indem Jandl sein Stück als „alltagsdreck" konstruiert und diesen als „chronik der laufenden / ereignislosigkeit" (AF, 60) anlegt, wandelt er Steins Redundanz-Topos – und damit einen Topos der klassischen Avantgarde – zum Handlungs-Schema seines Figureninventars. Jandls Figuren handeln redundant. Eine „zeit ohne rückblick" (ebd., 68) erscheint als bloße Abfolge und Repetition, das Heute nur als Wiederholung des Gestern (vgl. Wagner 1996, 67), bearbeitete Erinnerung: „rückblick nur schreibend / vergangenheit als material". (AF, 68) Das avantgardistische Substrat wird hier im Geiste der Stein-Formel: „My memory does not tell me how and what to remember and so what do I do. I remember everything" (OP, 130) hergestellt.

Nachdem der Dichter Oskar Pastior 1993 Gertrude Steins Szenenfolge REREAD ANOTHER. *A Play To be played indoors or out I wish to be a school* ins Deutsche „übersetzt", d.h. besser: poetisch übertragen hatte (vgl. RA, 50), verfaßte er 2003 anläßlich der Neu-Edition ein Nachwort, das sinnbildlich für viele Dichter steht, die sich in Nachfolge der Avantgarde begreifen:

> Wie etwas zu einem Zeitpunkt in der Luft liegt.
> In der Tat ist jene Landschaft oder Sprechweise oder Sprachwiese immer noch eine Almhütte von Gerüchen, fast ein Chalet. Der gemeine Feldchampignon vor, während und nach dem 1. Weltkrieg schießt darin wie ein Nuss-Puss-Draus-Breughel ins Kraut und hat was ungemein Alltägliches (Staubmantel-Zelluloid-Goldfischiges) […]
> Jalousien aufgemacht beim Zitieren, wieder andere zugemacht beim Zitieren. Wie plötzlich auf und zu und vor und nach völlig jeweils andere Dinge sind als Jacke wie Hose wie Rose wie Chose – nämlich längst keine Möglichkeit, nein, impossibel, nie und nimmer, Repetition in Serie herzustellen (Etui Etui Etui Etui), als gäbe es die Mehrzahl außer der Grammatik

> zu trainieren oder wiederherzustellen als letzte Verletzung oder vorletzte Vernetzung von Strümpfen oder Stümpfen. (Ebd., 48)

Pastior spricht von „Gegensprechanlagen", „aufgefächert und codiert", und von „Koordinatenlöchern im Käse der Jahrhunderte": „all die Unbekannten ersten bis x-ten Grades, Cousinen des Fernamtes, Vettern aus der mündlichen Taiga, Kuckuckskinder, Rabensöhne, Stiefenkel der Zugehörigkeit". (Ebd., 48f.) Er nennt eine Auswahl an Eigennamen, „von Gertrude Stein bis Helmut Heißenbüttel, Chlebnikov bis Georges Perec, von Quirinus Kuhlmann über Laurence Sterne, Lewis Carroll und Clemens Brentano, etwa, bis Unica Zürn, H. C. Artmann, Friederike Mayröcker und Reinhard Prießnitz". (Ebd., 49) Ergänzen ließe sich freilich: Ernst Jandl. Dessen „Liebesbeziehung" zur Avantgarde deckt sich mit der von Oskar Pastior. „Codiert und verwestentascht" haben beide diese Tradition; ihre Bezugnahme zur Avantgarde läuft „über den Adapter der Textbegegnung": Den Texten werden die „Spannbreite und linguistische Fallhöhe" in einem „permanenten permutativen Entscheidungsakt" abgenötigt; es kommt so etwas wie „Zeitbett & Genossenschaft am Rande einer Schlaufe auf ..." (Ebd., 49) Pastior resümiert: „Nochmal den Text? Ein anderer." (Ebd., 49) – Ein Ausspruch, der sich als Abschlußwort dieser intertextuellen Lektüre formulieren ließe.

Zusammenfassend: Jandl disponiert in seiner Sprechoper *Aus der Fremde* eine enge Verbindung zur Avantgarde, in deren Tradition er steht und deren Diskurse er fortführt, letztendlich dekonstruiert. Jandl verbindet diese Bezüge mit bühnenkonzeptionellem Wissen („Gesamtkunstwerk", „Total-Theater") und Kulturkritik („Alltagsdrama"), demonstriert seine Einbettung in die (Sprach)-Ästhetik der Moderne. Die poetische Programmatik der Sprechoper weist in exemplarischer Weise auf die Entwicklung der Moderne zurück und antizipiert zugleich symptomatisch „Postmodernes":

> Wenn es die Aufgabe literarischer Neufindungen ist, neue Mittel und Wege für literarische Inhalte zu finden, die sich in ihren herkömmlichen Ausdrucksmitteln verbraucht haben, dann ist Jandls „Sprechoper" ein großes literarisches Experiment par excellence und fixiert einen „angelpunkt avantgardistischer spracharbeit". Gewiß: es formuliert einen Endpunkt, ist in seiner Einzigartigkeit unwiederholbar, und doch überschreitet es gleichzeitig die Grenze, die Grenze, die es markiert – in Richtung einer „postmoder-

> nen" Position, die nicht in der Negation der Tradition verharrt, sondern aus ihr heraus eine eigene frappierende Energie gewinnt, die in der Tat neue Horizonte öffnet und die literarische Bewegung im Fluß hält. (Riha 1992, 284)

Innovativ ist Jandls Umgang mit der Avantgarde. Die Plattensammlung des Diskjockeys Ernst Jandl war stets auf dem neuesten Stand. Er selbst sorgte für den Nachschub wie auch für die neueste Mixtur. *Aus der Fremde* endet mit dem Dreizeiler: „daß er die augen öffne / daß er das bettlicht lösche / daß er die augen schließe". (AF, 107) Kein Ton mehr vom Plattenteller – aber wer die Widerhaken der Jandlschen Transformationskunst im Ohr hat, mag vielleicht froh sein, auf solch leise Art von der Angel gelassen zu werden.

Verwendete Literatur

AF = Ernst Jandl: Aus der Fremde. Sprechoper in 7 Szenen. Darmstadt und Neuwied: Luchterhand 1980.

GW = Ernst Jandl: Gesammelte Werke. Drei Bände. Darmstadt und Neuwied: Luchterhand 1985.

KUZ = Hugo Ball: Der Künstler und die Zeitkrankheit. Ausgewählte Schriften. Hg. und mit einem Nachwort versehen von Hans Burkhard Schlichting. Frankfurt am Main: Suhrkamp 1984 (= st, 1522).

LW = Kurt Schwitters: Das literarische Werk. 5 Bände. Hg. von Friedhelm Lach. Köln: DuMont 1998.

MM = Die Münchner Moderne. Die literarische Szene in der „Kunststadt" um die Jahrhundertwende. Mit 48 Abbildungen. Hg. von Walter Schmitz. Stuttgart: Reclam 1990.

ÖM = Ernst Jandl: Das Öffnen und Schließen des Mundes. Frankfurter Poetik-Vorlesungen. Frankfurt am Main: Luchterhand 1985.

OP = Gertrude Stein: Operas & Plays. Barrytown NY: Station Hill Press 1987.

PS = Ernst Jandl: Zur Problematik des freien Schriftstellers. In: Neue Rundschau 85/1974, S. 54–67.

RA = Gertrude Stein/Oskar Pastior: Reread Another. Nochmal den Text ein anderer. Basel/Weil am Rhein: Urs Engeler Editor 2004.

ÜT = Wassily Kandinsky: Über das Theater. Du théâtre. O Teatpe. Hg. von Jessica Boissel unter Mitwirkung von Jean-Claude Marcadé. Köln: DuMont 1998.

Abraham 1982 = Werner Abraham: Das Konzept der „projektiven Sprache" bei Ernst Jandl. In: Deutsche Vierteljahrsschrift für Literaturwissenschaft und Geistesgeschichte 4/1982, S. 539–558.

Bachmann-Medick 1998 = Doris Bachmann-Medick: Kulturelle Spielräume. Drama und Theater im Licht ethnologischer Ritualforschung. In: Dies. und James Clifford (Hg.): Kultur als Text. Die anthropologische Wende in der Literaturwissenschaft. Frankfurt am Main: Fischer 1998, S. 98–121 (= Kultur & Medien, 12781).

Braungart 1996 = Wolfgang Braungart: Ritual und Literatur. Tübingen: Niemeyer 1996 (= Konzepte der Sprach- und Literaturwissenschaft, 53).

Broich/Pfister 1985 = Intertextualität. Formen, Funktionen, anglistische Fallstudien. Hg. von Ulrich Broich und Manfred Pfister. Unter Mitarbeit von Bernd Schulte-Middelich. Tübingen: Niemeyer 1985 (= Konzepte der Sprach- und Literaturwissenschaft, 35).
Cadonna 1985 = Martin Loew Cadonna: Lösung. Die dramatische Struktur von Ernst Jandls „Aus der Fremde". In: protokolle 2/1985, S. 49–77.
Finter 1982 = Helga Finter: Die soufflierte Stimme. Klang-Theatralik bei Schönberg, Artaud, Jandl, Wilson und anderen. In: Theater heute 1/1982, S. 45–51.
Gamper 1981 = Herbert Gamper: „Da müsse man eben so weitermachen". Zu Ernst Jandls Stück „Aus der Fremde". In: protokolle 1/1981, S. 122–131.
Grawe 1993 = Gabriele Diana Grawe: Merzbühne und Normalbühne Merz. Zum Happeningcharakter der Bühnentheorie von Kurt Schwitters. In: Kurt Schwitters: „Bürger und Idiot". Beiträge zu Werk und Wirkung eines Gesamtkünstlers. Mit unveröffentlichten Briefen an Walter Gropius. Hg. von Gerhard Schaub. Berlin: Fannei & Walz 1993, S. 72–80.
Guntermann 1987 = Georg Guntermann: Ernst Jandl: *Aus der Fremde.* Von der Dramatik des Indirekten und der Kunst des Lebens. In: Deutsche Gegenwartsdramatik. Bd. 2. Zu Theaterstücken von Tankred Dorst, Peter Handke, Botho Strauß, Ernst Jandl, Bodo Kirchhoff. Mit einer Auswahlbibliographie von Christina Helios. Hg. von Lothar Pikulik, Hajo Karzenberger, Georg Guntermann. Göttingen: Vandenhoeck & Ruprecht 1987 (= Kleine Vandenhoeck-Reihe, 1521).
Hammer 1980 = Ellen Hammer: Das Stück der Saison: „Aus der Fremde" von Ernst Jandl. In: Theater 1980. Jahrbuch der Zeitschrift „Theater heute". Hg. von Erhard Friedrich und Henning Rischbieter. Mit Sonderteil zum 20jährigen Bestehen von „Theater heute": Theater 1960–1980. Seelze: Friedrich 1980, S. 44.
Hammer 1990 = Ellen Hammer: Ernst Jandl und sein Theater. In: Ernst Jandl: Texte, Daten, Bilder. Hg. von Klaus Siblewski. Frankfurt am Main: Luchterhand 1990.
Hereth 1996 = Hans-Jürgen Hereth: Die Rezeptions- und Wirkungsgeschichte von Kurt Schwitters, dargestellt anhand seines Gedichts „An Anna Blume". Frankfurt am Main u.a.: Lang 1996 (= Forschungen zur Literatur- und Kulturgeschichte, 53).
Holthuis 1993 = Susanne Holthuis: Intertextualität. Aspekte einer rezeptionsbezogenen Konzeption. Tübingen: Stauffenburg 1993 (= Stauffenburg-Colloquium, 28).
Karasek 1980 = Helmut Karasek: Jandls kategorischer Konjunktiv. In: Der Spiegel Nr. 9 vom 25.2.1980, S. 214f.
Koch 1989 = Roland Koch: Die geliebte Fremde. Zu zwei Theaterstücken der 80er Jahre – Ernst Jandl: *Aus der Fremde,* Botho Strauß: *Die Fremdenführerin.* In: Pluralismus und Postmodernismus. Beiträge zur Literatur- und Kulturgeschichte der 80er Jahre. Hg. von Helmut Kreuzer. Frankfurt am Main u.a.: Lang 1989, S. 117–130 (= Forschungen zur Literatur- und Kulturgeschichte, 25).
Kopfermann 1997 = Thomas Kopfermann: *ein gleiches* von jandl. Arbeit mit „Goethe-Material" bei Ernst Jandl. In: Von der Natur zur Kunst zurück. Neue Beiträge zur Goethe-Forschung. Gotthart Wunberg zum 65. Geburtstag. Hg. von Moritz Baßler, Christoph Brecht und Dirk Neifanger. Tübingen: Niemeyer 1997, S. 235–251.
Krämer 1982 = Peter Krämer: Der unbedingte Konjunktiv. Bemerkungen zu Ernst Jandls Sprechoper *Aus der Fremde.* In: Ernst Jandl Materialienbuch. Hg. von Wendelin Schmidt-Dengler. Darmstadt u.a.: Luchterhand 1982, S. 129–137.
Kurz 1993 = Kuwitters Kinder. Kurt Schwitters' nachhaltige Spuren in der Gegenwartsliteratur am Beispiel von Ernst Jandl und Gerhard Rühm. In: Kurt Schwitters: „Bürger und Idiot". Beiträge zu Werk und Wirkung eines Gesamtkünstlers. Mit unveröffentlichten Briefen an Walter Gropius. Hg. von Gerhard Schaub. Berlin: Fannei & Walz 1993, S. 116–130.
Ogasawara 1996 = Yoshihito Ogasawara: „Literatur zeugt Literatur". Intertextuelle, motiv- und kulturgeschichtliche Studien zu Alfred Döblins Poetik und dem Roman „Berlin Alexanderplatz". Frankfurt am Main u.a.: Lang 1996 (= Europäische Hochschulschriften, 1579).

Pfoser-Schewig 1985 = Für Ernst Jandl. Texte zum 60. Geburtstag. Werkgeschichte. Hg. von Kristina Pfoser-Schewig. Zirkular Sondernummer 6/1985.

Plachta 2001 = Bodo Plachta: „Aus der Fremde". Reflexe barocker Opernkunst in Ernst Jandls Sprechoper. In: „Ach. Neigung zur Fülle ...". Zur Rezeption „barocker" Literatur im Nachkriegsdeutschland. Hg. von Christiane Caemmerer und Walter Delabar. Würzburg: Königshausen & Neumann 2001, S. 199–212.

Riha 1992 = Karl Riha: Seltsame Theater-Verfremdung. Zu Ernst Jandls Sprechoper „Aus der Fremde". In: Deutsches Drama der 80er Jahre. Hg. von Richard Weber. Frankfurt am Main: Suhrkamp 1992, S. 277–286.

Riha 1996 = Karl Riha: Ernst Jandl und Johann Wolfgang Goethe. Der Klassik-Klassiker und unser Klassiker der Moderne. In: Griffel 3/1996, S. 42–44.

Sabin 1996 = Stefana Sabin: Getrude Stein. Reinbek bei Hamburg: Rowohlt 1996.

Sauder 1983 = Gerhard Sauder: Ernst Jandls ‚Stücke' und die Sprechoper „Aus der Fremde". In: Hans-Dietrich Irmscher, Werner Keller: Drama und Theater im 20. Jahrhundert. Festschrift für Walter Hinck. Göttingen: Vandenhoeck & Ruprecht 1983, S. 446–458.

Sauder 2000 = Gerhard Sauder: Ernst Jandl: *Die Humanisten.* In: „stehn JANDL gross hinten drauf". Interpretationen zu Texten Ernst Jandls. Hg. von Michael Vogt. Bielefeld: Aisthesis 2000, S. 95–112.

Schaub 2000 = Gerhard Schaub: „An Schwitters kommt man nicht vorbei". Zur Rezeption des Merzdichters in der Literatur nach 1945. In: Aller Anfang ist Merz – von Kurt Schwitters bis heute. Hg. von Susanne Meyer-Büser und Karin Orchard. Ostfildern-Ruit: Hatje Cantz 2000, S. 310–319.

Schlichting 1981 = Hans Burkhard Schlichting: Jandl, Stückeschreiber. In: spectaculum 34/1981, S. 272–280.

Schmidt-Dengler 1982 = Wendelin Schmidt-Dengler: Humanisten und/oder Terroristen. In: Literatur + Kritik 165, 166/1982, S. 22–30.

Schmidt-Dengler 1999 = Wendelin Schmidt-Dengler: Von der Unverbindlichkeit des Unverbindlichen. Zum Konjunktiv in Ernst Jandls Sprechoper *Aus der Fremde.* In: „Die andere Stimme". Das Fremde in der Kultur der Moderne. Festschrift für Klaus R. Scherpe zum 60. Geburtstag. Hg. von Alexander Honold und Manuel Köppen. Köln u.a.: Böhlau 1999, S. 219–229 (= Literatur-Kultur-Gesellschaft, 13).

Schulz 1988 = Georg-Michael Schulz: Jandls Rilke. In: Deutsche Lyrik nach 1945. Hg. von Dieter Breuer. Frankfurt am Main: Suhrkamp 1988, S. 231–240.

Siblewski 2000 = Klaus Siblewski: a komma punkt. Ernst Jandl. Ein Leben in Texten und Bildern. München: Luchterhand 2000.

Skasa 1979 = Michael Skasa: auf dem bettrand / zu sitzen / sei ihm geglückt. Zu Ernst Jandls Theaterstück „Aus der Fremde". In: Theater heute 11/1979, S. 29f.

Skasa 1980 = Michael Skasa: Die entsetzliche Komik der Schwerarbeit. Jandls „Aus der Fremde" an der Schaubühne. In: Theater heute 4/1980, S. 4–6.

Turner 1989 = Victor W. Turner: Vom Ritual zum Theater. Der Ernst des menschlichen Spiels. Frankfurt am Main/New York: Campus 1989.

Wagner 1996 = Karl Wagner: Porträt des Künstlers als altes Fiasko. Jandls Theater. In: Text + Kritik 129/1996, S. 64–68.

Vom vom zum zum Mayröcker bei Jandl und umgekehrt

Von Klaus Kastberger

in einer Gegenbewegung gottähnlich nämlich als der liebe Mops zur Tür kommt und anklopft
F.M. über E.J.s *ottos mops*

Und warum nicht gleich ‚Kopulation im Auto'?
E.J. über F.M.s *(»Winter-Nachtigall«)*

1. Grammatik der Reduktion: *Aus der Fremde*

Ja, es ist die Wohnung Ernst Jandls in der Wiener Wohllebengasse, die in der einleitenden Szenenanweisung der Sprechoper *Aus der Fremde* in vielen erkennbaren Details beschrieben wird. Man kann eintreten und sich umsehen:

> Großes, eher kahl wirkendes Zimmer in Miethaus, Bauweise um 1910, mit einem gewissen Bürocharakter. Wände einfärbig hellgrau. Nach oben offen; von oben große Kugellampe als Zentrallicht. An der Längswand links eine hohe zweiflügelige Tür A, wovon immer nur der linke Flügel geöffnet wird; sie führt durch einen Vorraum zur Eingangstür in die Wohnung, ebenso zu Klosett, Spülstein und Kühlschrank. In der rechten Wand, zentral, eine Tür B gleicher Größe; sie führt in einen Nebenraum, der – nicht sichtbar – Waschgelegenheit und Bettzeugablage enthält. In der rechten Zimmerecke ein Ölkamin, von diesem ausgehend nach oben dunkle Verfärbung der Wand. Zwischen Tür A und Kamin eine Couch, davor ein niedriges Tischchen, zu beiden Seiten desselben zwei einfache, wenig behaglich wirkende Armstühle. […]
>
> An der linken Wand ein nicht zu hohes Regal mit Büchern, Ordnern, eventuell auch mit einzelnen Gläsern und Flaschen. […] An der rechten Wand, von

Ernst Jandl: Szenenanweisung zur Sprechoper *Aus der Fremde*, „handschrift sei / etwas körperliches / beweglicheres" (Jandl 1999/10, 208)

(in Miethaus,) (Bauweise um 1910,) 1

Szene: großes, eher kahl wirkendes Zimmer, Wände, einfärbig hellgrau, mit einem gewissen Bürocharakter. Nach oben offen; von oben große Kugel~~leucht~~lampe als Zentrallicht. An der Längswand links eine hohe zweiflügelige Tür A, ~~von~~ wovon immer nur der linke Flügel geöffnet wird; sie führt durch einen Vorraum zur Eingangstür in die Wohnung und zum Klosett, zu Spülstein und Kühlschrank. In der rechten Wand, zentral, eine Tür B gleicher Größe; sie führt in einen Nebenraum, der ~~Wasch-gelegenheit, Spülstein, Kühlschrank~~ – nicht sichtbar – ~~enthält~~ Waschgelegenheit enthält. In ~~[illegible]~~ der rechten Zimmerecke ein Ofen/Kamin, von diesem ausgehend nach oben dunkle Verfärbung der Wand. Zwischen Tür A und Kamin eine Couch, davor ein niedriges Tischchen. Zu beiden Seiten derselben zwei einfache, wenig behaglich ~~wirken~~ wirkende Armstühle. ~~An der Wand~~ bis zur Höhe, An der linken Wand ein ~~Ansicht~~ ~~mit~~ Regal mit Büchern, ~~Mappen~~, Ordnern, Einglasern, div. Flaschen. An der

> Tür B bis gegen den Bühnenrand, ein Aktenschrank, ohne Türen, mit Ordnern, Mappen, einigen Nachschlagebüchern (Duden etc.), alles in einem Zustand von mäßiger Geordnetheit.
>
> Vor dem Aktenschrank, Blickrichtung nach links, ein stilloser Warenhausschreibtisch mit schwenkbarer Lampe, Laden an beiden Seiten, übersät mit Büchern, Briefen, Mappen, Zetteln, Schreibzeug, Telefon, kleinem Batteriewecker, Aschenbecher, Zigarettenschachteln, Feuerzeug etc. [...]
>
> Auf Couch und Couchtischchen liegen Bücher, Einzelblätter etc. herum. Beim Fuß- und Kopfende der Couch je eine Leuchte (runde schwarze Bodenplatte, vertikaler Chromstab ca. 150 cm hoch, daran zwei mützenförmige schwenkbare Leuchtkörper).
>
> An geeigneter Stelle, nicht aufdringlich, eine Vase mit frischen Blumen.
>
> In der zum Zuschauerraum hin offenen (nicht vorhandenen) Wand ist seitlich vom Schreibtisch und vom Schreibmaschinentischchen je ein Fenster vorzustellen (nur für Szene 5 relevant).
>
> Der Gesamteindruck ist nicht chaotisch, aber desolat. (Jandl 1997/10, 179f.)

In dem Raum befindet sich „er", ein „Schriftsteller, ca. 50 Jahre, ca. 170 cm groß, sehr kurzes, schütteres Haar, von blond zu grau, Gesicht faltig, Brille, Statur nicht füllig, leicht gebeugt, Kleidung salopp, Sportsakko, dunkler Pullover, graue, ungebügelte Hose; er raucht – als einzige der drei Personen – und zwar unablässig. Gesamteindruck: gedrückt, doch fähig zu plötzlichem Stimmungsumschwung." (Ebd., 178) Auch hier besteht kein Zweifel, um wen es sich handelt: Ernst Jandl selbst.

Auch die als „sie" bezeichnete Figur des Stückes, eine „Schriftstellerin, ca. 50 Jahre, doch unverbraucht, in einer Weise alterslos, ca. 173 cm groß", die in dieser Wohnung am frühen Abend ein und am späten wieder aus geht, hat eine Entsprechung im wirklichen Leben, an der sich nicht viel deuteln läßt: Es ist Friederike Mayröcker, die langjährige Lebensgefährtin Jandls, mit der er sich seit Mitte der 1950er Jahre beinahe täglich getroffen, aber – von einem rasch gescheiterten, frühen Versuch abgesehen – niemals eine Wohnung geteilt hat.

Geboten wird eine Momentaufnahme des Paares aus den späten 1970er Jahren, also zu jenem Zeitpunkt, da *Aus der Fremde* aus einer Schreibkrise heraus und damit gegen, gleichzeitig aber auch mit einer Depression des Autors entstanden ist. In einem erläuternden Text mit dem Titel *Zur „Sprechoper" AUS DER FREMDE*, der sich im Nachlaß des Autors befindet, auf den 4.10.1979 datiert ist und im Zuge der Grazer Uraufführung des Stückes entstanden sein muß (aber erst Monate später im Programmheft der Berliner Aufführung der Schaubühne am Halleschen Ufer erstveröffentlicht wurde), spricht Jandl es unverblümt aus:

> „Aus der Fremde" ist die Darstellung einer Depression, die einen etwa fünfzigjährigen Schriftsteller nahezu vollständig isoliert. Er klammert sich an eine gleichaltrige Kollegin, seine langjährige Freundin, und, weniger heftig, an einen um eine Generation jüngeren Freund. Sein Zustand spiegelt sich in einer Sprache, in der es kein Ich, kein Du und keine bestimmte Aussageweise gibt; an ihre Stelle sind ausschließlich die dritte Person und der Konjunktiv getreten. Die Rede ist eingespannt in Dreiergruppen von Zeilen, die Stimme bewegt sich an der Grenze eines Singens, das den Verlust der Vertrautheit der tragischen Hauptfigur mit sich selbst und der Welt nochmals deutlich markiert. Diese Merkmale zwanghafter Künstlichkeit insgesamt führten zur Bezeichnung „Sprechoper". (NL Ernst Jandl, auch in Jandl 1999/11, 198)

Die extreme Künstlichkeit der Sprechweise, die Jandl den Inszenierungen seines Stückes auch insofern vorgab, als er beim Theaterverlag eine Tonbandkassette hinterlegte, auf der er selbst als Sprecher den Duktus vorgibt, und die extreme Formalisierung der Sprache in Konjunktiv und jeweils dreizeiligen Redeeinheiten steht in einem markanten Kontrast zum profanen Inhalt des Stückes, den der darin vorkommende „schriftsteller" einmal selbst als „alltagsdreck" bezeichnet. In Interpretationen zu *Aus der Fremde* ist auf diesen scharfen Kontrast immer wieder hingewiesen worden. Hierbei ist es einerseits zu einer präzisen Beschreibung der eingeschränkten Modulationsmöglichkeiten der Rede (vgl. Schmidt-Dengler 2001) und andererseits zu einer Darlegung der dramatischen Gesamtstruktur (vgl. Loew-Cadonna 1985) gekommen. Das von Jandl gewählte Verfahren läuft, so wie es der Autor in dem obigen Zitat beschreibt, in beiden Fällen – also sowohl auf der linguistischen als auch auf der makrostrukturellen Ebene – auf eine gewaltige Reduktion hinaus. Ähnlich wie der späte Beckett (vgl. Wagner 1996) beraubt sich Jandl in den Formalisierungen, die er sich wie einen Zwang auferlegt, einer Vielzahl von Möglichkeiten, um ausgehend von den wenigen, die verbleiben, doch noch eine und sei es eine letzte Form möglichen Schreibens zu finden.

Daß die Reduktion, aus der heraus *Aus der Fremde* sich selbst setzt, nicht allein formale Implikationen hat, sondern von Beginn an auch inhaltliche Akzente trägt,

Lieber Herr Jandl!
Habe heute Ihr Paket: siehe
E. Jandl „a.d. Fremde" 3. Szene
S. 20 Vers 67 bekommen u. gleich
zu lesen begonnen. Kam eben
vom „Kostümeinkauf". Habe
ein graues Fischgräten Sakko
Er 1
in der Art wie Sie es in Graz getragen haben, graue Hose
u. ein schwarzes Hemd besorgt. Es ergeht mir genau so wie
Ihnen. Danke nochmals fürs Buch Ihr - Sie - oder auch
Graz, 14.9.79. Ich - seiender - Kurt Hradek

Postkarte vom 14.9.1979 von Kurt Hradek an Ernst Jandl

wird in der Szenenanweisung deutlich, die die weibliche Hauptfigur des Stückes beschreibt. Was über „sie" gesagt wird, legt die Erscheinung Friederike Mayröckers ikonenhaft fest: „mittellanges schwarzes Haar, das die Stirn fast bis an die Augenbrauen verdeckt, schwarzer Pullover, schwarze Cordsamthose, schwarze Sportstiefel (desert boots) mit flachen Absätzen. Gesicht schmal, faltenlos, blaß, Brille beim Lesen, Statur groß, schlank. Gesamteindruck: ruhig, eine große innere Kraft ausstrahlend." (Jandl 1997/10, 178) Wie aus dem Verlauf des Stückes klar wird, gehört diese Frau in ihrem genau getimten Kommen und Gehen dem immobilen Umfeld wie eine Art pünktlicher Mobilie an.

Die dritte Person des Stückes, jener „er2", der in einer Szene auf Besuch kommt und, nachdem „sie" gegangen ist, in der nächsten mit „ihm" noch ein Gläschen trinkt, wird in Jandls Szenenanweisung ebenfalls recht exakt beschrieben. „er2" stellt sich dar als ein „Intellektueller (beruflich undefiniert), ca. 30 Jahre, ca. 178 cm groß, volles dunkelblondes Haar, kürzerer Schnitt, volles junges Gesicht, Brille, Statur groß, mittelschlank. Gesamteindruck: besonnen, optimistisch, noch im Aufstieg." (Ebd.) Ohne Zweifel hat es auch für diese Figur ein reales Vorbild gegeben, indes zeigt allein schon die Inszenierungspraxis von *Aus der Fremde*, daß die Frage nach einer realen Entsprechung in diesem Fall eine untergeordnete Rolle gespielt hat. Das hat wesentlich mit der Funktion zu tun, die jenem „er2" in dem Stück zukommt. Als ein in den Jandl-Mayröckerschen Raum gebetener Gast vertritt die Figur stets auch das Publikum, für das ja die umstandslose Eintrittsaufforderung, die an „er2" ergeht, ebenso gilt: „er trete / einfach ein / um drin zu sein". (Ebd., 231)

Ganz im Gegensatz zur freien Füllung von „er2" hat man sich im Falle von „er" und „sie" in vielen Inszenierungen beinahe sklavisch darum bemüht, das Aussehen von Jandl und Mayröcker zu kopieren. Von dem Schauspieler Kurt Hradek beispielsweise, der den „schriftsteller" in der Grazer Uraufführung verkörperte, findet sich im Nachlaß Jandls eine Postkarte mit einem Porträtfoto, das allein schon eine frappante Ähnlichkeit zeigt. In der Bildunterschrift ist eine zarte und etwas bange Nachfrage zu lesen: „er 1?" Der Text der Postkarte, sie stammt vom 14.9.1979, lautet:

> Lieber Herr Jandl!
> Habe heute Ihr Paket: Siehe E. Jandl „a[us] d[er] Fremde" 3. Szene S. 20 Vers 67 bekommen u[nd] gleich zu lesen begonnen. Kam eben vom „Kostümeinkauf". Habe ein graues Fischgräten Sakko in der Art wie Sie es in Graz getragen haben, graue Flanellhose u[nd] ein schwarzes Hemd besorgt. Es ergeht mir genau so wie Ihnen. Danke nochmals für's Buch
> Ihr-Sie-oder auch Ich-seiender Kurt Hradek

In der Textstelle, auf die sich Hradek bezieht, ist vom Umgang mit der täglichen Post die Rede: „zugeklebtes und verschnürtes / sei als erstes / zu öffnen." (Ebd., 203). Indem der Schauspieler dieses Tun auf sein eigenes Leben bezieht und dabei gleichzeitig ins Gewand des Autors („wie [...] in Graz getragen") schlüpft, scheinen die Grenzen zwischen Stück und Realität, Schauspieler und Rolle, Autor und Hauptfigur vollends verwischt. Nicht ein Jandl wird mit *Aus der Fremde* gespielt, sondern Ernst Jandl selbst – und Friederike Mayröcker gleich mit. Die Programmhefte mehrerer Inszenierungen zeigen, daß es sich in vielen Fällen genau so verhielt: Texte, Zeichnungen und Fotos von Jandl und Mayröcker wurden darin gleichermaßen aufgenommen und bisweilen ganze Alben des gemeinsamen Lebens zusammengestellt.

Das Stück selbst hingegen läßt die Breite eines gemeinsamen Lebensalbums programmatisch vermissen. In einem Statement mit dem Titel *Autobiographie und Literatur mit autobiographischen Zügen* hat Jandl die Trennlinie genau markiert.

Bei *Aus der Fremde* handle es sich demnach um ein Stück, das autobiographische Züge insofern trage, als es sich hierbei um eine Momentaufnahme der drei dargestellten Personen handle, während das Stück aber rein gar nichts über die Lebensgeschichten dieser drei Personen (nach dem Muster: Wie es zu all dem kam?) aussage und damit alles, was über das Leben dieser drei Personen gesagt werde, ausschließlich aus sich selbst heraus entwickle. „Wollte man dieses Stück“, so Jandl im Wortlaut, „am Leben der realen Gegenbilder der darin auftretenden Personen messen, müßte man sagen, nahezu alles an den Leben dieser drei sei im Stück ausgespart, aber alles darin, nahezu alles darin, sei zu finden in den Leben dieser drei, und diese radikale Aussparung und dieses radikale Hineinnehmen habe das Stück erst möglich gemacht, und beides zusammengenommen sei, um dieses Wort zu wagen, die Kunst an diesem Stück.“ (Jandl 1999/11, 201)

Von einer „Grammar of Living“ und spezieller noch einer „Grammatik des (Künstler-)Lebens“ hat Karl Wagner hinsichtlich von *Aus der Fremde* gesprochen, und das heißt wohl auch, daß die Personen, die in dem Stück vorkommen und die (unterstützt vom obigen Zitat des Autors) nichts anderes behaupten, als ihren realen Vorbildern – und sei es auch nur in einzelnen, umso schärferen Details – zu entsprechen, nicht nur als grammatikalisch zusammengebaute, sondern vor allem auch als nach den gleichen Kriterien zerlegte zu denken sind. Ich bin mir nicht sicher, ob jene Zerlegung, die Jandl an der Sprache unternimmt und die er in *Aus der Fremde* auf die aus dieser Sprache hervorgehenden Personen überträgt, auf einer Bühne adäquat darzustellen ist, da auf ihr doch stets ganze Menschen zu sehen sind. Das Paradox von Jandls Stück (und damit steht es auf modernen Bühnen nicht allein) besteht darin, daß diese ganzen Personen eben nicht mehr ganz sind, sondern nur mit einigen ihrer grammatikalischen Glieder in die Matrix ihres momentanen Beisammenseins eingespannt.

Es ist ein Leerlauf eingespielter Rituale, der in *Aus der Fremde* gezeigt wird und der aus sich heraus nichts anderes produziert als das Stück selbst. Von außen fällt in diesen Raum kein Licht, und es wird in ihm auch nicht nach außen geblickt. Selbst die beiden Fenster, die der Szenenanweisung Jandls zufolge in der zum Zuschauerraum hin offenen, nicht vorhandenen Wand zu denken sind, dienen letztlich dazu, Einsicht und nicht Aussicht zu nehmen. In Szene fünf weist „er2“ auf die Öffnungen hin: Hätte man auf der Straße draußen genügend Licht, sähe man gegenüber eine große Wohnung, die er kürzlich erworben habe, um dem Schriftstellerpaar künftig näher sein und ihnen ab und an gar „zuwinken“ zu können. Die Reaktion der „schriftstellerin“ auf diese Vorstellung einer radikalisierten

Nachbarschaft fällt ernüchternd aus. Sie meint, „daß es erfreulich sei / sie aber jetzt / raschest heimfahren werde". (Jandl 1997/10, 244)

Die vollständige Isolierung, in die „er" sich begeben hat, läßt die Zuschauer des Stückes durch eine niedergerissene Wand einer Wiener Gemeindebauwohnung in ein Nichts blicken. Die realen und sprachlichen Bewegungen der anderen beiden Figuren erscheinen demgegenüber wie eigenständig funktionierende Kreise. Tatsächlich erhellt sich der Titel von *Aus der Fremde* auch insofern, als in diesem Stück nicht nur aus einer Fremde zum Zuschauer gesprochen wird, sondern daß sich in ihm trotz der ritualisierten Nähe (vorwiegend zwischen „er" und „sie") auch die Personen gegenseitig als etwas Fremdes wahrnehmen. Ihre Begegnung ist weniger eine von Menschen als von Planeten: Als ein täglicher Mond kreist „sie" um „ihn", wie ein pünktlicher Komet taucht „er2" in dem kosmischen Ablauf auf.

Nicht nur die Grammatik des Lebens, auch die Mechanik der Begegnung legt *Aus der Fremde* in einer unverrückbaren Art und Weise fest. Was geschildert wird, soll Gültigkeit haben über den Tag hinaus und wird hinsichtlich dieser Gültigkeit immer wieder neu beschworen: das tägliche Zusammensein, die täglichen Telefonate, die täglichen Gespräche. Alles, was sich an Außenwelt im Zimmer des „schriftstellers" und in seiner Sprache nicht formalisieren läßt, bleibt konsequent ausgespart, und so verhandeln die Rituale der Begegnung im Endeffekt nichts anderes als nur noch sich selbst. Offen ist dieses geschlossene System an einem einzigen Punkt, nämlich dort, wo es um das Schreiben der „schriftstellerin" geht. Die Grenze zu jenem Bereich, der ganz offensichtlich außerhalb des Zimmers liegt und einen eigenen Raum benötigt, wird klar markiert. Mit dieser Markierung nun aber ist nicht nur ein Gegenbild zum eigenen Schreiben, sondern zur ganzen Poetik von *Aus der Fremde* entworfen:

52
er: daß sie ihre kunst
in einem ganz fragilen
system betreibe

53
einem hauchdünnen netz
unantastbar
sogar für ihn

54
überall
in ihrer zugewachsenen wohnung
stöße von papier

55
und darauf die zettelchen
mit der aufschrift TABU
zum schutz gegen eindringlinge

56
und daß selbst er
nur ein eindringling wäre
rührte er an ihre welt (Ebd., 251f.)

2. Poetik der Verausgabung: *Reise durch die Nacht*

Den Reduktionen Jandls setzt Friederike Mayröcker spätestens mit dem 1980 veröffentlichten Buch *Die Abschiede* einen Stil poetischer Verausgabung entgegen. Dieser erste wirklich umfängliche Prosaband der Autorin ist zeitgleich mit *Aus der Fremde* entstanden und wird dort als „neue prosa" (ebd., 215) erkennbar zitiert. In der Sprechoper stellen „er" und „sie" punktuelle Übereinstimmungen zwischen den beiden Arbeiten fest. Diese allerdings sind trügerisch: Dem Konjunktiv beispielsweise, den Mayröcker wie Jandl verwenden, kommt in den jeweiligen Texten ein völlig unterschiedlicher Stellenwert zu. Während er nämlich in *Aus der Fremde* durch seine ausschließliche Verwendung die Modulationsmöglichkeiten der Rede einschränkt, öffnet er den Mayröckerschen Prosatext für imaginäre Inhalte. Jandl spricht die Funktion, die dem Konjunktiv aus seiner spezifischen Verwendung erwächst, im Stück direkt an: „der konjunktiv / bewirke stets / eine verbindung zu anderem // das nicht im konjunktiv sei / aber hier / da alles im konjunktiv sei // bewirke es eine verbindung / zu immer dem gleichen / das nenne er relativierung." (Ebd., 222)

Im Gegensatz dazu erscheint der Konjunktiv in *Die Abschiede* stets neben den Indikativ gesetzt. Es ist eine alternative Sichtweise, die sich in den vielen „als ob"-Wendungen des Textes flächendeckend über das Buch legt und die Sinneseindrücke des schreibenden Ichs auf eine zweite Ebene hebt. Diese verdoppelte Sicht der Welt, die gegenüber dem unmittelbar Wahrnehmbaren eine poetische Transzendierung bewirkt, gehört dem Mayröckerschen Prosaschreiben als ein programmatischer Grundsatz an:

> nämlich in solcher Spannung zu leben, rufe ich, gleichzeitig das Auge ans Nahe zu heften und in die hemisphärische Weite und Ferne zu lenken : sei die (schicksalhafte) Voraussetzung für poetische Erfahrungen und Erkenntnisse überhaupt, wie sie, durch die verzehrende Wahrnehmung der Außenwelt vermittelt, im kalten Feuer einer wahnhaften und süßen Besessenheit von Urform zu Endform gewandelt, schließlich in einer anderen neuen (reflektierten) Wirklichkeit wiedererstanden erscheinen. (Mayröcker 1980, 55)

Der Unterschied zwischen Jandls und Mayröckers Schreiben ist auch produktionsästhetisch klar markiert. Während die Autorin ihre Prosa aus einer Vielzahl disparater Notizen über viele Zwischenfassungen hinweg wachsen läßt und damit jene Wandlung, von der sie im obigen Zitat spricht, auch am sprachlichen Material vollzieht, verdankt sich bei Jandl der Text seiner vorgefertigten Form. Wie ein Blick in das werkgenetische Material von *Aus der Fremde* zeigt, war für die Entstehung dieses Stücks tatsächlich einzig und allein die Reduktion auf den Dreizeiler und die Verwendung des Konjunktivs relevant; darüber hinaus finden sich im Werkmaterial keinerlei Notizen oder konzeptionelle Gedanken. Es ist genau so, wie in *Aus der Fremde* beschrieben, die Form brachte den Inhalt quasi selbsttätig hervor: „übrigens / habe er diesmal / einen motor entdeckt // zeilen jeweils drei / fortlaufend numeriert / bis es ein stück sei“. (Jandl 1997/10, 215)

Der Schreibmotor von Mayröcker läuft denkbar anders: Programmatisch hebt sich ihre neue Art zu schreiben nicht nur von Jandls aktuellem Tun ab, sondern auch von jenen Texten, an denen sie selbst bis Ende der 1960er Jahre (und, insofern es die gemeinsame Hörspielarbeit betrifft, teilweise auch mit Jandl) gearbeitet hat. Ein rein experimentelles Schreiben – ein Schreiben also, das die Sprache als Material für formale Arrangements versteht und an Inhalten zumal psychologischer Natur demonstratives Desinteresse zeigt – empfand die Autorin seit Beginn der 1970er Jahre als eine Beschränkung ihrer schriftstellerischen und wohl auch als eine Beschneidung der sprachintern gegebenen Möglichkeiten. In einer Reihe kürzerer Prosaarbeiten, deren erste *je ein umwölkter gipfel* im Untertitel ausdrücklich als eine „erzählung“ bezeichnet wurde, öffnete sie ihr Schreiben neuen Inhalten und Formen. In einer zusehends direkteren Weise fand dabei autobiographisches

seine trägheit
versuche er auch
unterrichten

wolle er noch
von seiner rolle
im krieg erzählen (berichten)

auf dem hals
habe er jedenfalls
seine [illegible] fremde

seine lage
setze ihm zu
jage ihm angst ein

panik | daß sein leben
| das denken daran
| ihn in panik
| versetze

Untertitel:

~~ein dramatisches gedicht~~

~~ein~~ poetisches drama in
strophen

sie gingen ein & aus
ein mann & eine frau
wodurch boden flüssig [illegible]

pferde
er müsse ja die toten
pferde sein (wärmen)

mit dem verrichten
eingenommen
könne er doch zufrieden sein

er sei ausgestopft
mit [illegible] nicht-existierendem
~~das~~ verrotte in ihm

ob er
nächstes schuljahr
wiederum unterrichte

seine krankheit
sei eine krankheit
die er verliere

sein zustand
der er nicht
zulasse

wahnsinn durch eiter
schimmel und
staub staub staub staub

Material Eingang in die Texte; behutsam entwickelte sich jenes unkonventionelle und unorthodoxe „Erzählverhalten“ (F.M.), das in *Die Abschiede* und dem nachfolgenden Buch *Reise durch die Nacht* (1984) Größe und Form gewann.

Es war ein Erzählen gegen das Erzählen, das Mayröcker zu jener Zeit betrieb. In einem Interview aus dem Jahr 1975 stellte sie fest, daß sie es immer vermieden habe, eine Story zu „machen“, weil sie auch im Ablauf ihres Lebens keine storyähnlichen Erscheinungen sehe. In *Reise durch die Nacht* wurden die theoretischen Einwände gegen das Erzählen in einem für Mayröcker typischen Nebeneinander von Darstellung und Reflexion in den Text genommen. An einer Stelle des Buches heißt es: „ich habe Angst vor dem Erzählen, nur Notizen, zigeunerhaft, marginales Gekritzel, oder auf erbrochene Briefumschläge“. (Mayröcker 1984, 19) Später wird die Wendung variiert: „ich habe Angst vor dem Erzählen, ich bin gegen das Erzählen, immer schon, ich bin immer schon gegen das nackte Erzählen gewesen, vielleicht gegen seinen unangemessen großen Anspruch.“ (Ebd., 31) Oder: „Eine Erzählweise haben? auf welche Erzählweise ist überhaupt noch Verlaß, welche Erzählweise ist noch vertretbar, wir wollen nicht mehr eine Geschichte erzählt bekommen, wir wollen nicht mehr eine Geschichte erzählen müssen, die zerrissenen Gefühle, die eingebrochenen Gesten nehmen zu einer Repetitionsmechanik Zuflucht, hypnotischer Kreisgang, ein dem Leben abgelauschtes Wiederholungsprinzip.“(Ebd., 105) Gegen Ende des Buches greift die Autorin das Thema ein letztes Mal auf: „vielleicht sollte man den Aspekt des Erzählens endgültig von sich weisen.“ (Ebd., 131)

Das Buch *Reise durch die Nacht* wurde unter dem Titel *Nada.Nichts* von Mayröcker im Auftrag der Wiener Festwochen kurze Zeit nach seinem Erscheinen zu einem Konversationsstück umgesetzt. Aufgrund der Ähnlichkeiten in der Personenkonstellation und weil in ihm – wie im übrigen in so gut wie allen nachfolgenden Texten der Autorin – neben der schreibenden Ich-Figur ganz ohne Zweifel auch Ernst Jandl zu erkennen ist, wurde diese (ihre bis heute) einzige dramatische Arbeit wiederholt mit *Aus der Fremde* verglichen und teilweise gar als eine Art „Antwort“ auf die Sprechoper verstanden. Wie Eva Fischer ausführlich dargelegt hat (vgl. Fischer 2002), überwiegen aber auch hier die in den verschiedenartigen poetologischen Konzepten ankernden Unterschiede: Während sich bei Jandl der autobiographische Inhalt auf das autobiographische Detail reduziert und dieses Detail,

Ernst Jandl: Frühe handschriftliche Notizen zu *Aus der Fremde*

je stärker und konsequenter es das „ganze" Leben vertritt, als das Ganze des eigenen Lebens gesehen und behauptet wird, löst sich bei Mayröcker das autobiographische Detail in einem Netzwerk realer und imaginärer Details auf und läßt, je mehr von der Ganzheit des eigenen Lebens die Rede ist, dieses Leben zusehends als eine nur noch im Poetischen gegebene Entität erscheinen.

An den Figuren der beiden Stücke wird diese konträre Tendenz deutlich: Während „er" in allem, was er tut, sagt und (von sich und den anderen) wahrnimmt, immer stärker auf die Schrumpfform seiner selbst zurückgeworfen ist, zerfließen zwischen den drei Personen aus *Nada.Nichts* – der schreibenden Dichterin, dem älteren Lebenspartner und dem jüngeren Freund – zusehends die Grenzen. Die Ménage à trois wird zu einem poetischen Lebenskonzept, „so daß es an manchen Stellen schwerfällt zu sagen WO JULIAN AUFHÖRT UND LERCH ANFÄNGT, oder umgekehrt, die beiden Gestalten scheinen manchmal innig miteinander verschmolzen, ihre Abgrenzung unsicher". (Ebd., 45)

Die Maskenspiele, an denen Mayröcker die Figuren von *Nada.Nichts* teilhaben läßt, haben viel mit jener Auffassung gemein, die Paul de Man (und zwar gegen Philippe Lejeunes These vom autobiographischen Pakt) von der Rhetorizität des autobiographischen Schreibens entwickelt hat. (Vgl. dazu und im folgenden Kastberger 2000, 139–156) Verankert findet sich jenes Maskenspiel, als das die Autobiographie bei de Man erscheint, jedoch nicht allein im Mayröckerschen Konversationsstück, sondern bereits in dem zugrundeliegenden Prosabuch. Die inhaltliche Ebene von *Reise durch die Nacht*, auf der es sich ereignet, ist rasch beschrieben: Da ist zunächst die Wiener Wohnung der Autorin, die anders als diejenige Jandls in *Aus der Fremde* nicht in ihrer Gesamtheit beschrieben wird, sondern nur in einigen charakteristischen Details aufscheint, die jedoch vollkommen ausreichen, um sie eindeutig zu identifizieren. Der Zeitpunkt der Niederschrift des Buches liegt, wie die dem Text nachgestellte Datierung verrät, zwischen November 1982 und Dezember 1983. Mayröcker hat sich damals vorwiegend mit Derrida und Goya beschäftigt, entsprechende Bücher und Bilder haben in den Text Eingang gefunden. Beschrieben wird ferner eine nächtliche Zugfahrt von Paris nach Wien sowie die Sommeraufenthalte des Paares in einem Ort, der „Espang, Allerheiligen" genannt wird. Zentral ist die Beziehung der Schreibenden zu den beiden männlichen Hauptfiguren des Textes (wie in *Nada.Nichts* JULIAN und LERCH), daneben fließen Erinnerungen an die eigene Kindheit und den jüngst verstorbenen Vater ein.

Wichtiger als die Identifizierbarkeit des autobiographischen Einzelelements, die bei Jandl voraussetzungslos vorliegt und alle formale Künstlichkeit unbeschadet überdauert, ist bei Mayröcker die Totalisierung des Textes. Das sprachliche Mittel dazu ist die Metapher: Eigenes Leben wird innerhalb eines metaphorischen Systems dargestellt, dessen vordergründigstes Element die Reise ist. Die Schreibende befindet sich – wie sie den ganzen Text hindurch klar macht – auf einer „nichtendenwollenden Nachtreise"; der „rasende Zug" droht sie sogar dann aus ihrer „Bettstelle" zu schleudern, wenn sie sich zu Hause, am eigenen Schreibtisch befindet. (Vgl. Mayröcker 1984, 50) Ermöglicht wird die ständige Präsenz der Vorstellung „Reise" (und damit auch die ihres metaphorischen Sinns) vom deiktischen Apparat des Buches, der an einer heillosen referentiellen Verwirrung arbeitet. Das Hier-und-Jetzt von *Reise durch die Nacht* meint verschiedene Orte und Zeitpunkte zugleich, so vermag sich der bedeutungsmäßige Übergang von der realen Reise zur metaphorischen unablässig zu vollziehen.

Mit der „Reise" ist die ganze Lebensreise gemeint. An der Schreibenden hat diese Reise ein Abbild gefunden. Entstellung und Defiguration präsentieren sich an ihr als ein Phänomen, das unmittelbar am Körper ansetzt: „Ich bestehe nur noch aus unzusammenhängenden Teilen, [...] alles ist unübersichtlich geworden, alles verrottet, zerrüttet, verkommen [...]." (Ebd., 133) Minutiös zeichnet der Text den Defigurationsprozeß nach: Die Rede ist vom „Abschnallen der Arme, der Beine" (ebd., 96, 125), von einer „ABSCHNEIDUNG" (ebd., 135), von der „Abtragung eines Gesichts" (ebd., 133), vom „Ausblasen von Türen und Fenstern (Herz)" (ebd., 12, 26, 44), vom Zerreißen von „Eingeweide und Herz" (ebd., 27, 43). Der Körper der Schreibenden ist ein zusehends deformierter, an Unversehrtheit reicht schon bald keine Erinnerung mehr heran, und doch trägt die Beschreibung dieses Verfalls bei Mayröcker stets auch eine poetische Qualität. Bei Jandl ist das anders; in *Aus der Fremde* liest „er" ihr ein paar Zeilen aus einem Taschenkalender vor, die er vor ein paar Tagen notiert hat: „er impotentes schwein / trete jetzt wieder ein / in die vor-onanistische phase". Woraufhin auch „sie" nichts anderes mehr zu erwidern hat, als: „was hart sei / aber vielleicht / in sein stück passe." (Jandl 1997/ 10, 228)

Direktheiten solcher Art sucht man in *Reise durch die Nacht* vergeblich. Der Verfall des Körpers und das ihm drohende Ende ist in Ambivalenzen gebettet, zu denen letztlich auch die Evokation beiträgt, die der jüngst verstorbene Vater der Schreibenden bewirkt. „Mein Vater", so heißt es an einer Stelle, „hält sich zeitverschoben irgendwo auf wo wir nicht hinreichen ich meine mit unseren Körpern". (Mayröcker 1984, 25). Die Stimme der Schreibenden aber überbrückt diese Grenze: Mit einer Kurzform des Namens „Giannozzo" hat Mayröcker ihren Vater oft angesprochen. Das zugrundeliegende Zitat – es entstammt Jean Pauls Buch über den Luftschiffer Giannozzo und erfährt in seiner Zitierung in *Reise durch die Nacht* geringe Variationen – findet sich als eine Apostrophe wieder, die dem toten Vater gilt: „‚Giannozzo, wo lebst du Lämmchen? Giannozzo, Lämmchen, willst du am Himmel weiden? Kannst du mir nicht erscheinen?'" (Ebd.) Die Apostrophierung des toten Vaters macht dessen Körper im Text präsent: „Er steht neben mir, dicht an meiner Stelle, lehnt wie früher am Fenster, lächelt, atmet und schweigt." (Ebd., 26). Auch das Gesicht des Vaters setzt sich im Text fest, in einem kurzen Moment verschmilzt es mit jenem der Autorin: „Und wieder hatte ich einen Augenblick lang das Gefühl vor einem Spiegel zu stehen, in dem das Gesicht meines Vaters zu sehen war, das meine eigenen Züge trug." (Ebd., 54)

Abwesendes wird in *Reise durch Nacht* nach diesem Muster und damit in einer höchst wirkungsvollen Weise zur Präsenz gebracht. Vermittels der Anrede erlangt das Gesicht des toten Vaters Anschaulichkeit und Evidenz. Miteinbezogen bleibt in diesen Vorgang aber auch jener abgründige Umkehreffekt, den de Man als die wesentliche rhetorische Grundlage autobiographischer Lebensaufzeichnung beschrieben hat. Die Geste, mit der dem Abwesenden Stimme und Gesicht zugestanden wird, bezieht sich in einer symmetrischen Wendung auf den Adressierenden zurück. Totes und Lebendiges berühren einander in Autobiographie unmittelbar: Die Schreibende reicht in eine Welt hinab, die den lebenden Körper nicht duldet; umgekehrt ragen die Glieder der Toten allegorisch in den autobiographischen Text hinein.

In den Bewegungen seiner rhetorischen Struktur evoziert *Reise durch die Nacht*, ohne im eigentlichen davon zu erzählen, einen mehrfachen Geschichtsverlauf: eine Reise hinab ins Totenreich, eine Reise von einem Mann zum anderen, eine Reise hinaus ins Leben und eine Reise der Lektüre, die jeden Leser vom Beginn bis ans Ende des Buches führt. An diesem Ende angekommen, entwirft das Buch einen hochambivalenten und mehrfach allegorisierten Raum, in dem, was in ihm von Mayröcker und Jandl jemals zu identifizieren war, nur mehr als fernes Echo der faktisch-autobiographischen Grundlagen erscheint. Die Differenz zum Schluß von *Aus der Fremde* könnte nicht größer sein: Dort legt „er" sich zu Bett, als wäre an ihm und der Schrumpfform seiner Autobiographie das ganze Stück hindurch rein gar nichts geschehen und eben jetzt ein Abend wie jeder andere: „daß er die augen öffne / daß er das bettlicht lösche / daß er die augen schließe." (Jandl 1997/10, 258)

3. Mayröcker Schrägstrich Jandl: Nähe/Distanz

Obwohl in Mayröckers großen Prosaarbeiten und in Jandls Sprechoper vom jeweils anderen so viel die Rede ist, kommen sich der Autor und die Autorin in diesen Arbeiten nicht wirklich nahe, ja fast hat es den Anschein, als ob diese Werke in programmatischer Weise gegeneinander geschrieben seien. Die oberflächlichen Unterschiede ihrer Schreibweisen, die vom Autor und von der Autorin in vielen Interviews akzentuiert wurden, scheinen gegenüber dieser fundamentalen Differenz eher nebensächlich: Mayröckers Ablehnung von Humor, Mundart und Unterhaltungsliteratur beispielsweise – drei Tendenzen, denen sich Jandl in manchen seiner Arbeiten hauptsächlich verpflichtet zeigt. In einem gemeinsamen Interview mit Gerda Marko hat Jandl es – nicht frei von Understatement – auf den Punkt gebracht: „F. M. schreibt große Literatur, und ich erhalte den Deutschen Kleinkunstpreis." (Marko 1995, 439) Ein Satz, der einen Widerhall auch in *Aus der Fremde* findet: „sie sei als künstlerin / weit / über ihn hinausgekommen." (Jandl 1997/10, 187)

Um eine klare Differenzierung ihrer literarischen Positionen, die an ihren Werken de facto schon lange ablesbar war, haben sich Mayröcker und Jandl spätestens seit Ende der 1970er Jahre bemüht. Das schreibende Paar, das seit seiner gemeinsamen und höchst erfolgreichen Hörspielarbeit stets noch als solches wahrgenommen wurde, hat auch nach außen versucht, die Trennung im Literarischen deutlich zu machen. Gemeinsame Lesungen beispielsweise wurden vermieden, und auch die Darstellung in Doppelporträts wurde abgelehnt.

Als Dieter Bachmann mehr als zwanzig Jahre später Jandl und Mayröcker eine gemeinsame Nummer seiner Zeitschrift *du* widmen wollte, waren solche Bedenken noch immer nicht ausgeräumt. Jandl und Mayröcker haben sich in Gesprächen mit dem Herausgeber so lange geziert, bis dieser auf die Idee verfiel, das Heft in zwei getrennten Blöcken zu gestalten und die Trennung durch eine in der Mitte eingelegte, dünne Metallplatte zu akzentuieren. Aus produktionstechnischen Gründen war dies nicht möglich; anstelle der trennenden Platte kam zwischen dem Mayröcker- und dem Jandl-Block ein Beitrag von Heinz Schafroth zu stehen, der seinen exponierten Ort gleich im ersten Absatz reflektiert:

> IN EINEM ATEMZUG GENANNT. Sie wurden und werden unweigerlich in einem Atemzug genannt, ob es ihnen lieb ist oder unlieb. Es ist nicht sicher, daß es ihnen lieb ist. Aber sie sollen sich damit abfinden. Wie einst Kastor und Pollux, Hero und Leander, Marx und Engels, Frisch und Dürrenmatt.

Porträtskizze Friederike Mayröcker (4)

Ernst Jandl
22.7.78

> Also sind sie ein Zwillingspaar, Liebespaar, ein ideologisches oder ein literarisches Paar.
>
> Alles ist richtig. Aber immer ohne „und". Natürlich auch nicht mit Bindestrich, der das Paar in den Stand der Ehe erheben würde. Ihre Paarschaft bedarf des Schrägstrichs. Von dem behauptet Friederike Mayröcker, daß er „sehr viel mehr aussagen kann und zugleich durchsichtiger ist als alle anderen Satzzeichen, zugleich aber auch nötige Distanz schafft". In dem Zitat eben ist zwar weit und breit nicht die Rede von Paarbeziehung. Aber es paßt ganz gut, Distanz und Transparenz: Auch wenn es ums Paar, dieses Paar geht. Deshalb Jandl Schrägstrich Mayröcker. So ist das, seit nunmehr vierzig Jahren, so haben sie es gelebt und sich erschrieben, nolentes volentes. (Schafroth 1995, 52)

Die Beziehung, von der Schafroth spricht und für die er den Schrägstrich als ideale Umsetzung ansieht, weicht von den Klischees ab, die man sich gerne von schreibenden Paaren macht. Auf die seltsamen Verrenkungen, zu denen zum Beispiel Jürgen Serke die Autorin und den Autor zwingt, weist Schafroth mit Recht hin. Man sollte sich, was Serke über Mayröcker und Jandl in seinem Band *Schreibende Paare* sagt, wirklich einmal bildlich vorstellen: „Er stützt sie. Sie trägt ihn." (Zit. ebd., 56) Auch umgekehrt wäre die akrobatische Leistung nicht geringer.

Die Literaturen von Ernst Jandl und von Friederike Mayröcker sind von solcher Akrobatik frei. Anders auch als Klaus Theweleit sich in seinem *Buch der Könige* das männlich-weibliche Produktionsverhältnis als ein von einseitigen Zuordnungen getragenes vorstellt, behauptet sich bei Jandl/Mayröcker das Weibliche schon deshalb gegen das Männliche, weil es sich als ein eigenständig Poetisches setzt. Dem Gedicht *Vierzeiler für E.J.*, entstanden am 1.3.1982 und überarbeitet im Juli 1991, ist die Gewalt des Geschlechterverhältnisses unmittelbar eingeschrieben, und dennoch bleibt auch hier die ästhetische Selbstbehauptung (vgl. Schuh 1999, o. S.) evident:

> du bist der Herr
> ich bin der Knecht
> ich bin ein Tragtier auch
> (zurecht) (*»ein Plagetier«*) (Mayröcker 2004, 425)

Von Jandl könnte man diesen Zeilen vieles, vielleicht aber am besten doch ein Gedicht aus dem in einem derb-untergriffigen Tonfall gehaltenen Band *stanzen* entgegenstellen. Friederike Mayröcker wird dort mit jenem Rufnamen angesprochen, unter dem sie ihre Freunde kennen:

> jo i waas scho de fritzi
> vadinat aaa a gedicht
> owa des muasi jo ned aufschreimm
> soxia oft gnua ins xicht (Jandl 1997/9, 233)

Im Werk von Ernst Jandl und Friederike Mayröcker ließen sich hunderte, wenn nicht gar tausende solcher und ähnlicher Korrespondenzen auffinden: gegenseitige Bezugnahmen, Widmungsgedichte, wechselseitige Aussagen zum Werk des anderen in Aufsätzen, Statements und Interviews. Von Bedeutung ist, daß der Prozeß der gegenseitigen Beeinflussung und Abgrenzung bei diesem schreibenden Paar stets gleichberechtigt ist und nach beiden Richtungen hin funktioniert: von Jandl zu Mayröcker und von Mayröcker zu Jandl. Der Schrägstrich, der zwischen dem Autor und der Autorin steht, könnte – so gesehen – gut auch zwischen ihren Werken stehen. Er bildet gleichermaßen eine Grenzlinie wie einen Ort der zweifachen Spiegelung: vom vom zum zum und wieder zurück.

Anders als in privaten Beziehungen sind Nähe und Distanz in literarischen Berührungen immer gleichzeitig da, auch wenn (wie in dem oben zitierten Fall) einmal das zweite und (wie in dem nachfolgenden) dann wieder das erste zu überwiegen scheint. Am 6.6.2000, also drei Tage vor Ernst Jandls Tod, hat Mayröcker eines seiner Gedichte aufgegriffen und ein eigenes oder vielleicht „ein Gleiches" angefügt:

> *(»in der küche ist es kalt*
> *ist jetzt strenger winter halt*
> *mütterchen steht nicht am herd*
> *und mich fröstelt wie ein pferd« EJ)*
>
> in der Küche stehn wir beide
> rühren in dem leeren Topf
> schauen aus dem Fenster beide
> haben 1 Gedicht im Kopf
> (Friederike Mayröcker: *Paraphrase auf 1 Gedicht von Ernst Jandl*, in: Mayröcker 2001, 7)

In ihren Band *Requiem für Ernst Jandl* (2001) hat die Autorin nicht nur diese *Paraphrase*, sondern auch ihren Kommentar zu *in der küche ist es kalt* aufgenommen, worin Jandls Text als ein „Winter-" und „Endzeitgedicht" beschrieben und die genaueren Umstände seiner Auffindung angesprochen werden. Im Winter 1988 waren Jandl und Mayröcker damit beschäftigt, die von Papier überquellenden Schubladen seines Schreibmaschinentisches zu durchstöbern, um unter den großteils halbfertigen Blättern das ein oder andere publizierbare Gedicht (für den damals in Planung befindlichen Band *idyllen*) auszusortieren. Plötzlich sprang ihnen das Gedicht in die Augen. Seine letzte Zeile, so Mayröcker, habe ursprünglich etwas anders gelautet; die aufgefundene Version sei allerdings später verloren gegangen und nie wieder aufgetaucht.

In ihrer *Paraphrase* setzt sich Mayröcker den pointenhaften Stil Jandls wie eine Maske auf. Nirgends in ihrem Werk ist die Autorin der Sprache Jandls so nahe gekommen wie hier, und doch wird auch hier die letztlich entscheidende Differenz behauptet: Autor und Autorin, das im Schreiben getrennte Paar, mögen noch so lange in derselben Küche stehen, derselben Kälte ausgesetzt sein oder im selben Topf rühren, im Kopf trägt jeder sein eigenes Gedicht.

Verwendete Literatur

Fischer 2002 = Eva Fischer: „das stück, darin ich keine rolle spiele ist meines". Das Schreiben mit autobiographischen Zügen und die Autobiographie als Lebenshaltung, dargestellt an Ernst Jandls *Aus der Fremde* und Friederike Mayröckers *Nada.Nichts.* Diplomarbeit (Universität Salzburg) 2002.

Jandl 1997/9 = Ernst Jandl: stanzen. In: Ders.: Poetische Werke, Bd. 9. Hg. von Klaus Siblewski. München: Luchterhand 1997, S. 191–284.

Jandl 1997/10 = Ernst Jandl: Aus der Fremde. Sprechoper in 7 Szenen. In: Ders.: Poetische Werke, Bd. 10. Hg. von Klaus Siblewski. München: Luchterhand 1997, S. 177–258.

Jandl 1999/11 = Ernst Jandl: Autor in Gesellschaft. Aufsätze und Reden. Poetische Werke, Bd. 11. Hg. von Klaus Siblewski. München: Luchterhand 1999.

Kastberger 2000 = Klaus Kastberger: „Reinschrift des Lebens". Friederike Mayröckers *Reise durch die Nacht.* Wien: Böhlau 2000.

Loew-Cadonna 1985 = Martin Löw-Cadonna: Lösung. Die dramatische Struktur von Ernst Jandls „Aus der Fremde". In: protokolle 1985, H. 2, S. 49–77.

Marko 1995 = Gerda Marko: Schreibende Paare. Liebe, Freundschaft, Konkurrenz. Zürich/Düsseldorf: Artemis & Winkler 1995.

Mayröcker 1980 = Friederike Mayröcker: Die Abschiede. Frankfurt am Main: Suhrkamp 1980.

Mayröcker 1984 = Friederike Mayröcker: Reise durch die Nacht. Frankfurt am Main: Suhrkamp 1984.

Mayröcker 1992 = Friederike Mayröcker: Nada.Nichts. Ein Konversationsstück. In: Spectaculum 53. Moderne Theaterstücke. Frankfurt am Main: Suhrkamp 1992, S. 101–145.

Mayröcker 2001 = Friederike Mayröcker: Requiem für Ernst Jandl. Frankfurt am Main: Suhrkamp 2001.

Mayröcker 2004 = Friederike Mayröcker: Gesammelte Gedichte 1939–2003. Hg. von Marcel Beyer. Frankfurt am Main: Suhrkamp 2004.

Schafroth 1995 = Heinz F. Schafroth: Paarweisheit. In: Friederike Mayröcker, Ernst Jandl. An den Rändern der Sprache (= du. Die Zeitschrift der Kultur, 1995, H. 5), S. 52–57.

Schmidt-Dengler 2001 = Wendelin Schmidt-Dengler: Von der Verbindlichkeit des Unverbindlichen. Zum Konjunktiv in Ernst Jandls „Sprechoper" „Aus der Fremde". In: Ders.: Der wahre Vogel. Sechs Studien zum Gedenken an Ernst Jandl. Wien: Edition Praesens 2001, S. 11–31.

Schuh 1999 = Franz Schuh: Anarcher Kunstverstand. Über das Geheimnis in Friederike Mayröckers Gedichten. In: Friederike Mayröcker: Die herrschenden Zustände. Wien: wespennest 1999, o.S.

Wagner 1996 = Karl Wagner: Porträt des Künstlers als altes Fiasko. Jandls Theater. In: Ernst Jandl. Text + Kritik 129 (1996), S. 64–68.

„a oat inspiration“ Mutmaßungen über Jandl & Attwenger, Ernst & die goas

Von Volker Kaukoreit

Das ist schon eher ungewöhnlich: Daß ein „Dichter“ in die Welt des Pop vordringt und Musikjournalisten von „Jandl-Rap“ sprechen (Anonym 1997) – so geschehen im Fall der im In- und Ausland hochgelobten, aber auch naseberümpften Gruppe Attwenger. Doch wer ist hier auf wen zugegangen? Vom „Dichter“ her scheint die Richtung eindeutig zu sein. Zu Beginn der 1990er Jahre war es unter anderem der Erwerb einer CD mit dem Titel *most*, die ihn zum Verfassen seiner eigenwilligen, vierzeiligen Dialekt-Poeme, den *stanzen*, „gschdanzln“, ermunterte: „18 nummern der ‚attwenger‘ […], schlagzeug und […] ziehharmonika, musik und text, die einen kenner von jazz, rock und konkreter poesie nicht unbewegt lassen konnten.“ (PW 9, 283) *most* war die erste „Scheibe“ der oberösterreichischen Formation von Markus Binder (Jg. 1963) und Hans-Peter Falkner (Jg. 1967), die auch als „die goas“ in Erscheinung treten.

Jedoch ist Jandls Selbstauskunft kommentarbedürftig, denn strenggenommen läßt sich die Musik von Attwenger zu keiner Zeit eindeutig unter Jazz oder Rock (auch nicht Jazz-Rock) subsumieren. Auch der Verweis auf die theoriebeladene, im Kern sprachreflexiv ausgerichtete Konkrete Poesie der 1950er Jahre in Verbindung mit Attwenger scheint – zumindest auf den ersten Blick – einigermaßen unscharf zu sein, kurios, da Jandl 1991 gar „begeistert ausgerufen haben“ soll: „Konkrete Poesie ist *Attwenger.*“ (Korentschnig 1997) Vielleicht erklärt man sich das zuerst einmal so: Der Begriff der Konkreten Poesie wird von Jandl nicht immer in einem „engeren Sinn“ verstanden, sondern fallweise auch mit einem weiten Feld (avantgardistisch-)experimenteller Literatur des 20. Jahrhunderts assoziiert (vgl. PW 11, 220), in dem unter anderem „Laut-“ und „Sprechgedichte“ einen festen Platz einnehmen – beides Ausdrucksweisen, mit denen sich Jandl intensiv und kreativ auseinandergesetzt hat. Es ist jene schöne Kunst vom „Öffnen und Schließen des Mundes“, die der Sprachartist im einzelnen nicht nur auf das „dadaistische

Lautgedicht", sondern auch auf die „Gesänge der Indianer und de[n] Scat-Gesang des Jazz, Dizzie Gillespie zum Beispiel", zurückgeführt hat. (PW 11, 221–222) Im Bekenntnis und Resultat sind bei ihm, dem Musikbegeisterten, die Übergänge von Dichtung und Musik, Musik und Dichtung, jedenfalls fließend. (Vgl. Korentschnig 1997; allgemein: Siblewski 2000, 191–207) Und so ist es kein Wunder, daß Jandl von dem ungemein explosiv und virtuos vorgetragenen Sprechgesang des oberösterreichischen Duos zutiefst beeindruckt gewesen sein muß, besonders etwa von den „dareiholla ho – ho, hollaria ho – ho / reiholla ho – ho, hollaria ho – ho [...] // ho – ho, ho – ho, ho – ho, ho – ho"-Klängen des *most*-Stücks *goaß*. Zudem hat er ungefähr zeitgleich seine Affinität gegenüber einem zusehends auch in Europa populär werdenden Sprechgesang aus der nordamerikanischen „Subkultur" offen- und dabei eine Art intermedial vollzogenen Paradigmenwechsel nahegelegt:

anst woa da hans ARP
scho a oat inspiration
heit is des da RAP
ob ma woin oda ned (PW 9, 195)

Steht außer Frage – wovon noch die Rede sein wird –, daß sich Jandl ebenfalls vom (Mostviertler?) Dialekt der Attwenger-Songs angesprochen fühlte, so lassen sich durchaus weitere Berührungspunkte zwischen Attwenger und der „experimentellen Literatur" beobachten, die das Wohlgefallen des „Dichters" hervorgerufen haben müßten. Typographisch auffällig ist im Booklet der *most*-CD der Liedtext:

Die erste Attwenger-CD, 1991 (Aus der Plattensammlung im Nachlaß Ernst Jandl). Auf dem Cover hat sich Jandl das Erwerbsdatum notiert: „20.3.91"

hob mi

hob mi
hob mi
hob mi
hob mi
hob mi
hob mi
hob mi
hob mi
hob mi
hob mi
hob mi
hob mi
hob mi
hob mi
> > >
hob mi gern.

Solche säulen- oder turmartigen, seriell aufgebauten und mit einer Schluß-Abweichung operierenden Texte sind für die Konkrete Poesie und ihr experimentelles Umfeld typisch. Man findet sie beispielsweise bei Friedrich Achleitner:

si soi
si soi
si soi
si soi
si soi
si soi
si soi
si soi
si soi

lisoi
sauffm (Achleitner 1970, 131)

und selbstverständlich bei Ernst Jandl:

bube
bube
bube
bube
bube
bube
ich bube (PW 6, 33)

Während an dieser Stelle auf eine weiterführende Deutung der soeben angeführten Achleitner- und Jandl-Texte verzichtet werden muß, läßt sich das Attwengersche *hob mi* als ein (keineswegs humorloses) Textprodukt beschreiben, das über verschiedene Assoziationsangebote auf eine mehrdeutige Pointe zusteuert: Die elliptische Wendung „hob mi" kann als Teil eines, an ein Gegenüber gerichteten, Aufforderungs- oder Wunschsatzes, also imperativisch, verstanden werden (z.B. „Hab' mich lieb!"), oder indikativisch, etwa als Teil einer Aussage wie „Ich habe mich erkannt, gefunden, verloren, verliebt etc." Die Hinzufügung des Adverbs „gern" läßt schließlich die imperativische wie indikativische Lesart zu, wobei allerdings in dem Idiom – wie es Gerhard Wahrigs *Deutsches Wörterbuch* in einer Ausgabe von 1984 erfaßt – „jmdn. gern haben" („jmdn. gut leiden können, jmdm. Sympathie entgegenbringen") dessen gegenteilige ironisch-trotzige Bedeutung im Sinne von „ich will nichts von dir wissen, laß mich (damit) in Ruhe" mitschwingt, ja sogar zu dominieren scheint. (Vgl. dazu auch die von Hans-Peter Falkner verwendete Formel „hob mi do gern!"; Schachinger 2002) Eine genauere Analyse dieser „Pointe" müßte natürlich auch die musikalische Umsetzung des „hob mi"-Textes berücksichtigen; auf jeden Fall wird Jandl als „experimenteller Autor", der Konkrete Poesie beileibe nicht nur auf der Folie theoretischen Bierernstes betrachtete, einen gehörigen Spaß an Aufbau, Polysemie und entsprechend „frecher" Auslegungsmöglichkeit des Attwengerschen „hob mi" gehabt haben.

In unterschiedlicher Manier zu „hob mi", dessen Titel-Wortlaut in der gesungenen Version nicht 14-, sondern 21mal wiederholt wird (was im Druck die Wiederholungszeichen „ > > >" andeuten), wird im *most*-Booklet ein weiterer auf Repetition basierender Song präsentiert, nämlich schlicht so:

he-u

Fett gedruckt, fallen Songtitel und -text hier unzertrennlich zusammen, wobei auf die Kenntlichmachung der mannigfachen Wiederholung der Lautfolge in der musikalischen Adaptation verzichtet wird. Betrachtet man nur den Druck, so wirkt der „Text" wie ein „konkretes" Minipoem, das spielerisch sozusagen eine Kernspaltung des Diphtongs „eu" vornimmt und damit die semantische Substanz des Lexems „Heu" attackiert. Doch läßt sich diese Betrachtungsweise nicht halten, denn einerseits müßte es angesichts der konsequenten Attwengerschen Dialekt-Verwendung nicht hochdeutsch „Heu", sondern „Hei" heißen (vgl. „heibodn" im *most*-Song *sunnseitn*), andererseits wird in der musikalischen Umsetzung von Beginn an die Lautfolge [he:-u] angestimmt. Nichtsdestotrotz wird Jandl am *he-u*-Lied, das übrigens der bayerische Schriftsteller und Filmemacher Herbert Achternbusch als „eine totale Verarschung von dessen, was man als Volksmusik versteht, und trotzdem [...] was ganz was Neues ist", in seinen Streifen *I know the way to the Hofbräuhaus* von 1991 eingebaut hat (vgl. Attwengerfilm), einigen lustvollen Anteil genommen haben: Das Lied besitzt deutlich aggressive Züge, zum einen im Affront gegen (konventionelle) Musik und (scheinbar sinnentleerte) lyrics, was mit der „aggressiven Tendenz" korrespondiert, die Jandl zumindest für seine frühen „Experimente" und deren „Opposition gegen den Traditionalismus" eingeräumt hat. (Vgl. PW 11, 9) Zum anderen strahlt der Song von sich aus – besonders im sich steigernden Schluß-Allegro – eine aggressive Atmosphäre aus, wie sie – in der Intonierung Jandls – auch von (Sprech-)Gedichten wie *ode auf N, wo bleibb da* oder *schtzngrmm* ausgeht (vgl. die Aufnahmen auf *Laut und Luise*), und zwar unabhängig davon, ob man [he:-u] als „abstrakte Lautfolge" wahrnimmt (PW 11, 221), assoziativ mit einer Ansprache verbindet („he du", „hey you"), lautsymbolisch (vgl. PW 11, 211) oder sonstwie, selbst zeitbezogen politisch, deuten mag. (In einem ziemlich diffusen Nachweis im Abspann des *Attwengerfilms* wird als Quelle für *he-u* ein „Anti-EU-Sampler" von Gash-Records aus dem Jahr 1994 nahe gelegt. Ein Verständnis des Songs unter antieuropäischen Vorzeichen hätte allerdings nicht die politische Sympathie von Ernst Jandl genossen, der sich im Vorfeld des 1995 erfolgten Beitritts Österreichs als energischer Befürworter der Europäischen Union engagiert hat. (Vgl. Jandl 1995, 72–73) Und nebenbei: Die angeführte politische Auslegung des 1991 erstveröffentlichten *he-u*-Songs kann eigentlich nicht als – um mit Umberto Eco zu sprechen – „intentio operis" begriffen werden, da es die Europäische Union 1991 namentlich gar nicht gab. Der europäische Staaten-Zusammenschluß fungierte bis 1993 als Europäische Gemeinschaft (EG).)

In einem erneuten Anlauf ließen sich weitere Schnittstellen zwischen den Attwengerschen *most*-Texten und Konkreter bzw. experimenteller Poesie aufzeigen – vom marginalen Hinweis auf die Dominanz der Kleinschreibung über spielerische Neologismen wie „schwüschwoamschwoafade" oder „blitzblomblaungrean" (*goaß*) und Wortbedeutungs-Reflexionen in der Art von „und 1 und 2, 3 / und oid is net nei / und neich is ned oid / und woam is ned koid // und koid is ned woam / und reich is ned oam / oam is ned reich / und ungrod ned gleich [...]" (*1 + 2, 3*) bis gewissermaßen hin zu Chiasmen wie „auf da oim do brüt da stia / da stia brüt auf da oim", die im Kanon-Sing-Sang von *da stia* (vgl. auch *de kia*) wie eine kleine Permutation-Performance anmuten (zu modernen Permutationstexten vgl. Wagenknecht 1971, insbes. 6–10). Doch soll hier nur mehr kurz die Rolle des Dialektgedichts thematisiert werden, zunächst in den Worten eines der bedeutendsten Vertreter der Konkreten Poesie:

> auf ihren entdeckungsreisen durch die welt aus sprache entdeckte die konkrete poesie auch (wieder) den dialekt, und zwar den gesprochenen wie geschriebenen. gemäss konkretem sprachverständnis, das sich nur bei geringen sprachmengen meditativ entfalten kann, hält sie sich auch beim dialekt vorwiegend an jeweils typische laute und schreibweisen, die sie entweder im ideogramm oder als konstellation vorstellt. [...] mit der durch ihre entdeckung ausgelösten schwemme von mundartdichtung identifiziert sich die konkrete poesie nicht. (Gomringer 1989, 57)

In diesem Zusammenhang kommentiert Eugen Gomringer nicht nur ein eigenes „schwyzerdütsches" Poem, sondern auch die Konstellation *jessas* von Friedrich Achleitner (vgl. Achleitner 1970, 116; sowie ebd. die große Gruppe der Achleitnerschen *dialektgedichte*, 53–132):

> die drei wörter aus dem wiener dialekt sind gewiss alltagsgebrauch, doch gerade durch die schriftliche form und die anordnung nach konkret-konstellativer weise ist ihre wirkung neuartig und erstaunlich. die bekannten wörter stellen sich dar als unübliche buchstabenkombinationen. es kann erwartet werden, dass auch der sinn der wörter neu ins bewusstsein dringt. (Gomringer 1989, 58)

Eher in Richtung einer intendierten Sinn-Verzerrung legt dagegen der Konkrete Poesie-Experte Emmet Williams das 1959 erschienene *nedn nedn* von Gerhard Rühm aus:

nedn nedn
a nedn nedn
un nedn nedn
aun nedn
un
un daggn daggn
o daggn daggn
ein daggn daggn
un nedn
un
un nedn daggn
nedn duggn
nedn daggn duggn
o deggn deggn
aun daggn daggn
un nedn
un
nedn daggn duggn

Der Herausgeber der legendären *Anthology of Concrete Poetry* schreibt dazu:

> Rühm calls this a „poem in the Viennese dialect", but the reader should not strain to make sense out of the sound. In Rühm's reading of the poem, the accents, in the first five lines, fall on *a, un, aun* and *un*. The poem is read very rapidly. (Williams 1967, [275])

In diesem „experimentellen" Umfeld hat sich 1957 auch Ernst Jandl in wenigen Sprechgedichten des Dialekts bedient, die er 1966 in dem Kapitel *volkes stimme* von *Laut und Luise* präsentierte. (Vgl. PW 9, 284; PW 2, insbes. 28–31) Die eigentliche Reaktivierung der „zweite[n] […] Sprache in sich" (PW 9, 283; vgl. ebd. 225: „i hob do in mia") erfolgte in letzter Konsequenz – eben unter anderem durch Attwenger-"inspiration" – erst zu Beginn der 1990er Jahre mit dem Verfassen der *stanzen*, die ebenfalls als Sprechgedichte, jedoch in explizitem „kontrast" zu den Dialekt-Texten aus *Laut und Luise* zu verstehen seien. (PW 9, 284) Mit Konkreter Poesie im engeren Sinn haben die *stanzen* als „gedicht- bzw. strophenform" (ebd.) – zumindest dem Verständnis ihres Verfassers nach – somit nichts mehr zu tun, sieht man einmal von der formalen Gemeinsamkeit der „unüblichen buchstabenkombinationen" (Gomringer, s.o.) und der entsprechend kuriosen Lautfolgen ab, wie sie bei Jandl, aber auch bei Attwenger buchstäblich ins Auge und Ohr springen, beispielsweise: „gressaroisiii" (PW 2, 29), „des is dea dea i waa" (PW 9, 206) und „wei do hod da hodamau" (*most*: *magazin*). In Bezug auf die *stanzen* ist vielmehr der furchtlose und letztendlich provokative Umgang mit der volkstümlichen Tradition zu betonen, wie er innovativ und erst dadurch reizvoll (in Musik und Sprache) ebenfalls bei den frühen Attwengern vorliegt. Aus partiell fast punkartigem Gesang (vgl. erneut das Ende von *he-u*) und „der Kombination ‚ungehobeltes Akkordeon + ebensolches Schlagzeug'" ergab sich bei ihnen aus dem volkstümlichen Kontext heraus die „so erfrischende Aggressivität" (Schuster, lt. Schachinger/Schuster 1997), wobei die Texte offenbar zum Teil – unverändert oder nur leicht modifiziert – dem Reservoir der traditionellen „Gstanzln" entnommen wurden. (Vgl. dazu den ‚Gstanzl-Mix' *abersee* auf *most*, den Text Nr. 4 in Falkner 1996, 10 sowie die Interpretation des *steirer u. schleiniger*-Stücks auf der Nr. 4 der *1234 gstanzln*-CD) Ein ähnliches Spannungsverhältnis von Adaptation und Zurückweisung bzw. Verfremdung volkstümlicher Kunst läßt sich in Jandls *stanzen* beobachten. In ihnen werden verschiedentlich die landläufigen Themen der „gstanzln" wie „vuada – muada" oder „wirtshaus – saufm" aufgegriffen (vgl. Falkner 1996, [7]), wie sie sich gleichzeitig der zotigen, frivolen und obszönen, aber auch kasperlartigen und liebevollen Tonlagen des (Wiener) Gstanzl-Dialekts bedienen. Aber noch einmal: Vorsicht! Diese im Hauptteil abstrakt alphabetisch angeordneten und vielleicht nicht in jedem Einzelfall gelungenen (Kunst-)*stanzen* machen in ihrem Ensemble kein volkstümliches Buch aus, sondern reißen hier und da wahre Jandl-typische Abgründe auf (vgl. Czernin 2000 sowie den Beitrag von Michael Hammerschmid im vorliegenden Band): Nach *most* jedenfalls ist Jandl offensichtlich ein treuer Fan der „alpenländische[n] Rapper" (Schmid 1997) geblieben. In seinem Nachlaß befinden sich weiters die CDs *pflug* (1992), *LUFT* (1993) und *SONG* (1997).

Ohne näheren Nachweis konstatiert Klaus Sibleski, daß Jandl-Gedichte als „Cyberspace-Lyrik [...] unter Punkern und Rappern weitergereicht" wurden (Siblewski 2000, 204), was letztlich zur Frage führt, inwieweit sich in umgekehrter Richtung die beiden oberösterreichischen Musiker von Jandl und dessen Umfeld der experimentellen Literatur „inspirieren" haben lassen. In musik- bzw. kulturjournalistischen Beiträgen ist der Hinweis darauf häufig und kommt in flapsigen Bemerkungen wie „Sind sie die Schwiegersöhne von Ernst Jandl und Friederike Mayröcker?" (Jordan 2003) oder etwas solider in den Worten zum Ausdruck, „daß

Markus Binder (r.) und Hans-Peter Falkner (l.): „schlagzeug harmonika und verstärkt ist attwenger / wenn wir traditionell mit tuba und harmonika spielen ists die goas" (Falkner 2005). Foto: TRIKONT Unsere Stimme (München)

sich das Duo aus Oberösterreich immer wieder bewußt auf die Traditionen der österreichischen Sprach-Avantgardisten wie H.C. Artmann, Ernst Jandl oder Gerhard Rühm beruft" (Anonym 1996). Ein elektronisches Standard-Nachschlagewerk spricht im Eintrag zu Hans-Peter Falkner sogar von einer „Zusammenarbeit" mit Jandl (*Österreich Lexikon*), während Falkner ein Interview-Statement zur „Jandl-Anlehnung" augenfällig umschifft (Schreiegg/Stamm) und noch zuletzt (in andauerndem Versteckspiel?) mit einem klaren „nein" von sich wies, daß Jandl bzw. Konkrete Poesie für die Texte von Attwenger ab *most* eine Rolle gespielt haben. (Falkner 2005) Nichtsdestotrotz taucht „ernst jandl" 1993 unter den Grußadressaten im Booklet der *LUFT*-CD auf, gefolgt – auch sprachlicherseits ziemlich witzig – von „ernst happel". Wobei diese Spur eher zu Markus Binder führt: Laut Christian Schachinger soll der ‚goscherte' Fußballer und Trainer neben Jandl „eines der Vorbilder von Textautor Binder" (gewesen) sein. (Schachinger/Schuster 1997)

De facto traten Binder, Falkner und Jandl nur ein- bzw. zweimal gemeinsam, jedoch nicht zusammen auf, und zwar im Wiener Konzerthaus am 28.11.1997 (wiederholt am 29.11.), wo zunächst Jandl in musikalischer Begleitung von Erich Meixner „stanzen" und dann die goas „gstanzln" intonierte. (Vgl. Korentschnig 1997, Schachinger 1997, Schmid 1997) War es zu dieser Zeit, als Jandl und Falkner, dem Jandl als „guter Typ" in Erinnerung geblieben ist, „ein paarmal telefoniert" haben? (Falkner 2005) Fest steht nur, daß auch die Texte der mit großen Zeitabständen zu ihren Vorgängern vorgelegten und musikmäßig fortentwickelten Attwenger-CDs *SONG* (1997) und *sun* (2002) eindeutige formale Parallelen zur experimentellen bzw. Konkreten Poesie aufweisen – nicht nur die bisher aufgezeigten Gemeinsamkeiten wie Repetition, Reduktion und Mehrdeutigkeit, sondern bis hin zu Ähnlichkeiten zwischen dem quasi meditativen Endlos-Text *podiumsdiskussion* von Helmut Heißenbüttel (vgl. Walther/Harig 1970, 81) und Attwengers

DO GED WER DO KUMT NU ANA DO IS WER

(SONG)

Allerdings: Welche Lebensbefindlichkeit sich dahinter verbirgt – ob eine „‚postmoderne', ‚dekonstruktivistische', ‚klandestine', ‚dissidente', ‚artifizielle', ‚situationistische', ‚internationalistische'" (Jordan 2003) – und inwieweit sich diese mit der des 2000 verstorbenen Ernst Jandl und den diversen Theoremen zur Konkreten Poesie in Verbindung bringen läßt, darüber mögen nun andere mutmaßen und sich den Kopf zerbrechen: he-u!

Verwendete Literatur, Quellen und www-Nachweise (Stand 31.5.2005)

PW = Ernst Jandl: Poetische Werke. Bd. 1–10 (plus dem angeschlossenen Band 11: Autor in Gesellschaft). Hg. von Klaus Siblewski. München: Luchterhand Literaturverlag 1997–1999 (zitiert als PW mit Bandangabe und Seitenzahl).

Achleitner 1970 = friedrich achleitner: prosa, konstellationen, montagen, dialektgedichte, studien. Reinbek bei Hamburg: Rowohlt 1970.

Anonym 1996 = [Anonym]: sonambiente festival für hören und sehen. (17.8.1996: ATTWENGERFILM). http://www.adk.de/sonambiente/film/saturday.htm

Anonym 1997 = [Anonym]: ATTWENGER. Song [...]. (26.10.1997). http://www.intro.de/review/Attwenger/Song

Czernin 2000 = Franz Josef Czernin: Zu Ernst Jandls *stanzen*. In: „stehn JANDL gross hinten drauf". Interpretationen zu Texten Ernst Jandls. Hg. von Michael Vogt. Bielefeld: Aisthesis 2000, S. 143–161.

Falkner 1996 = 1234 gstanzln. hg. von hans-peter falkner. Weitra: Bibliothek der Provinz 1996 (mit beigefügter CD von fishrecords; hier zitiert nach der 2. Aufl. 1997).

Falkner 2005 = E-Mail-Mitteilung von Hans-Peter Falkner an Volker Kaukoreit vom 31.5.2005.
Gomringer 1989 = Eugen Gomringer: Charakteristika der gebräuchlichsten Formen der konkreten Poesie (1986). In: Deine Träume – Mein Gedicht. Eugen Gomringer und die konkrete Poesie. Hg. von Christian Schnauber. Nördlingen: Greno 1989, S. 55–62.
Jandl 1995 = ernst jandl: lechts und rinks. gedichte statements pepermints. München: Luchterhand Literaturverlag 1995.
Jordan 2003 = Boris Jordan: Most, Pflug, Luft, Song, Sun und die Kia. (7.5.2003). http://fm4.orf.at/borisjordan/119418/main
Korentschnig 1997 = Gert Korentschnig: Jandl, goaß'n und gschdanzln. In: Kurier, Wien, 30.11.1997.
Österreich Lexikon = Eintrag zu Hans-Peter Falkner (im Österreich Lexikon von aeiou. das kulturinformationssystem des bm:bwk). http://www.aeiou.at/aeiou.encyclop.f/f069037.htm
Schachinger 1997 = Christian Schachinger: Schwere Kost in leichter Form. In: Der Standard, Wien, 1.12.1997.
Schachinger 2002 = Christian Schachinger: Attwengern, so wenig wie möglich (Interview mit Markus Binder und Hans-Peter Falkner). In: Der Standard, Wien, 14.3.2002. Hier zitiert nach: http://www.trikont.de/interpret/texte/297_standard_interview_031402.html
Schachinger/Schuster 1997 = „Im Kreuzfeuer": Pro & Contra Attwengers „Song" (zwei titellose Besprechungen von Christian Schachinger und Martin Schuster, 1997). http://www.concerto.at//97_6/song.htm
Schmid 1997 = Manfred A. Schmid: A wengerl Jandln und Attwengern. In: Wiener Zeitung, 30.11.1997.
Schreiegg/Stamm = Veronika Schreiegg/Ingo Stamm: „Kirchenputzen ist eine Heidenarbeit". (Interview mit Markus Binder und Hans-Peter Falkner, o.J.). http://www.plattenfreun.de/lyrics/attwenger.htm
Siblewski 2000 = Klaus Siblewski: a komma punkt ernst jandl. Ein Leben in Texten und Bildern. München: Luchterhand Literaturverlag 2000.
Wagenknecht 1971 = Christian Wagenknecht: Proteus und Permutation. Spielarten einer poetischen Spielart. In: Text + Kritik, Heft 30 (= Konkrete Poesie II) 1971, S. 1–10.
Walther/Harig 1970 = muster möglicher welten. eine anthologie für max bense. hg. von elisabeth walther und ludwig harig. wiesbaden: limes verlag o.J. (offensichtlich 1970).
Williams 1967 = An Anthology of Concrete poetry. Ed. by Emmett Williams. New York et al.: Something Else Press 1967.

Discographie

Attwenger

most. Trikont 1991.
pflug. Trikont 1992.
LUFT. Trikont 1993.
SONG. Trikont 1997.
sun. Trikont 2002.

Jandl

Laut und Luise. Ernst Jandl liest Sprechgedichte. Wagenbach 1968 (= Wagenbachs Quartplatte 2).

Sonstiges

1234 gstanzln. Fishrecords 1996 (vgl. oben Falkner 1996).

Filmographie

Attwengerfilm. Idee: Wolfgang Murnberger. Lotus-Film 1995.

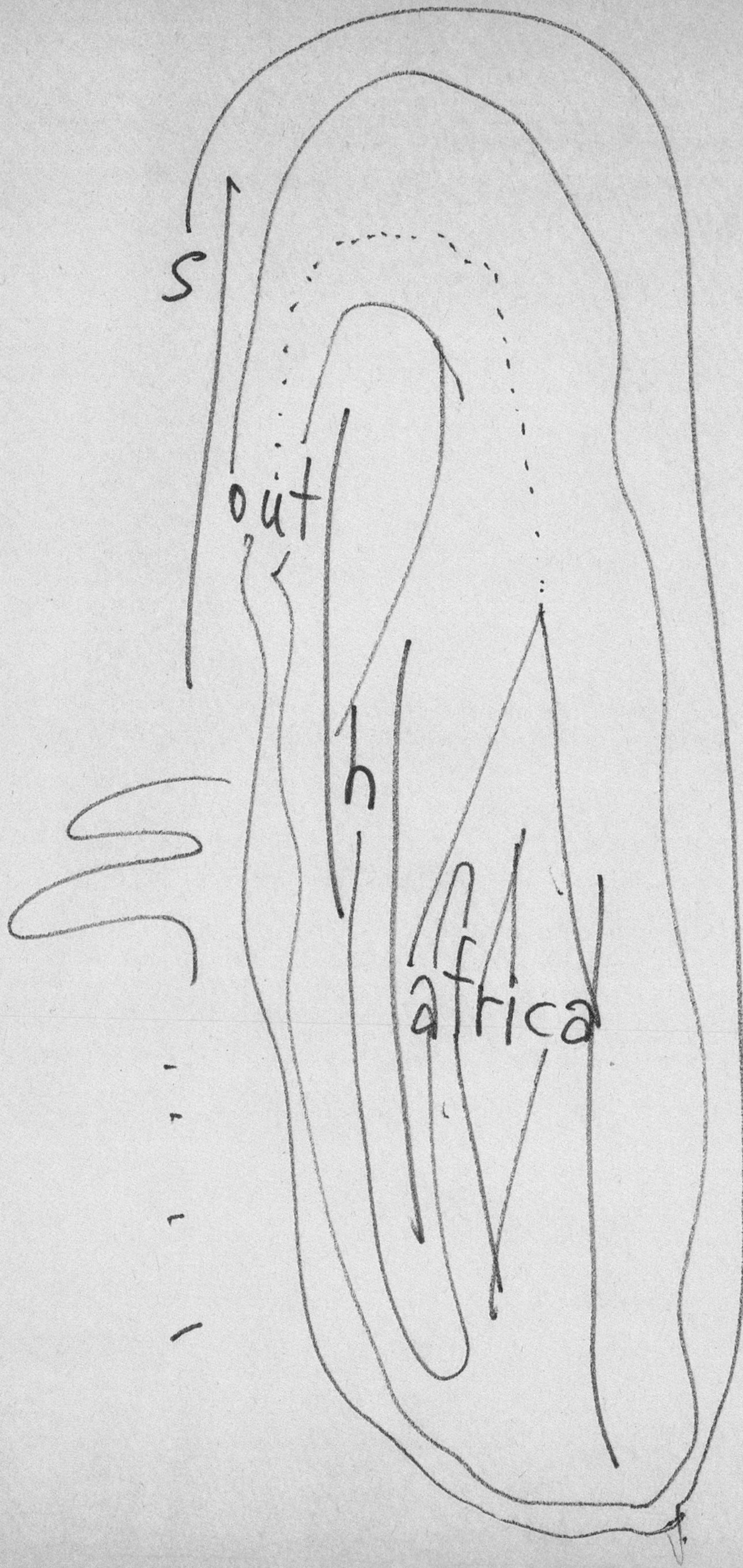
s
out
h
africa

Der vielsprachige Jandl

normi the blitzenfreund

kuh, she said, kuh, and looked out of a bush with red apples;

Sprachpolizei und Spielpolyglotte
Für Ernst Jandl

Von Yoko Tawada

Hat die japanische Sprache auch Grammatik oder sprechen die Leute ohne Regeln?

Wie meinen Sie das?

Gibt es Genus? Nein? Gibt es Plural und Singular? Nein? Gibt es Deklination? Nein? Gibt es Präposition? Nein? Bestimmte und unbestimmte Artikel? Nein?

Gibt es Botanik in Japan oder wachsen die Pflanzen ohne Regeln?

Gibt es feminine und maskuline Wörter? Haben einige Wörter eine Gebärmutter im Leib? Ist der Rock männlich, während die Hose weiblich ist? Gibt es ein Genus beim Verzehren eines Satzes? Gibt es einen bestimmten Geschmack, wenn ich ein „Frau-Wort" auf die eigene Zunge lege? Wie schmeckt eine Tafel Schokolade als Wort? Du sagst, du möchtest eine Tafel Schokolade haben. Möchtest du eigentlich eine Tafel haben oder eine Schokolade? Gab es zuerst die Schokolade oder die Tafel, die noch nicht Schokolade geworden ist? Eine Tafel ist keine Tasse, kein Gefäß. Sie ist ein flacher, viereckiger Traum, mit dem man der Lust ein Maß gibt. Dinge werden in eine Form eingepreßt, damit sie gezählt und kontrolliert werden können. Eine Tafel Schokolade ist erlaubt, zwei Tafeln Schokolade könnten Karies verursachen, drei Tafeln Schokolade werden von manchen schon als Sünde angesehen. Dennoch kennt der Appetit kein Ende. Die meisten eßbaren Dinge sind unzählbar: Honig, Nudeln, Gemüse. Sie werden mit einem Löffel, mit einer Dose oder auf einer Waage gemessen.

Mehl, Milch und Mus: Wieviel davon brauche ich? Mühe, Mut und Müdigkeit: Wie viel Mühe gibt man sich, um eine Sprache kennenzulernen? Wie viel Mut braucht der Mensch, um eine Sprache zu verlassen? Wie müde bist du von der Grammatik? Wie viel Mut mußt du haben, um ein ausgedachtes Wort auszusprechen?

Wörter werden zählbar, wenn sie getrennt geschrieben werden. Wenn sie ohne Lücken dastehen würden, würde ein Text wie eine lange Nudel aussehen. Die Gegner des Nudelgerichtes haben die Worttrennung erfunden.

Wenn du „Rad fahren“ getrennt schreiben willst, fahren wir mit zwei Fahrrädern durch die Gegend. Wenn du das Wort lieber zusammenschreiben willst, fahren wir mit einem Tandem. Da kommt ein Polizist und sagt, man dürfe auf der neuen Straße in der Innenstadt kein Tandem mehr fahren. Warum? Wir sind immer mit einem Tandem unterwegs gewesen. Wir können nicht unser Rad durch zwei teilen.

Auf meinem Schreibtisch gibt es eine Landstraße, auf der jedes Wort frei fahren kann. Dort fährt ein Kaffee ohne Tasse oder ein Nebensatz ohne Komma.

Damit man weiß, wo ein Wort endet und wo das nächste beginnt, schreibt man die Wörter getrennt. Eine Reihe von Buchstaben, die man zusammenschreibt, ist ein Wort. Auch ein sehr langes Wort ist ein Wort, da es zusammengeschrieben wird. Man darf daher kein Wort auseinandernehmen. Jedoch gibt es trennbare Wörter. Wenn ein Wort trennbar ist, ist es kein Wort mehr, sondern zwei Wörter. Warum spricht man nicht von einem „fusionierbaren“ Verb und einer untreuen Präposition anstatt von einem trennbaren Verb? Ein Wort ist eine Illusion. Ein Wort kann mehrere Wörter sein, sowie eine Sprache zugleich mehrere Sprachen sein kann.

Ein untrennbares Paar ist doch trennbar, sonst ist es kein Paar. Ein Wort wartet heimlich darauf, auseinander genommen zu werden. Nicht nur, wenn die Zeile zu Ende geht, sondern, wenn man sich zum Beispiel an eine Frau erinnert. Denkt man an Monika, springt aus seiner Mundharmonika eine Monika heraus, und das Wort wird in zwei Teile geteilt: Mundhar und Monika. Was ist aber ein Mundhar? Ein Haar, das im Mund wächst? (Jandl: *straßenelend in westberlin*)

Das getrennte Paar wieder zusammenzubringen und das untrennbare Paar zu trennen sind weder die Aufgabe eines Linguisten noch die eines Therapeuten.

Ich „trete“ mit leichtem Schritt das Gesetz „über“, wie man einen Stein übertritt.

Wenn man einen schweren Satz übersetzen will, setzt man den Satz mit dem Boot über. Dann entsteht ein Fluß zwischen den Sprachen.

Ich breche die Grammatik durch, den Stab der Sprachpolizisten. Ich durchbreche die Schlachtlinie und finde dort meine Feinde. Wie sehen sie aber aus? Ich muß sie erst erfinden. „Ich finde sie er.“ Ich verstehe sie nicht. „Ich stehe sie nicht ver.“ Ich spreche sie nicht an. Ich anspreche sie.

Was getrennt wird und was zusammenbleiben muß, wird durch bestimmte Regeln bestimmt. „Die Regeln müssen sein“, sagen dir nicht die Polizisten, sondern deine Freunde. „Das ist eine Spielregel, daran mußt du dich halten, sonst spielen wir nicht mir dir.“ Demokratische Freunde verkaufen dir den Zwang als Spielregeln.

Wenn du eine kurze Zunge hast und das Wort „Spielregel“ ganz schnell aussprichst, hört es sich an wie „Spiegel“.

Der Regel treu bleiben: Das ist ein Muß.

Ein Mus ist kein Muß. Das Mus ist eine süße Masse, grammatikalisch gesehen, unzählbar.

„Buchstäblich gesehen“ ist es aber zählbar: M und U und S: das sind drei Buchstaben.

Was du zählen kannst, kannst du auch umstellen. Ums Sum, Usm, Smu, Msu.

Die Buchstaben sind bereit, durcheinandergewürfelt zu werden. Sie sind Würfel auf einem Spieltisch.

Man muß ein trennbares Verb trennen.

Man muß einen Namen groß schreiben.

Man muß nach dem letzen Buchstaben eines Satzes einen Punkt setzen. Das ist ein Muß.

Es gibt so viele Sorten vom Mus: Apfelmus, Pflaumenmus und mousse au chocolat kennt jeder.

Mandelmus und Jandelmus kennt nicht jeder.

Mandelmus gibt es gewöhnlich nur im Reformhaus. Das Reformhaus hat nicht bei jeder Reform mitgewirkt, zum Beispiel nicht bei der Rechtschreibreform. Genau wie die meisten Menschen schreiben sie weiter nach der alten Art oder nach der neuen Art oder eine „Melange“ von beiden:

„Biospaghetti“ schreiben sie manchmal mit „h“, manchmal ohne.

„Diät leben“ schreiben sie manchmal groß, manchmal klein.

Was passiert, wenn man einen Namen klein schreibt? Was passiert, wenn man „Anna“ mit zwei kleinen „a“s und zwei kleinen „n“s schreibt? Dann wird Anna so klein wie Alice im Wunderland.

Manche glauben, die Länge eines Wortes an der Anzahl der Buchstaben messen zu können. Das „Leben“ ist fünfbuchstaben lang, während die „Krankenversicherung“ neunzehnbuchstaben lang ist. Dabei hat ein geschriebenes Wort nicht die gleiche Länge wie ein gesprochenes. „Sch“ von „schreiben“ sind drei Buchstaben aber nur ein Zischen im Mund, und dieses Zischen dauert nicht länger als beim „s“ von „studieren“. Dennoch kommt einem die Zeit für das Studium kürzer vor als die zum Schreiben. Wie kann man das Studium genau so lang machen wie die Schreibzeit? Es nützt nicht, länger zu studieren. Du versuchst, das Studium zu verlängern, indem du das Wort „studieren“ mit „sch“ schreibst. Durch das Studium gewinnt man die Fähigkeit, etwas falsch zu machen. Alles, was neu ist, erscheint zuerst als falsch. Und die Freunde lachen dich aus, ohne zu merken, daß sie dadurch zu Sprachpolizisten werden.

Vieles bei der Sprache ist geheimnisvoll. Man kann alles in Frage stellen, aber keiner zweifelt daran, daß ein Elefant ein Substantiv ist. Das ist ein Rätsel mit einem langen Rüssel. Es gibt viele Adjektive, die auf „ant" enden wie zum Beispiel signifikant, redundant, elegant oder arrogant. Dennoch weiß man, daß ein Elefant niemals ein Adjektiv sein kann.

Die Wortart ist eine Art, hilft aber nicht der Kunst. Die Wortart dient eher der Stabilisierung einer Hierarchie unter einzelnen Wörtern. Das Substantiv ist der Hausherr, und das Verb ist die Hausherrin. Die Präpositionen und die Artikel sind Untermieter, sie können nicht allein ein literarisches Werk gestalten. Oder doch? (Jandl: *wanderung*) Es ist unwahrscheinlich, daß ein Artikel genauso gewichtig erscheint wie ein Substantiv. Oder doch? (Jandl: *modell einer einfachen strophe*)

Die Wortarten sind Personalausweise, in denen die Rassenmerkmale eingetragen sind. Man kann natürlich aus einem Verb ein Substantiv machen oder aus einem Adjektiv ein Verb. Aber die Geschichte der Übersiedlung wird in jedem Fall dokumentiert und eingetragen.

Die freiberuflichen Wörter werden als Partikel genannt. Sie können erfolgreich, beliebt und berühmt sein, dennoch haben sie keine feste Stelle in einem Satz. In Comics werden „Pst!" oder „hopp" in eine Sprachblase gesetzt, während „zzz" oder „bang" in die Luft hineingeschrieben werden. Sie drücken Art und Weise einer Bewegung aus, sie können aber nicht zu einem Adverb werden. Vielleicht, weil es zu offensichtlich ist, daß sie Geräusche nachahmen. Im allgemeinen muß die Sprache so tun, als hätte sie schon längst die Geste der Nachahmung abgeschafft. Das Onomatopoetische in der Sprache wird als primitiv angesehen. Es erinnert an die alte Form der Sprache und gleichzeitig vermittelt es das Gefühl, jeder dürfe sich ein neues Wort erfinden.

Die Grenzpolizei teilt die Partikel in drei Gruppen auf: Illegale Einwanderer, Minderjährige und die Lautpoesie.

Die Lautpoesie kann sehr laut werden, dennoch bleibt sie für viele Ohren nicht hörbar. Die linken Politiker sagen, sie sei politisch zu indirekt. Die rechten Politiker sagen, sie sei entartet.

Eine Laute ist kein lautes Instrument. Ein schwarzer Tee ist oft rot, während ein grüner Tee braun ist. Im Vergleich zu den onomatopoetischen Obdachlosen haben die mittellosen Adjektive ein leichteres Leben. Dennoch leiden sie unter der Diskriminierung. Sie werden unterschätzt, weil viele glauben, die Adjektive seien nur Dekoration.

Der Gegensatz zu groß ist klein. Weil es Großstädte gibt, kann man sicher sein, daß eine Kleinstadt wirklich klein ist. Weil einer zum Großvater geworden ist, weiß er, daß er kein Kleinvater mehr ist.

Der Gegensatz von kurzweilig ist langweilig. Deshalb hat man Angst vor den interessanten Dingen, die das Leben kürzer erscheinen lassen. Lieber ein langweiliges Leben führen als ein kurzes Leben.

Der Gegensatz von „laut" ist „Luise", obwohl Luise laut ist. (Jandl: *Laut und Luise*)

Die Mutter eines Autors kann Luise heißen. Es ist nicht erstaunlich, wenn eine Luise einen Sohn hat, der Gedichte schreibt. Aber es ist selten, daß diese Mutter in der Vorstellung ihres Sohns nicht mit ihrem Ehemann oder ihrem Geliebten ein Paar bildet, sondern mit einem Adverb. „Laut und Luise", ruft der Sohn, wenn er an seine Mutter denkt. „Das ist nicht normal, du bist krank", sagen ihm seine Freunde. Der Sohn geht zu einem Analytiker. „Herr Patient, an der Stelle Ihres Vaters steht ein Adverb. Sie wollen ein Adverb töten, um mit Ihrer Mutter zu schlafen."

Aber die Adverbien sind doch schon längst tot. Auch die Adjektive sind tot. Sie haben keinen Körper mehr. Es ist verboten, das Wort „groß" groß zu schreiben. Man soll auch nicht das Wort „schief" schief schreiben und das Wort „rot" mit einem roten Stift. Die Wörter dürfen nicht das sein, was sie meinen. Die Wörter müssen Buchstaben bleiben, damit man sie übersehen kann.

Du siehst einen Hund, der aus vier Buchstaben besteht. H, U, N und D. Es gibt keine Schnauze, kein Ohr, sondern nur vier Buchstaben.

Auf dem Flughafen Hamburg arbeitet ein schöner, pechschwarzer Hund. Er trägt ein weißes Hemdchen, auf dem das Wort „Zoll" steht. Er schnuppert an den Fluggästen, die aus Amsterdam ankommen. Er hat eine Nase für das Gesetz. Wie interessant es wäre, wenn der Hund das Schild „Hund" tragen würde.

Was würde passieren, wenn du das Wort „lauter" immer lauter schreien würdest? Man kann im allgemeinen kein Wort „laut" schreiben. Was passiert, wenn man das Wort „lauter" immer größer schreibt? Die Leser mit scheinbar gutem Geschmack würden sofort reklamieren: „Es ist zu laut!" Sie haben Kopfschmerzen im Kopf, Ohrwürmer im Ohr und die Nase voll von der konkreten Dichtung. Sie möchten lieber eine vage Atmosphäre und eine geheimnisvolle Abbildung ihres Wohnzimmers hören.

„Die Wörter sollten nicht das sein, was sie meinen“, sagt der Zollbeamte der Grammatik. „Man darf aus dem Wort ‚Drogen‘ keine Drogen machen. Man darf nicht die Drogen aus dem Land der Wörtlichkeit einschmuggeln.“

Dichter sind Alchemisten. Das Wort „Kot“ fängt dann an, nach Hundekot zu duften und das Wort „Mist“ nach einem Misthaufen.

Du bist gehorsam, denn zuerst konntest du gar nicht sprechen, sondern nur zuhören. Du hörst gerne zu, wenn jemand dir etwas erzählt. Du hörst aufmerksam den Fragen zu, die dir gestellt werden. Dabei machst du aber den Eindruck, als würdest du gar nicht zuhören. Du bist schon mehrmals von der Polizei verhört worden. „Hören Sie uns überhaupt zu!?“ fragt dich ein verärgerter Polizist. „Ja, ich höre Ihnen zu“, antwortest du und schreibst das Wort „hören“ in dein Notizbuch. Man kann das Hören sehen, wenn es geschrieben steht. Man wundert sich doch darüber, daß das geschriebene Hören kein Ohr hat. „Was schreiben Sie da?“ „Ich schreibe hören.“ „Sie spinnen! Hören kann man nicht schreiben.“ „Doch, man kann das Wort hören schreiben.“ Man kann das Hören immer höher schreiben. Man kann das Hören immer höher sprechen. Kann man auch immer höher hören? (Jandl: *hörprobe*)

Wer flott ist, kann auch rot sein. Wer ungeschickt ist, kann auch fleißig sein. Wer müde ist, kann auch groß sein. Die Adjektive versprechen uns eine unbegrenzte Möglichkeit der Gleichzeitigkeit verschiedener Eigenschaften.

Können die Wörter maßlos werden, wenn sie im Gehäuse der Buchstaben eingesperrt sind? Maßlosigkeit braucht keine große Menge. Da es zum Beispiel verboten ist, in einem einzigen Satz zweimal das Wort „nur“ zu verwenden, kann man durch eine Wiederholung dieses Wortes das Maß sprengen.

Was passiert, wenn man das Wort „nur“ vierundachtzigmal wiederholt, ohne ein Verb und ein Substantiv hinzuzufügen? Man stellt sich einen Text vor, der zweiundvierzig Zeilen hat. Jede Zeile besteht aus zwei „nur“, die in der Mitte der Seite wie ein Reißverschluß stehen und die Buchseite in zwei Teile spalten. (Jandl: *nur nur*) Was sieht man, wenn man den Reißverschluß öffnet?

Nur nur kann nur heißen. Nur ist einmalig. Nur ist besonders. Nur ist eine Beleidigung für diejenigen, die mehr sein oder mehr haben wollen. Man hat zwar nichts von „mehr haben“, aber viele wollen nicht nur nur haben. Das Wort „nur“ will nicht mehr sein als nur. Es will sich nicht entwickeln, sondern sich wiederholen. Denn eine neue Form kommt durch eine Wiederholung. Keine Form kommt ohne Wiederholungen zustande.

Eine protestantische Grammatik haßt jede Wiederholung, die den Text in eine

Litanei verwandelt. Die Wiederholung lenkt ab und verführt den Leser zu einer schaukelnden Kinderwiege.

Ein Wort wird wiederholt. Beim ersten Mal denkt man nur an seine Bedeutung. Beim zweiten Mal kommt das Wort verfremdet vor und die Buchstaben werden nach vorne gerückt. Beim dritten Mal sieht das Alphabet nicht mehr vertraut aus. Beim vierten Mal fragt man sich, wie ein Leser überhaupt dieses Geklingel lesen kann. Beim fünften Mal fragt man sich: Wer ist überhaupt der Leser, der sich ich nennt?

Ein Satz ist eine Gewalt. Ein Wort ist ein Rätsel. Ein Buchstabe ist ein Reisender. Er kann den Satz verlassen. An seine Stelle kommt ein anderer. Ein G wird durch ein P ersetzt, so wird Gott zu einem Pott. Ein P wird gegen ein G ausgetauscht, so wird deine Platte eine glatte Scheibe. Die alte Nadel des Plattenspielers sucht auf der glatt gewordenen Scheibe umsonst nach den Tonspulen. Wie klang das Lied? Bald ist aber die melancholische Suche nach der alten Musik zu Ende, und die glatte Platte wird zu einer Eislaufbahn. Man tanzt mit einem Bein, das ist dein Bleistift. Er bewegt sich quer über die Eisfläche. Wer sich auf dem Eis wohl fühlt, ist eiskalt und frei. Keine Sentimentalität, keine Trauer. Mir ist nicht kalt. Eine heiße Liebe für eine eiserne Muse. „Sie" „sei" „Eis": diese drei Wörter bestehen aus denselben Buchstaben. Man stellt dieselben drei Buchstaben um und schreibt stets neue Sätze.

Auch eine Eiskunstläuferin kann nicht überall hinlaufen. Auf der Eisbahn sind Grenzen gezogen. Die Eisoberfläche ist glatt. Du überschreitest die Grenze zwischen „l" und „r", zwischen einem langen und einem kurzen Vokal, zwischen „ö" und „e". Der Herr ist keine Hölle. Er geht auch nicht dahin. Der Herr hört aber, was in der Hölle los war. Mir fällt das japanische Wort „Jigokumimi" ein, was direkt übersetzt „das Hören der Hölle" bedeutet. Gemeint ist hier ein schwerhöriger Mensch, der nur dann gut hören kann, wenn jemand über ihn schlecht redet. Auch die Hellhörigkeit führt dich zur Hölle. Die Strafe wegen der Verwechslung der Hölle mit hell. Die katholische Grammatik wartet lustvoll auf die Strafe und spielt absichtlich ein böses Kind.

Die Buchstaben sind nicht nur frech, sondern auch überflüssig. Einige von ihnen haben keinen Grund zu existieren.

Es gibt einige von ihnen, die sehr wenig arbeiten, wie zum Beispiel „c" in der heutigen deutschen Sprache. Man könnte eigentlich den Mitarbeiter C entlassen. Denn die lächerlich wenige Arbeit, die er leistet, können seine Kollegen Z und K problemlos übernehmen. Mit welchem Recht nimmt Herr C den dritten Platz im Alphabet ein? Die Bienenforschung stellte fest, daß es immer einen bestimmten Prozentsatz der Arbeitsbienen gibt, die nicht arbeiten. Entfernt man diese, entsteht eine neue Gruppe der nicht arbeitenden Bienen. Scheinbar ist es notwendig, daß einige in der Gruppe faul bleiben, damit die anderen fleißig arbeiten können. Wenn man immer weiter die Faulen entlassen würde, gäbe es irgendwann gar keine Arbeitsbiene mehr. Man soll niemals jemanden entlassen, der nutzlos aussieht. Also behalten wir den Mitarbeiter C.

F und V sind zwar beide fleißig, man könnte aber einen von ihnen entlassen. Was V kann, kann auch F machen. Das Wort „ferstehen“ sieht zwar auf den ersten Blick unverständlich aus, wenn man es mit „f“ schreibt. Liest man es laut, so ist es nicht mehr „ferwechselbar“. Ein „Visch“ kann genau so gut schmecken oder schwimmen, wenn er mit einem „v“ geschrieben wird. Die Welt bricht nicht zusammen, wenn man alle „f“s durch „v“s ersetzen würde. (Jandl: *feilchen vür efa*) Die erste Frau der Menschheit nach der christlichen Vorstellung muß dann ihren Namen anders schreiben. Aber die Efa mit „f“ wird auch ein „Feilchen“ bekommen, ein „Feilchen“ mit „f“ natürlich, und man ist plötzlich von einer großen Lust ergriffen, die Buchstaben durcheinanderzubringen, um dem Spielplatz Paradies seine poetische Ausstrahlung zurückzugeben.

Der englische Jandl

Ernst Jandl: Gedichte aus dem Nachlaß

mirth

you want to see my skid marks, lady?
whenever you feel like it. i won't futz you.
you're gonna lip me? – great.
before i hit the road i'd like to let you know
that i too had a couple of parents, yes
just two – two were enough to plop
another godlike shitzky in the world
to glare at you whene 'r you kiss a mirror.
didn't you say, or did you not say that
your mom and dad had a few frightful games
in store for you, mostly involving holes
that you were born with. to get you empty
when there was too much bad stuff in you, but also
to put in, whatever mom and dad, for their own comfort,
decided might be a surprise for you, success
becoming evident, as soon as you, crying most time,
showed signs of vomiting, choking, peeing,
defecating, a little bleeding adding to their mirth.

[Datierung ungewiß, wahrscheinlich Anfang der 1990er Jahre]

sweet suite suet

black nile
while milk
stacks sticks
superduly
storring
crew filthwort
thimply
but clock

there groweth
glooth
thin formworms
cheek-a-patty
slowcop
three kindred bile
nor sweatchalk
way thee thornblock
trocking

sugarfile a bruntsick
steady hole for gritchop
snail plus plasma tropic
sword sort of chortle
lie flooger o'killing klitt
stopstrap
bee

nose no in throttle
churning core / sneaker booty
plotch
draw upon throng
keeling a pepper
snag truly
freshneck
fluck

second prone askance
trip blink daughty
sacking coogles shrilling pleeber fall
thy whittle eater presses a glee
sortie
sealing tracks coogle
throck o' jelly
pour

5.11.66

exercise in a second language

1
you crazy?
no not crazy.
who judge?
you, motherfucker, you.

2
shit.
shit when have to shit.
shit desire?
no brutal force.

3
i reading three.
morning near.
morning for to sleep.
short be year.

4
you me want masturbate?
just see how you do it.
might take long.
needn't stay whole show.

5
why english?
loving english.
mothertongue all the time.
loveless love.

6
god oben.
high oben.
how high oben?
not too high for loben.

7
you ill?
rather kill.
who kill?
killin' you.

8
english you write?
never write.
just sitting.
few words shitting.

9
dropping.
what dropping?
pecker dropping.
bloody mary.

10
heaven.
minus seven.
you one of them?
hitler one of them.

[Datierung ungewiß, wahrscheinlich Anfang der 1990er Jahre]

Michael Hamburger: Aus der Einleitung zu DINGFEST/ THINGSURE (1997)

Introduction

This small selection from one kind of poem written by Ernst Jandl over the decades can still be no more than a belated introduction to his work for English-language readers. There was a time, in the 'sixties and early 'seventies, when no such introduction would have been needed, because Jandl was known in Britain as a brilliant speaker of his performance poems, appearing at international poetry readings like those at the Albert Hall, on the radio, and in print, in two small books put out by Bobby Cobbing and the Turret bookshop respectively. Apart from a fringe staging of his 'opera for speaking voices', Out of Estrangement, at the Edinburgh Festival of 1985 – and a printing of my version of it in the Cambridge University Press yearbook Comparative Criticism – Jandl has ceased to be present here as a poet, playwright or performer ever since.

[...]

Throughout the decades, repeatedly, I have tried to draw attentien to the distinction of Ernst Jandl's works, and cannot do so here without repeating myself once more. This distinction lies in Jandl's capacity to reconcile what, elsewhere, are the extreme polarities of poetic practice, between 'pure' or 'concrete' verse at the one end, a reductive representationalism at the other. What is common to both procedures is his workmanlike application to the material, language and application that has not flagged even when he was beset by the 'yellow dog' depression. From this depression in turn he wrested almost daily defiances of the blankness that was its effect. Yet only one end of his range is represented in my selection. That is why something must be said about the whole gamut, though Jandl himself has given a full and exemplary account of it in two books of workshop reports, *die schöne kunst des schreibens* (the fine art of writing) 1976, enlarged edition 1983, and *das öffnen und schliessen des mundes* (the opening and shutting of the mouth), 1985. Needless to say, these, too, have never appeared in English, though I know of no contribution to poetics at once so personal and so comprehensive, so penetrating and so unpretentiously plain.

Aus: Ernst Jandl: Dingfest/Thingsure. Dublin: Dedalus 1997, S. 5f. (= Poetry Europe Series; 2)

Michael Hamburger: *Vienna: heldenplatz*

An [...] outstanding early performance poem fuses neologistic wordplay with social and psychological comment as trenchant as any by Brecht – with the implication that Brecht's unalienated diction could have been a vehicle too rational for phenomena like that of Jandl's poem, the jubilant reception given to Hitler on his entry into annexed Austria's capital. This poem belongs to the untranslatable sort, but my imitation or travesty goes like this (vgl. Original auf S. 221):

Vienna: heldenplatz

the glintire heldenplatz just about
was subsplurged in a mesh-like human flood
women too amongst it who to the muscle-knee
to weld themselves wildly strove, pregnant with hope.
and roared substantially.

bravouring brow-parting's underswing
from needs, notes northern, hackled
with a number-swell blood-lusting voice
that scythed all home-launderers flat.

at 'em!
the goddlebuck drabbled from phra-ase to phra-ase
with a mucho spriff vocal stub.
ruttily a writhing rose in the mannekin flood
and the women so whitsunly felt their salvation
espicily when a knee-ender staggled them.

Aus: Ernst Jandl: Dingfest/Thingsure. Dublin: Dedalus 1997, S. 8f. (= Poetry Europe Series; 2)

Michael Hamburger: Aus der Übersetzung von *Aus der Fremde/Out of estrangement*

Michael Hamburger übersetzte *Aus der Fremde* Anfang der 1980er Jahre. Jandl las die Übersetzung wohl zu Beginn des Jahres 1982 und schrieb am 4.3.1982 an Hamburger (NL Ernst Jandl): „für alle Deine Bemühungen um mein Stück muß ich dir herzlich danken, [...] vor allem [...] für Deine großartige Übersetzung, die die sprachliche Eigenart des Originals auf geradezu wunderbare Weise im Englischen wiedergibt.“ Nur an einigen Stellen sei er unsicher, weshalb er Hamburger bitte, diese noch einmal zu überprüfen. Im Nachlaß befindet sich ein Typoskriptblatt mit einer englischen Übersetzung, die Jandl selbst anfertigte und die teilweise erheblich von der Version Hamburgers abweicht (vgl. S. 212).

fünfte szene (Ausschnitt)
er: 91
daß aufgefressen würden
tage und tage
von den forderungen anderer
92
daß er nicht längst erstickt sei
an briefen
ihm ins maul gestopft
93
daß nicht längst sein hirn geplatzt sei
schnatternder gifte voll
eingeflößt ins ohr per telefon
94
und er sich zerren lasse
ans drängende publikum
die wollten ihren autor sehen
95
und wenn dann sitze
er vor dem leeren blatt
und nicht ein wort mehr greifbar sei
96
solchen handel habe er
nicht abgeschlossen
weder mit sich noch mit irgendwem

Übersetzung von Michael Hamburger

91
he: that day after day
was gobbled up
by the demands of others

92
a marvel he hadn't choked
long ago on letters
stuffed down his gullet

93
that his brain hadn't burst long ago
full of chattering poisons
poured down his ear through the telephone

94
that he let himself be dragged
to jostling audiences
that wanted to see their author

95
and when he then sat
in front of the blank sheet
and not one word was within his grasp

96
such a deal
he had never made
with himself or anyone

Out of estrangement. opera for speaking voices in seven scenes. Übers. von Michael Hamburger. In: Comparative Criticism, Bd. 9. Hg. von E. S. Shaffer. Cambridge: Cambridge University Press, 1987, S. 246–278, hier S. 271f.

scene five   "portrait of a poet"

91
that being devoured
days and days were
by the demands of others

92
that not been ~~choked~~ suffocated
long since he had by letters
stuffed down his throat

93
that not his brain had burst chattering
of ~~with chattering~~ poisons ~~filled~~ full babbling
poured down his ear by telephone

94
and let himself be dragged
to urging audience
that want to have their author seen

95
and then when sitting
with empty sheet before him
~~and~~ not one word ~~within his grasp~~ present

96
that sort of deal
he never had made
neither with himself nor anyone

Der italienische Jandl

Luigi Reitani: Jandl übersetzen

Jandl übersetzen? Oder sollte man sich zunächst die Frage stellen: Jandl verstehen? Als ich vor fast zwanzig Jahren zum ersten Mal einer Lesung des Autors beiwohnen wollte, warnten mich besserwissende Wiener vor einer möglichen Enttäuschung, denn wie konnte ein ausländischer Student eine so eigenartige Lyrik begreifen, die aus Sprachwitzen besteht und selbst dem Deutschsprechenden Schwierigkeiten bereitet? Und immer noch, sobald ich erwähne, daß ich ungefähr zwei Dutzend Gedichte Jandls ins Italienische übertragen habe, stoße ich auf skeptische oder erstaunte Reaktionen, als wäre gerade die Unübersetzbarkeit ein spezifisches Merkmal dieses Autors, als wäre seine Lyrik so sehr an die Gesetze des Deutschen gebunden, daß jeder Versuch eines Transfers in eine fremde Sprache von vornherein ausgeschlossen werden müßte.

Dabei wurde eben diese Lesung für mich ein Erlebnis, wie es wohl kaum eine andere je gewesen ist. Ich hatte das Gefühl, alles verstehen zu können und gleichzeitig den Wunsch, alles verstehen zu wollen. Da gab es ein Reich, in dem selbst die Toten zu Wort kamen und einen in der Nähe liegenden berühmten Wiener Platz, auf dem die Stimmen der Geschichte plötzlich hörbar wurden. Da gab es den Anfang aller Anfänge, der sich zu einer immer weiter fortschreitenden Krankheit verwandelte. Und einen Hund, der aus einem einzigen Buchstaben und großer Liebe bestand. Unübersetzbar? Ja, insofern manches gar keine Übersetzung brauchte. Immer wieder lese ich meinen italienischen Studenten *schtzngrmm* vor, damit klar wird, daß Gedichte aus Rhythmen und Lauten bestehen, und keiner der Studenten hat bisher verfehlt, darin die dumme Brutalität des Krieges zu hören, der nicht singt und deshalb sich keine Vokale leisten kann. Keine Übersetzung ist hier nötig, eher eine leise Erläuterung, eine knappe Fußnote, die dazu dient, sich ein Wort einprägen zu lassen, dessen Gehalt die Laute schon erklärt haben. (Francisco Díaz Solar hat es trotzdem unternommen, gerade dieses Gedicht ins Spanische zu übersetzen; vgl. S. 230) Es war eine große Klangmusik, jene Lesung, und ich stand plötzlich in einer kommunikativen Situation, die Babel und seine Folgen nicht zur Kenntnis nahm.

Und das Deutsche? Das war neu, authentisch, kristallklar in der Vielfalt seiner Möglichkeiten, die sich durch die Regelüberschreitungen wunderbar entwickelten. Erst später habe ich entdeckt, wie sich Deutschlernende auf der ganzen Welt dank der Lyrik Jandls die Strukturen einer als schwer diffamierten Sprache leicht einverleibt haben. Die Lust der Wörter, welche die Last der Grammatiknormierung ersetzt.

Aber natürlich hat nicht jeder Text Jandls seinen Wert im Fremdsprachenunterricht wie seine Gedichte nicht immer jenseits der Übersetzbarkeit liegen, in dem Sinne, daß sie – von der Sprachkompetenz des Hörers abgesehen – verständlich wirken. Und es gibt freilich Fälle, wo die Semantik nicht in Einklang mit dem Umwandlungsprozeß der Übertragung zu bringen ist und sich die Textdynamik in einer anderen Sprache nicht leicht wiedergeben läßt. So bedauere ich sehr, daß rechts und links auf italienisch nicht verwechselbar sind, obwohl gerade in Italien dies ein grober Irrtum ist. Aber es ist vielleicht gut, daß Grenzen gesetzt werden und der Übersetzer mit dem sekundären Status seiner Texte klar konfrontiert wird, welche ihre Abhängigkeitsbeziehung zum „Original" nicht leugnen dürfen.

Dafür gibt es wiederum Gedichte, bei denen Jandl sprachliche Strategien anwendet, die in einer anderen Sprache durchaus eine Entsprechung finden können. Ich meine nicht jene Texte, in denen der Autor beweist, daß Tradition und Avantgarde nicht unvereinbar sind, und Verse schreibt, die eindeutig in ihrer Semantik sind. Und ich meine auch nicht jene anderen Texte, die hinter einer scheinbaren Einfachheit ihre Kompliziertheit verbergen, welche für den Übersetzer doppelt ist. Was ist zum Beispiel das schöne Bild, aus dem man den Menschen aussparen soll? Ein Gemälde, eine Fotografie, ein Anblick, eine szenische Darstellung? Was tun, wenn die Zielsprache die Zweideutigkeit des Ausdrucks nicht mehr zuläßt? Und wie die liturgische Formel am Schluß dieses Gedichts beibehalten, und dazu noch den Reim und die Seele retten?

Wer übersetzt, trifft hermeneutische Entscheidungen, die nicht auf Argumenten, sondern auf sprachlichen Evidenzen beruhen. Das gilt für die Gedichte Jandls wie für die jedes anderen Autors. Was dem Übersetzer vielleicht helfen kann, das ist der spezifische Rhythmus, der einer lyrischen Diktion innewohnt und dem immer wieder Aufmerksamkeit geschenkt werden muß. Es war insofern für mich ein großes Privileg, mit dem Autor bei Lesungen in Italien auftreten zu können, ihn vorzustellen, meine Übersetzung vorzulesen, nachdem er seine Texte auf Deutsch vorgelesen hatte. Ich glaube, es hat ihm Spaß gemacht, dieses doppelte Auftreten, diese Sprechproben in einem fremden Land, die damit verbundenen Diskussionen.

Er wünschte sich, daß ich eines seiner auf Wienerisch geschriebenen Gedichte in meinen Heimatdialekt übersetze, und ich tat es, indem ich eine Kunstsprache erfand, die vage ans Neapolitanische (das nicht mein Heimatdialekt ist) erinnert. Und es hat mir Spaß gemacht, neben ihm hinter demselben Schreibtisch zu sitzen, ihm zuzuhören, zu versuchen, mit ihm den sprachlichen und rhythmischen Schritt zu halten, trotz der unvermeidlichen Unzulänglichkeit, die jeder Übersetzung anhaftet. Aber braucht nicht jedes „Original" seine Übersetzung, so wie die Übersetzung das „Original" braucht?

Ich meine, wenn ich mich auf die sprachlichen Strategien Jandls beziehe, die keine scheinbare Naivität aufweisen und trotzdem übersetzbar sind, z.B. die Wortkontaminationen und -verzerrungen, die in einem Gedicht wie *wien : heldenplatz* angewandt werden oder wie sie die „heruntergekommene sprache" kennzeichnen. So ist der Weg, der vom Satz zum Sa-Atz führt, oft nachvollziehbar. Er kann durch die neuen Klänge und Assoziationen begangen werden, die in der fremden Sprache entstehen. Und ich glaube, daß der Übersetzer auf diese Weise gezwungen wird, die Wortmechanismen zu hinterfragen, sich mit dem Original tiefer auseinanderzusetzen. So ist die Übersetzung auch eine Möglichkeit, einen Zugang zu einer Lyrik zu finden, die immer neu verstanden werden will und sich gegen die herkömmlichen Interpretationen sperrt. Was ist z.B. das „maschenhafte männchenmeer", in dem der Heldenplatz „versaggert"? Ich habe dazu eine Assoziation mit den „ozeanischen Massen" gefunden, welche den Reden Mussolinis beiwohnten. In meiner italienischen Übersetzung sind es aber „ometti [Männchen] oceanici", die da erscheinen, und dazu noch „mestosi", ein erfundenes Wort, das eine Verballhornung von „maestosi" [majestätisch] ist und an „mesti" [betrübt, traurig, unselig], aber auch an „menare" [schlagen] erinnert. Dabei mag das Fischfangmotiv, das in der „Masche" steckt (wie die Kommentatoren zu Recht behaupten), verlorengegangen sein. Mir waren die alliterierenden historischen Assoziationen wichtiger. Gefischt werden die Männchen trotzdem in der Übersetzung, wenn der „gottelbock" („deuccio-caprone": eine fast wörtliche Wiedergabe, die sich aber an Carlo Emilio Gadda anlehnt, der Mussolini ähnlich beschrieben hat) seine Stimme hören läßt, die auf italienisch „corrupata" ist: ein Mittelding zwischen „arrapata" [geil] und „corrotta" [verdorben, korrupt]. Und so weiter. (Für eine analytische Darlegung der Kriterien, denen ich in meiner Übersetzung gefolgt bin, vgl. Reitani 1997.)

Wer sich durch eine Übersetzung den Gedichten Jandls annähert, darf nicht vergessen, daß dieser Autor ein Übersetzer war, der sich zwischen den Sprachen bewegte und manchmal das Englische neben dem Deutschen verwendete, um schließlich zum Wiener Dialekt zu gelangen. Mehrsprachigkeit gehörte somit zu seiner Poetik. Übersetzungen können vielleicht die außerordentliche Dimension eines Werks freilegen, das die Entgrenzung der Sprache programmatisch verfolgte.

Verwendete Literatur

Reitani 1997 = Luigi Reitani: Frasi e „Safri". Sulla traduzione italiana di „wien : heldenplatz". In: Ernst Jandl. Proposte di lettura. Hg. von Luigi Reitani. Udine: Forum 1997, S. 51–68.

Luigi Reitani: Übersetzungen von Jandl-Gedichten ins Italienische

contenuto

per fare una poesia
non ho niente

una lingua intera
una vita intera
una mente intera
una memoria intera

per fare una poesia non ho niente

inhalt

um ein gedicht zu machen
habe ich nichts

eine ganze sprache
ein ganzes leben
ein ganzes denken
ein ganzes erinnern

um ein gedicht zu machen
habe ich nichts

papà vieni conta della guerra
papà vieni conta di come sei partito
papà vieni conta di come hai sparato
papà vieni conta di come sei stato ferito
papà vieni conta di come sei caduto
papà vieni conta della guerra

vater komm erzähl vom krieg
vater komm erzähl wiest eingrückt bist
vater komm erzähl wiest gschossen hast
vater komm erzähl wiest verwundt wordn bist
vater komm erzähl wiest gfallen bist
vater komm erzähl vom krieg

di un linguare

scrivere e parlare in un linguare malandare
essere un mostrare, essere un lo dichiarare, fino a che punto
essersi giunti con quellere: suo monnezzo
vitare lui ora prendère su pale di parole
e lo mostrare come uno degli puzzolosi mucchietti
cui esso sarebbere. esserci non più un ritoccare,
più niente contraffare. o essere parole, anche puzzolose
anche parole in un linguare malandare in ognun caso
uno mascherare dinanzi ai volti veri, cui la lebbra avrebbere
rosicchiatolo. questo essere un domandare, un mortalàre

von einen sprachen

schreiben und reden in einen heruntergekommenen sprachen
sein ein demonstrieren, sein ein es zeigen, wie weit
es gekommen sein mit einen solchenen: seinen mistigen
leben er nun nehmen auf den schaufeln von worten
und es demonstrieren als einen den stinkigen haufen
denen es seien. es nicht mehr geben einen beschönigen
nichts mehr verstellungen. oder sein worten, auch stinkigen
auch heruntergekommenen sprachen-worten in jedenen fallen
einen masken vor den wahren gesichten denen zerfressenen
haben den aussatz. das sein ein fragen, einen tötenen.

vienna : piazza degli eroi

l'intersa piazza degli eroi all'incirco
straflosciava in mestosi ometti oceanici
tra loro donne, che al ginocchio mascolare
di premere pressanti si tentavano, pregne di sperare.
e mugghiolavano essenzialmente.

mentrito sottoslancio sulla fronte ciuffosa
per benbisogno nordico, grintolava
con voce innumerantesi, corrupata di sangue,
falciando completosi i mi-faccio-i-cazzimiei.

puntare!
straltellava il deuccio-caprone da SA-fre a SA-fre
con moncherin di voce gigallescamente sgronfia.
fregolando vermeggiava il mare di ometti
e per le femmine fu penecoste sulla heil,
tantro più se incervate dall'inginocchio a corna.

wien : heldenplatz

der glanze heldenplatz zirka
versaggerte in maschenhaftem männchenmeere
drunter auch frauen die ans maskelknie
zu heften heftig sich versuchten, hoffensdick.
und brüllzten wesentlich.

verwogener stirnscheitelunterschwang
nach nöten nördlich, kechelte
mit zu-nummernder aufs bluten feilzer stimme
hinsensend sämmertliche eigenwäscher.

pirsch!
döppelte der gottelbock von Sa-Atz zu Sa-Atz
mit hünig sprenkem stimmstummel.
balzerig würmelte es im männechensee
und den weibern ward so pfingstig ums heil
zumahn: wenn ein knie-ender sie hirschelte.

veramente bello

per friederike mayröcker

semplicità rende il complicato bello, who knows
complessità rende il facile bello, who knows
essere semplicemente complicati è forse meno bello
esssere semplicemente semplici forse non è neanche così bello

forse il complicato richiede
una rappresentazione semplice, per essere bello
come forse il semplice, per essere bello
richiede una rappresentazione complicata

ad ogni modo gli uni preferiscono il semplice
al complicato
e gli altri preferiscono il complicato
al semplice

quando poi il semplice è il complicato
coloro che preferiscono il semplice preferiscono il complicato
e quando il complicato è il semplice
coloro che preferiscono il complicato preferiscono il semplice

così forse tutti gradiscono tutto, ma in nessun modo
l'uno dovrebbe biasimare l'altro per le sue preferenze, ma accettarlo
e accettare se stesso, questo solo
sarebbe veramente bello.

wirklich schön

für friederike mayröcker

einfachheit macht das komplizierte schön, who knows
kompliziertheit macht das einfache schön, who knows
einfach kompliziert sein ist vielleicht weniger schön
einfach einfach sein ist vielleicht auch nicht so schön

vielleicht verlangt das komplizierte
nach einer einfachen darstellung, um schön zu sein
so wie vielleicht das einfache, um schön zu sein
nach einer komplizierten darstellung verlangt

jedenfalls haben manche das einfache lieber
als das komplizierte
und andere das komplizierte
lieber als das einfache

wenn dann das einfache das komplizierte ist
haben die die das einfache lieber haben das komplizierte lieber
und wenn das komplizierte das einfache ist
haben die die das komplizierte lieber haben das einfache lieber

so haben vielleicht alle alles gern, aber keinesfalls
sollte einer den anderen wegen seiner vorliebe schelten, sondern ihn gelten lassen
und sich selber auch, das allein
wäre dann erst wirklich schön

i primi dieci anni
du secul' passato
stavano tutt' cà assetat
e s'hann skitt ammaravigliat'

inda l'ulteme dieci ann'
du secul' passato
stavan tutt' cà assetat
e s'hann skitt ammaravigliat'

inda i primmi dieci ann'
du chiss secul'
stavano tutt' cà assetat
e s'hann skitt ammaravigliat

e inda l'ultme dieci ann'
d kiss secul'
stamm ancora cà assettat
ma chiù nisciun s'o ammaravigliat

de easchdn zen joa
fon den furrechn joahundat
san s olle do gsessn
und hom se nua gwundat

in de letztn zen joa
fon den furrechn joahundat
san s olle do gsessn
und hom se nua gwundat

in de easchdn zen joa
fon den 20. joahundat
san s olle do gsessn
und hom se nua gwundat

und de letztn zen joa
fon den 20. joahundat
sitz ma imma no do
nua doss kaan mea wos wundat

Der spanische Jandl

Francisco Díaz Solar: Jandl übersetzen

Ich muß gestehen, daß ich die Redewendung „das kommt mir spanisch vor" nicht kannte. Jemand, der Spanisch als Muttersprache hat, kann sich nicht im Traum vorstellen, daß seine Sprache im Deutschen das Bild von Unverständlichkeit evozieren könnte. Im Spanischen sagen wir in analogen Situationen „das klingt chinesisch", was wegen der sprachlichen und kulturellen Unterschiedlichkeit logischer scheint. Vielleicht trägt diese Idee des Spanischen als Prototyp der sprachlichen Unterschiedlichkeit dazu bei, daß jene, die erfahren, daß ich Jandl übersetze, verwundert sind, aber auch Ungläubigkeit und Zweifel äußern; sie vermuten, daß Jandls Dichtkunst unweigerlich an die deutschen Laute gebunden ist, und sie setzen voraus, daß nur Leser deutscher, oder bestenfalls noch solche englischer Muttersprache – denn in diese läßt (ließe) sich Jandls Dichtkunst noch übersetzen – sich seines Erfindungsgeistes erfreuen können. Ich aber, ein kubanischer Übersetzer, Autodidakt, unorthodox und wählerisch, habe Jandl ins Spanische übertragen und werde dies weiterhin tun. Einen Dichter solchen Kalibers in eine Weltsprache einzuführen, ist eine Aufgabe, für die ein Versuch lohnt, und es steht dabei lediglich ein eventuelles Versagen meinerseits auf dem Spiel.

Zweifellos haben Skeptiker recht, wenn sie meinen, daß sich viele Gedichte Jandls nicht ins Spanische übertragen lassen. In diesen Gedichten dreht sich alles um das Spiel mit Lauten, um die Arbeit mit der Sprache an sich, die, nennen wir es einmal so, die Wortbedeutungen hinter sich herschleift. Im Falle solcher Texte können die Unterschiedlichkeiten zwischen diesen beiden Sprachen ein unüberwindbares Hindernis darstellen. Im Deutschen sind einsilbige und zweisilbige Wörter häufig, im Spanischen hingegen nicht. Im Deutschen gibt es häufig aneinandergereihte Konsonanten, der spanischen Phonetik ist das fremd. Jandl macht sich gerade diese vermehrte Existenz einsilbiger Wörter in vielen Texten zunutze, ebenso die extrem häufige Aufeinanderfolge von Konsonanten, und er geht sogar so weit, sich auf diese zu beschränken.

Andererseits hat die deutsche Tradition des Humors in der Dichtkunst, mit ihren phonetischen Pirouetten und Widersinnigkeiten, kein Äquivalent im Spanischen.

Das gerät dem Übersetzer zum Nachteil, denn Schulen oder analoge Dichter in der Literatur der Zielsprache liefern Orientierungshilfen. Aber es gibt auch haltbare Argumente, die für eine Übersetzung sprechen. Jandl schreibt nicht nur solche Gedichte, die unweigerlich an eine phonetische Wiedergabe gebunden sind, insbesondere an seine ihm eigene ganz spezifische Lesart, die jedoch den Lesern meiner Anthologie im Prinzip verwehrt bleibt, befinden sie sich doch in einer unterschiedlichen Rezeptionssituation. Jandl schreibt, um es mit seinen eigenen Worten zu sagen, „verschiedene Arten von Gedichten“: Gedichte in Alltagssprache, Sprechgedichte, Lautgedichte, visuelle Gedichte, und Gedichte in „heruntergekommener Sprache“.

Viele der Gedichte in Normalsprache sind übersetzbar. Das gilt auch für viele Gedichte in „heruntergekommener Sprache“, denn die spanische Sprache besitzt eine komplexe Grammatik, die in etwa ähnliche Reduktionen, wie Jandl sie praktiziert, erlaubt. Jandl ist auch ein Dichter, der eine sehr universale Technik anwendet, die er auf sehr persönliche Art zu beleben versteht. Damit meine ich, daß er die Dynamik in seinen Gedichten mittels Variations- und Wiederholungstechnik erzielt, durch immer wiederkehrende Elemente in Konstellationen, die sich verändern, immer jedoch mit der Einbindung von weiteren neuen Elementen. Dieser so unübersetzbare Autor hat mittels dieser Technik das übersetzbarste Gedicht geschrieben, das man sich vorstellen kann, ein Gedicht, das selbst jemand, der des Deutschen nicht kundig ist und lediglich über ein Grundwörterbuch verfügt, fähig wäre zu übertragen: Ich denke an *markierung einer wende* (1944 – 1945).

So wie auch William Carlos Williams, ein nordamerikanischer Dichter, den ich vor mehreren Jahren übersetzte, praktiziert Jandl das, was ich „Elementarismus“ nenne. Darunter verstehe ich jene Auffassung von Dichtkunst, die darauf abzielt, das Gedicht aus einem Minimum an Elementen aufzubauen, den Gedichtumfang zu reduzieren – es handelt sich um äußerst kurze Texte – ausschmückendes und jedwelches rhetorisches Beiwerk wegzulassen und für gewöhnlich auch jeden Bezug zu Schöngeistigem einzuschränken, die vielmehr der Welt der allgemeinen Erfahrungen, des Alltäglichen und des Minimalen den Vorzug gibt. Diese elementaristische Poetik, vorwiegend semantischer Natur, ist an keine Sprache im besonderen gebunden.

Ein anschauliches Beispiel, das für die Variations- und Wiederholungstechnik und den Elementarismus Jandls steht, ist das Gedicht *my own song*. Es beruht auf dem Wiederholen oder Versetzen von Wörtern, die einfache Sätze bilden, und der Autor unterstreicht vor allem zwei grundlegende Wörter, „ich“ und „sein“, die auch im Spanischen einsilbig und schlagkräftig sind.

Mit dem Elementarismus und Minimalismus läßt sich auch die ästhetische Form der Niederschrift und des Improvisierens in Verbindung bringen, die bei Jandl so spürbar ist, die Art, wie er es uns erlaubt, in seine Werkstatt einzutreten, sein Werk im Entstehungsprozeß zu sehen.

Themen und Motive, auf die Jandl zurückgreift, z.B. die Zeit, die Lobpreisung der Freiheit, die Kritik des Krieges, des Nazismus und Militarismus, der körperliche Verfall, die Erinnerung an geliebte Menschen, die Einfältigkeit und Verletzbarkeit des Menschen zeugen von sehr allgemeingültigen Erfahrungen, die durch die Wahrnehmung, Sensibilität und Denkweise jedes beliebigen Menschen entstehen, in jeder beliebigen Sprache, in jedem beliebigen Kulturkreis.

Würde ich mich auf die am leichtesten zu übersetzenden Gedichte beschränken und ausschließlich Arbeiten in Normalsprache und reduzierter Sprache auswählen, könnte ich innerhalb kürzester Zeit eine Ausgabe mit akzeptablen spanischen Versionen zusammenstellen. Das hieße aber, es sich allzu leicht zu machen und in gewisser Hinsicht den Leser zu hintergehen und dem Autor nicht genügend Respekt zu erweisen. Gewiß, diese Einschränkung würde der Grundregel der Lyrikübersetzung gerecht werden, nach der in der Übersetzung der Charakter eines Gedichtes beibehalten werden und im Leser der Zielsprache das der Poesie immanente ästhetische Empfinden geweckt werden sollte. Es würde dabei jedoch gegen eine weitere Grundregel verstoßen bzw. gegen ein Grundprinzip, was die Textauswahl betrifft. Eine Anthologie oder Auswahl bestimmten Umfanges muß eine allgemeine Vorstellung der poetischen Welt des Autors in seinem Gesamtwerk vermitteln.

Zum Beispiel: Das Gedicht *schtzngrmm.* Hier schlage ich eine phonetische Übersetzung vor, nämlich *trnchnbrmm.* Die Klangquelle, die semantische Rechtfertigung, ist TRINCHERA – BOMBAS (was so viel heißt wie SCHÜTZENGRABEN – BOMBEN). Das Gedicht muß als Teil eines Abschnittes in Erscheinung treten, der dem Thema Krieg gewidmet ist, so wie es Jandl in *Laut und Luise* machte oder innerhalb einer Gruppe von Gedichten über dieses Thema. Der Schluß wäre mrrrrrrrr ...... /t-tt, was wie im Deutschen die lautmalerische Wirkung des Maschinengewehrs und des Wortes Tod oder tot wiedergibt.

Man kann dieses Projekt – und viele werden so denken – für arbiträr und spekulativ erachten. Dennoch bin ich der Meinung, daß eine derart experimentelle, erneuernde und ungezwungene Dichtung wie die Jandls dazu einlädt (oder danach verlangt), in der Übersetzung auf ungewöhnliche Hilfsmittel zurückzugreifen. Mich begleiten, drängen und fordern jene kubanischen Autoren heraus, die sich die allerschwierigsten Aufgaben stellten, wie etwa der Übersetzer Francisco Sellén, der um 1870 den unmöglichen Versuch unternahm, Heinrich Heine mit einer dem Deutschen äquivalenten Metrik zu übersetzen, dabei keine nennenswerten Sinnänderungen vornahm und teilweise erfolgreich war.

Die Übersetzung, wie jede andere Kunstform auch, besteht aus Wiederholung und Neuheit. Jandl ins Spanische zu übersetzen, stellt eine große Herausforderung dar, der man nicht nur mit Kenntnis und Können, sondern auch mit Sinn für Abenteuer begegnen muß, denn in der Übersetzung von Dichtung, wie im poetischen Schaffen überhaupt, ist eine ästhetische Komponente beteiligt, die nicht in Handbüchern aufscheint, nämlich das Risiko.

Deutsch von Hannelore Biricz

Francisco Díaz Solar: Übersetzungen von Jandl-Gedichten ins Spanische

contenido

para hacer un poema
no tengo nada

toda una lengua
toda una vida
toda una mente
toda una memoria

para hacer un poema
no tengo nada

inhalt

um ein gedicht zu machen
habe ich nichts

eine ganze sprache
ein ganzes leben
ein ganzes denken
ein ganzes erinnern

um ein gedicht zu machen
habe ich nichts

trnchnbrmm*

trnchnbrmm
trnchnbrmm
t-t-t-t
t-t-t-t
brrrmmmmm
t-t-t-t
s——————c——————h
tsbrmm
tsbrmm
tsbrmm
brrrmmmmm
tchch
tchch
t-t-t-t
t-t-t-t
trnchnbrmm
trnchnbrmm
tsssssssssssss
brrt
brrrrt
brrrrrrrrrrt
scht
scht
t-t-t-t-t-t-t-t-t-t
scht
tsbrmm
tsbrmm
t-t-t-t-t-t-t-t-t-t
scht
scht
scht
scht
scht
mrrrrrrrrrrrrrrrrrrrrrrrrr
t-tt

*(compuesto mediante las consonantes de “trinchera” y “bombas”.
Este texto está concebido para leerse en alta voz.)

schtzngrmm
schtzngrmm
t-t-t-t
t-t-t-t
grrrmmmmm
t-t-t-t
s---------c---------h
tzngrmm
tzngrmm
tzngrmm
grrrmmmmm
schtzn
schtzn
t-t-t-t
t-t-t-t
schtzngrmm
schtzngrmm
tsssssssssssss
grrt
grrrrrt
grrrrrrrrrt
scht
scht
t-t-t-t-t-t-t-t-t
scht
tzngrmm
tzngrmm
t-t-t-t-t-t-t-t-t
scht
scht
scht
scht
scht
grrrrrrrrrrrrrrrrrrrrrrrrrrrr
t-tt

otto y el buldog toto

toto no hace caso a otto
otto: anda toto
toto: wog-guof wog-guof
(que no)
salta como loco toto
otto: así así

otto compra ajo
otto compra ají
otto compra perejil
toto no está allí
otto: toto toto aquí

toto tropieza con otto
otto: toto aquí
toto: wof-guof (que sí)
toto vomita el zapato
de otto: oh toto toto

ottos mops

ottos mops trotzt
otto: fort mops fort
ottos mops hopst fort
otto: soso

otto holt koks
otto holt obst
otto horcht
otto: mops mops
otto hofft

ottos mops klopft
otto: komm mops komm
ottos mops kommt
ottos mops kotzt
otto: ogottogott

estar acostado contigo

estoy acostado contigo, tus brazos
me abrazan, tus brazos
abrazan más de lo que soy,
tus brazos abrazan lo que soy
cuando estoy acostado contigo y
tus brazos me abrazan.

liegen, bei dir

ich liege bei dir. deine arme
halten mich. deine arme
halten mehr als ich bin.
deine arme halten, was ich bin
wenn ich bei dir liege und
deine arme mich halten.

la adaptación de la gorra

yo gorra tomar
gorra que yo en cabeza poner
gorra estar apretada apretada
gorra estar apretada apretada
gorra estar apretada apretada
gorra estar apretada apretada
yo meter rodilla dentro
yo gorra estirar estirar
yo gorra estirar estirar
con dos manos halar
yo gorra estirar estirar
tener dentro rodilla
con dos manos halar
yo gorra estirar estirar
entonces probar
mí quedar bien
boina

die bearbeitung der mütze

ich den kapp nehm
den kapp den ich auf kopf nehm
den kapp sein eng eng
den kapp sein eng eng
den kapp sein eng eng
den kapp sein eng eng
ich stecken knie rein
ich den kapp dehn dehn
ich den kapp dehn dehn
mit beide händen zieh
ich den kapp dehn dehn
hab drin den knie
mit beide händen zieh
ich den kapp dehn dehn
dann probier
passen mir
pullmannkapp

del brillar

cuando tu haber perdido el confiando en tu mismo como un
escribidor: cuando tu haber perdido el confiando en las propias
creatividades; cuando tu haber perdido los métodos, las técnicas
para dirigir a los vivos y los muertos; cuando tu haber perdido
el componiendo de palabras frases; cuando tu haber perdido
absolutamente las palabras, todas las palabras, tu no tener
ya ni una sola palabra; entonces tu tal vez
vas empezando brillar, señalar en las noches camino
a hienas, tú fosforescente carroña

von leuchten

wenn du haben verloren den selbst dich vertrauenen als einen
schreibenen; wenn du haben verloren den vertrauenen in den eigenen
kreativitäten; wenn du haben verloren den methoden, den techniken
zu richten den lebendigen und den toten; wenn du haben verloren
den zusammensetzen von worten zu satzen; wenn du haben verloren
den worten überhaupten, sämtlichen worten, du haben
nicht einen einzigen worten mehr: dann du vielleicht
werden anfangen leuchten, zeigen in nachten den pfaden
denen hyänenen, du fosforeszierenen aasen!

Alles ist Nichts
Zu Ernst Jandls *stanzen*

Von Michael Hammerschmid

...ein buch erhebender und niederschmetternder sprachkunde, und nichts sonst
(Ernst Jandl: stanzen. nachwort)

Aber, wie gesagt, an der Welt ändert sie (die Unverschämtheit) nichts. Denn der Witz, besonders der aggressive Witz, ist ein zwiespältiges Wesen. Er ist Rebellion und Resignation zugleich.
(Sigmund Freud: Der Witz und seine Beziehung zum Unbewußten)

Der Dialekt

Vor allem in Ernst Jandls Spätwerk taucht er verstärkt auf, und die *stanzen* (1991/92) ließen sich auf den ersten Blick auch als sogenannte Dialektgedichte lesen, nur müsste man darunter wohl etwas anderes verstehen, als man zunächst möglicherweise damit verbindet. Jandls *stanzen* sind nur in begrenztem Sinn Ausdruck einer authentischen Sprechweise, die der Autor etwa wiedergibt, um sich an seine Kindersprache zu erinnern. Dem Dialekt hängt ja oft zweierlei an, eine gewisse Sentimentalität und etwas Reaktionäres: ein Sich-Zurückwenden, Wurzel-Suchen, das in der österreichischen Geschichte mit dem nationalsozialistischen Erbe der „Heimat- und Dialektpflege" nach wie vor heikel eng verknüpft ist. Jandls Dialekt in den *stanzen* ist im Gegensatz dazu als etwas Anarchisches und Unwägbares zu begreifen. Er ist ungehalten, rüde und direkt, ohne sich um Richtigkeit oder Originalität zu kümmern, weder im politischen, noch im sentimentalen Sinn, und er ist auch nicht das Resultat eingehender Auseinandersetzung, wie das etwa bei H.C. Artmann und Gerhard Rühm der Fall ist. Am ehesten ähnelt der Dialekt bei Jandl einer kleinen Wunschmaschine, die der frechen, dialektischen Mechanik der „stanze" abgetrotzt ist, welche aus zwei mal zwei Versen besteht und eine Dialektik von Behauptung und Gegenbehauptung, von Frage und Antwort in Gang bringt. In Jandls Worten:

> die von mir angewandte form der „stanze“ ist ein vierzeiler. jede zeile enthält, von einer deutlichen zäsur auf distanz gebracht, zwei stark betonte neben einer jeweils freien zahl von minder betonten oder unbetonten silben. letzteres bietet ungeahnte möglichkeiten der variation. (Jandl 1997/9, 284)

Das klingt dann etwa so:

> wia du des gschbüd hosd
> is anfoch a schaas
> schreib liaba deine gschdanzln
> hea da d'musik on zum schbaas (Jandl 1997/9, 264)

Der Einspruch in den ersten zwei Zeilen und die hedonistische Wendung zum Spaß beim Musikhören in der zweiten Gruppe, so einfach, könnte man sagen, funktioniert dieses „Werkl“, ein oberflächlich gesehen ganz unspektakuläres Prinzip, das weniger der sogenannten hohen Kunst als einem schlichten Dichterhandwerk zu entstammen scheint; wie etwa ein Gassenhauer, ein Kinder- oder Auszählreim. Für sich wiederentdeckt hat Ernst Jandl diese Form beim Hören einer CD des österreichischen Musikerduos Attwenger, wie im Nachwort der *stanzen* zu erfahren ist. (Vgl. den Beitrag von Volker Kaukoreit) Das Wiener Dialektlexikon von Wolfgang Teuschl, der auch durch seine Übertragung der Bibel in den Wiener Dialekt bekannt wurde, führt Jandl als weitere Inspirationsquelle an. Und auch dem Hiphop, den er in dieser Zeit zu schätzen begann, zollt er im Nachwort hohen Tribut wie auch dem Vienna Art Orchestra, mit dem Ernst Jandl seit den 1960er Jahren immer wieder zusammengearbeitet hat. Die Einflüsse für seine Stanzen-Dichtung stammen also vor allem aus der Musik, mit dem Duo Attwenger und dem Hiphop aus dem Bereich des improvisierenden Sprechgesangs. Was auffällt, ist die Mischung an Einflüssen, welche die *stanzen* als Form bestimmt und die sie aus ihrer Beschränktheit auf Lokales herauszieht, sie internationalisiert und den Einflüssen anderer, verwandter Kunstformen öffnet. Was die genannten Einflußquellen dabei gemein haben, ist in erster Linie ihr ausgeprägtes Bekenntnis zur Variation als Kreationsprinzip. Sie nehmen auf und an, verwandeln und variieren. Sie grenzen sich nicht sosehr von anderen Künsten ab, sondern setzen sich dem Neuen aus, bis es als etwas anderes zu sprechen beginnt.

> anst woa da hans ARP
> scho a oat inspiration
> heit is des da RAP
> ob ma woin oda ned (Jandl 1997/9, 195)

Der Dialekt der *stanzen* ist also nicht als mimetische Annäherung an etwas Ursprüngliches, Originales, zu Wiederholendes zu verstehen, sondern er gewinnt seine Eigenart durch Abweichung, Ausprobieren und Verwandeln. Dabei ist es eher die unheimliche Seite des Dialekts, die bei Jandl ganz im Sinne Sigmund Freuds als seine heimelige, heimatliche Seite produktiv wird. (Vgl. Freud 1992) So wie es Ernst Jandl in Bezug auf seine *gedichte an die kindheit* von 1976 betont, schrieb er diese nicht wie „gedichte aus der kindheit", sondern nähert sich den Tönen und Eigenarten jener „verkindlichten sprache" als einer „fremden" Sprache an:

> sie enthält fehlerhaftes, widersprüchliches und banales, wird aber, im gegensatz zur „heruntergekommenen" abart, deutlich gesteuert durch eine der dauernden sprachschulung ausgesetzte intelligenz. Man beachte im übrigen, daß hier nicht versucht wird, „gedichte aus der kindheit" zu schreiben; vom alter des autors ist mehrfach die rede, und er täuscht es nicht weg. (Jandl 1997/8, 17)

Analoges ließe sich von der in den *stanzen* gegenüber dem Dialekt ausgedrückten Haltung sagen. Was den spezifischen Ton und Dialekt der Stanzendichtung anlangt, so schreibt Jandl in seinem Nachwort, daß er ihn als „eine zweite sprache tief in sich" hatte, weil er ihn aus dem Mund der sogenannten „Gschdanzlsänger" während seiner jährlichen Sommeraufenthalte in Niederösterreich in seiner „frühen Kindheit", bis etwa 1929, kennen lernte. Diese „Gschdanzlsänger" trugen ihren Sprechgesang im niederösterreichischen Dialekt vor, „der sich in einer gewissen nähe zu den wiener dialekten bewegte. meinen erziehungspersonen, vor allem meiner mutter, galt der grossstadtdialekt als ein klassenstigma." (Jandl 1997/9, 283) Die spezifische Färbung der *stanzen* ließe sich vielleicht am ehesten als im übertragenen Sinn „rurales Wienerisch" bezeichnen. Das heißt auch als stigmatisierter und, zumindest was die elterliche Besetzung betrifft, ketzerischer Ton. Nicht zuletzt ist es wohl auch die „Weichheit" und Rohstofflichkeit des Dialekts, die ihn für Jandl so geeignet werden läßt. Der auch dem Sprechen in rohen, unausgegorenen Sprachzuständen – wie etwa in alten Sprachen und Sprachschichten, beim Sprechen von

Kindern oder in tranceartigen Zuständen – nahe Dialekt wird in Jandls Verwendung aber nicht der Fetischisierung feilgeboten, sondern er äußert sich in jeder „stanze" ganz unbequem und überraschend:

i hob do in mia
so ar oat dialekt
den howi ned von da muata griagd
howin grod east entdeckt (Ebd., 225)

Was hier gerade erst entdeckt wird, ist auch schon mitteilungswürdig. Dabei ist der Dialekt weniger Muttersprache, sondern eine eigene Entdeckung, etwas grundsätzlich Neues. Jandls *stanzen,* in gewissem Sinn eine Art Gebrauchsdichtung, gewinnen sich aus dem Gestus solcher Spontaneität und Unvoreingenommenheit. Die überraschende Wendung, vielleicht eine der wichtigsten Eigenheiten jeder Variation, kommt in den *stanzen* dabei jedes Mal ganz unvermittelt zum Tragen. Es scheint eine Art Wendung zu sein, die keine endgültige Lösung parat hält, sondern nur eine Perspektive. Und sei diese auch so niederschmetternd wie in der folgenden „stanze":

ge fiachd di ned, biawal
bin jo beinoh da bopst
schdecksd dei zipferl in mein mund rein
sogsd ma daun, obsdas mogsd (Ebd., 213)

Die Ambivalenz

Ambivalenz, in ihren verschiedensten Formen und Ausprägungen, als Paradox, als dialektische Szene, als skeptischer Widerstreit, als unauflösbarer Gegensatz, als depressive Ich-Spaltung, als rabelais'sches Lachen usw. scheint eine der Grundspannungen der Jandlschen Dichtung zu sein. Das Thema des Kindesmißbrauchs in der obigen „stanze" begegnet einem in geradezu zarten, liebevollen, und nicht zuletzt durch den Dialekt vertraut klingenden Worten. Die „stanze" nützt diese Spannung zwischen Form und Inhalt aus. Sie versetzt den Leser in einen ambivalenten Zustand, indem sie die unbewußten Sympathien für den Sprecher, dieser drückt sich nett und witzig aus, mit dem Inhalt, mit dem moralischen Vergehen, in Widerstreit bringt. Die Dialektik von Gelingen und (formalem) Scheitern ist nicht nur ein Zug der *stanzen;* sie charakterisiert die Dichtung Jandls in einem grundsätzlicheren Sinn. Vor allem auch die Gedichte in sogenannter „heruntergekommener Sprache“ sind von ähnlichen ambivalenten Strömungen bestimmt. Besonders bedrängend werden sie außerdem in der indirekten, erlebten Bühnen-Rede von *Aus der Fremde,* in der die Spaltung des „ichs“ in ein „ich“ als „er“ quälende Unentschiedenheit erzeugt: Es sind kleine dichterische Motoren, ein Bild, das Jandl mehrmals verwendet, die in diesen Arbeiten produktiv werden und die den eigenen „alltagsdreck“, wie es einmal in *Aus der Fremde* zur Substanz des Stückes und des Lebens heißt (Jandl 1999/10, 220), zum Sprechen bringen. Man könnte sagen, daß Jandls Dichtung diesen Absonderungen und Abfällen zutiefst verpflichtet ist, bringen sie doch jene Ambivalenzen hervor, in denen die Tabus und existenziellen Grundfragen wie von selbst zu arbeiten scheinen: Wo der Ekel und die Verachtung, das Scheitern und die Verzweiflung bedrängend werden, sei es in der Depression wie in *Aus der Fremde,* sei es in der Sprachlosigkeit der Zuwanderer wie in der „heruntergekommenen Sprache“, dort drängt ein elementares Ausdrucksbedürfnis auch tatsächlich not-wendig aus ihnen heraus und findet sich seine Kanäle:

1 franz hochedlinger-gasse

wo gehen ich
liegen spucken
wursten von hunden
saufenkotz

ich denken müssen
in mund nehmen
aufschlecken schlucken
denken müssen nicht wollen (Jandl 1997/7, 126)

Die Zwangssituation, in der der Sprechende dieses Gedichts steckt, das ambivalente Angezogen- und vor Ekel Abgeschreckt-Sein beim Anblick einer sehr alltäglichen Stadterscheinung – dem überall herumliegenden Hundedreck –, liefert den Stoff für dieses Gedicht, mit dem Jandls kleine Sammlung *tagenglas* (1976) beginnt. Es scheint fast so, als würde er von den „spucken“ und „wursten von hunden“ verfolgt: „wo gehen ich“, überall wo er hintritt, liegen sie. Doch mag ihm seine Mitteilung kaum gelingen. Eine Art Lähmung bemächtigt sich seines Sprechvermögens; ob er sich allerdings so hilflos ausdrückt, weil er die Grammatik tatsächlich nicht beherrscht, oder aber, weil ihn die Zwangsvorstellung so bedrängt, daß es ihm buchstäblich die Rede verschlägt, muß unbeantwortet bleiben.

Die Gedichte in „heruntergekommener Sprache" sind ihrer äußeren Form nach vielfältiger als jene der *stanzen.* Im Grunde arbeiten sie aber mit einem vergleichbaren Verfahren, einem ähnlichen Trick könnte man auch sagen: Sie verwenden fremde Sprechweisen, solche, die Ernst Jandl nur vom Hörensagen und Erinnern bekannt sind, um mit ihrer Hilfe das Eigenste, Zwänge, Wünsche und Affekte auszudrücken. Auf diese Weise entwickelt Jandl eine Art indirekte Dichtung, die „aus der Fremde" spricht und sich eine Spur durch das sprachliche Unbewußte sucht, das subkutan in diesen Sprechweisen arbeitet. Im Fall der „heruntergekommenen Sprache" ist es das Idiom von Gastarbeitern, das die eigene Unzulänglichkeit des Sich-Ausdrücken-Könnens zum Schwingen bringt und ihm im Sinne einer Maske die Variation des Bedrängenden anzugehen ermöglicht. Nicht zuletzt in diesem Umweg liegt ihr befreiender Gestus, der besonders in den *stanzen* ins politisch völlig Unkorrekte, ins Anti-Korrekte drängt:

i scheiss da in d'bappm
und du deafst as schlickn
daun scheissd du marin mei bappm
und i deaf dron daschtickn (Jandl 1997/9, 227)

Möglicherweise ebenso eine Zwangsvorstellung wie in *franz hochedlinger-gasse,* wird diese hier aber noch weiterverwandelt: in ein kleines Fest gegenseitiger Tabubrüche, deren Fröhlichkeit durch einen erschreckenden Todeswunsch, der darin mitspricht, konterkariert wird. Darin liegt zweifellos eine Radikalität, die das Reale übersteigert und in den *stanzen* zuweilen bis ins Absurde geht: wie kleine Zerreißproben, die in den früheren Gedichten besonders der experimentellen Phase mehr im Formalen angesiedelt waren und die sich mit der Maske der *stanzen* ins Inhaltliche werfen, ohne im Inhaltistischen zu landen.

Die Vielstimmigkeit

Überspitzt könnte man sagen, die *stanzen* kennen keine Grenzen. Diese Hemmungslosigkeit reduziert sich aber nicht auf Formlosigkeit oder Willkürlichkeit: Jede „stanze" erzählt vielmehr ihre Geschichte und wendet sich einer bestimmten Thematik, Frage oder Problematik zu. Deshalb sind die *stanzen* nicht allein auf ihre Pointe oder Wendung zu beschränken, sondern entfalten sich erst in dem ihnen indirekt mitgegebenen Kontext und in ihrer Mehrstimmigkeit. Einmal spricht die „stanze“ wie ein Toter:

es is nua mei handschuach
es is ned mei haund
mei keapa is in da eadn drin
und driwa scheint da mound (Ebd., 211)

Ein anderes Mal wie ein lüsterner Pfarrer, wir kennen diese „stanze“ bereits:

ge fiachd di ned, biawal
bin jo beinoh da bopst
schdecksd dei zipferl in mein mund rein
sogsd ma daun, obsdas mogsd (Ebd., 213)

Ein drittes Mal wie ein Unbekannter, der die Geschichte der alten „antisemitin“ erzählt:

d'oide antisemitin
waa heit gean a jiidin
dos sogn kennt: schauz mi aun
d'nazi hom uns nix daun (Ebd., 200)

Wem die Stimme gehört, das läßt sich nur vermuten und ist nicht das Wichtigste: Vielleicht wird von hier aber deutlicher, daß die *stanzen* nicht Ausdruck der Befindlichkeit einer Person sind, sondern eher unreine, ambivalente Zustände und Momente darstellen. Wollte man sie im Fokus eines aussagenden Subjekts sammeln, würde man sie zu etwas komplettieren, was sie nicht sind; aus zu verschiedenen Richtungen und mit zu verschiedenen Stimmen wird in ihnen gesprochen.

Das unerwartete Auftauchen dieser Stimmen und Töne läßt nicht zuletzt an die Bedingungen ihrer Produktion denken: Jandl hat die *stanzen,* anders als viele seiner sonstigen Gedichte, nicht so sehr am Schreibtisch geschrieben, sondern dort, wo sie ihm eingefallen sind, beim Gehen, Liegen, Reden etc.:

Nahezu das komplette Buch „stanzen“ (1992) schrieb ich im August 1991 auf meinen, durch einen kurz davor erfolgten Knöchelbruch, den mich der große

> Professor Poigenfürst gipsfrei überstehen ließ, nur unwesentlich behinderten Spaziergängen durch die bei Wiener Altersrentnern höchst beliebte Sommerfrische Puchberg am Schneeberg in Niederösterreich, wohin Friederike Mayröcker ihrer verwitweten Mutter gefolgt war, um ihr die Tage zu versüßen, so daß es für mich keine Alternative zu meinem Aufenthalt dort gab. Meine Mobilität erfuhr durch die Aufzeichnung der zahlreichen Gedichte keine nennenswerte Einschränkung, da die vierzeilige Kurzform des „Gschdanzels" (im Bayrischen „Schnadahüpfels" – vermutlich ein „Lied, das zum Tanz der Schnitter gesungen wird") sich auf kleinsten Zetteln auch im Gehen notieren ließ. Es war, in meiner Zeit als Autor, das erste und bisher einzige Mal, daß eine vorgegebene poetische Form so vollständig von mir Besitz ergriff, daß diese die alltäglichsten Themen in spielerischer Leichtigkeit sich entfalten ließ. (Ebd., 285)

Das Zitat beschreibt etwas von dem Überschwang, den Jandl in Bezug auf die *stanzen* empfunden haben muss. Die *stanzen* selbst sind in einem grundsätzlicheren Sinn und in vielerlei Hinsicht ebenso gesprächig und konfrontieren dabei immer wieder mit der Frage: Wer spricht?, auf die schon István Eörsi, Übersetzer des *tagenglas*-Zyklus ins Ungarische, hingewiesen hat. (Eörsi 1990) Wer spricht, das wendet und verändert sich von „stanze" zu „stanze" und auch von Leser zu Leser. So lesen sich die *stanzen* als eine vielstimmige, polyphone Sammlung, ein Volksstück aus kleinen Performances, von denen jede ihren Eigensinn und ihre Eigenständigkeit behauptet. Wie bei einem Fest scheint jede Stanze für einen Moment aus dem Kollektiv herauszutreten, sich den Regeln (des Tanzes) entsprechend hin und her zu wenden, um ihre, eine ganz eigene Geschichte zum Besten zu geben und danach wieder zurückzutreten und im Kollektiv zu verschwinden.

da taschaikowskij woa ka drottl
dea hod gwusd wosa gmochd hod
owa wauna uns haid schbün hearad
i bin gwis dosa lochad (Jandl 1997/9, 201)

Der Charme solcher Sätze liegt wahrscheinlich nicht zuletzt in der Naivität, die aus ihnen spricht. Und es ist die sprichwörtliche Bauernschlauheit, die sich in ihnen auszudrücken scheint, ein direktes An- und Aussprechen mit den Mitteln der verschiedensten Redensarten: „Jemand ist kein Trottel", das gibt einen ganz bestimmten Ton oder Gestus wieder, eine Anerkennung ganz eigener, alltäglicher Art. Das ist der Stoff, aus dem diese Geschichten sind: Sprachstoff, Redensarten und die Töne und Spannungen, die zwischen ihnen entstehen. Nicht zuletzt dieses Material, das Jandl (sich) hier (an)verwandelt, gibt den *stanzen* jenen populären, aber nicht populistischen, jenen volkshaften, aber nicht volkstümelnden Ton. In gewissem Sinn findet Ernst Jandl mit den *stanzen* in ein Gebiet, in dem er seine eigenen Interessen und Ängste zurücksprechen lassen kann; der Dialekt ist ihm dafür freilich nur ein Mittel unter anderen. Kein ausschließliches Mittel. Keines, mit dem er das Ursprüngliche schon gefunden hätte. Der Dialekt, ja Sprache vielleicht insgesamt, ist ihm nur Vehikel, ein klappriges Gefährt, an dem man immer weiter bauen kann. „Sprache ist von uns gemacht, und wir können, dürfen, sollen alles mit ihr machen, was mit ihr zu machen möglich ist – ohne Scheu und Ehrfurcht, dafür mit Freude, Liebe, Heiterkeit.“ (Jandl 1999/11, 61)

Nihilismus

inhalt

um ein gedicht zu machen
habe ich nichts

eine ganze sprache
ein ganzes leben
ein ganzes denken
ein ganzes erinnern

um ein gedicht zu machen
habe ich nichts (Jandl 1997/8, 7)

„nichts“ fällt in diesem Gedicht, das den Band der *gelbe hund* einleitet, mit „sprache, leben, denken, erinnern“ zusammen. Eine besondere Form von Reichtum scheint sich darin auszudrücken. Alles ist nichts. Dieses Alles ist aber eben beides, alles und nichts. Und die Gedichte, die sich daraus eventuell machen lassen, sind ebenso alles und nichts. Die *stanzen* gleichen eher einer Art Potlatsch (vgl. Mauss 1996), also einer rituellen Zerstörung von Reichtum, der hier eine geradezu infantile Lust auslöst: Alles ist nichts! Alles ist nichts! Der Wert dieser Potlatsch-Szenen liegt dabei in der Preisgabe ihrer Selbsterkenntnis, einer Erkenntnis, die teilweise die Sprache selbst zu machen scheint und die ein Heraustreten aus sich verlangt: ein Sich-Öffnen, auch wenn es in der Maske einer Form geschieht, die jedoch nicht so fixiert ist, daß sie sich nicht in alle möglichen Richtungen verändern ließe, so wie man einem Ball den notwendigen Drall bzw. Spin geben kann.

i schmeiss mäne eia
am besten ins feia
mein schwonz obm drauf
befua r i dasauf (Jandl 1997/9, 228)

Die Impotenz, als peinlich angesehenes Zeichen männlicher Schwäche, wird hier in ein Bild von Lust und Untergang übersetzt. Infantilität und Alterslust, Lustverlust und Lustgewinn scheinen ganz nahe aneinander gerückt und stoßen derart aufeinander, daß sie etwas Drittes erzeugen. Der lustvoll-destruktive Charakter der *stanzen,* der sich dabei abbildet, erinnert an viele Texte der „bösen" Literatur: Besonders nahe ist ihnen aber wahrscheinlich H. C. Artmanns Poesie, die sich immer wieder, wenn auch nur an den äußersten Spitzen, mit der Dichtung Jandls berührt. An *allerleirausch. neue schöne kinderreime* wird diese Nähe zwischen den beiden auf den ersten Blick so unterschiedlichen poetischen Welten deutlicher. Auch in Artmanns Kinderreimen kommt ein flüchtiger Nihilismus zum Ausdruck. Nur sucht sich dieser im Artmannschen Werk ganz andere und sehr weitläufige, buchstäblich kosmopolitische Wege.

grete müller heiß ich,
schöne hälslein beiß ich,
vipernzähnlein hab ich,
scharfe näglein trag ich,
sterbe ich, bin ich nicht tot.
immer nach dem abendbrot,
wenn die schatten singen,
hört ihr meine schwingen. (Artmann 1965–67/93, 11)

Der süßliche Singsang-Ton, der sich bitterböse als *neue schöne kinderreime* betitelt, scheint wie Jandls *stanzen* direkt aus dem Unbewußten zu kommen. Was die *stanzen* und die *kinderreime* vergleichbar erscheinen läßt, ist ihre Maskenhaftigkeit, die sie den seelischen Abgründen vorhalten. Wie ein Geist aus einem fremden Land, aus einer fremden Welt, taucht die *grete müller* des H.C. Artmann-Gedichts auf: Sie stellt sich vor, beschreibt, was sie tut, „schöne hälslein" beißen, und was sie auszeichnet, die „vipernzähnlein" und „scharfen näglein", und woran man sie noch erkennt, am Ton ihrer „schwingen". Das Situationistische oder das Flüchtige dieses Auf- und Untertauchens läßt sich auch an den *stanzen,* wie oben als Szene des Heraus- und Zurücktretens beschrieben, beobachten. Man könnte darin eine Verwandtschaft im Gestus zwischen den Jandl- und den Artmann-Gedichten erkennen, die sich aus ganz unterschiedlichen Bild-Reservoirs speisen, aber doch Verwandtes ausdrücken, nach dem Motto des „Alles ist nichts, aber nichts ist alles".

wias kummen san, de schdundn
so sans a fagongen
wos kunnt aana wiariii
mea fum leebm falongen (Jandl 1997/9, 264)

Verwendete Literatur

Artmann 1965–67/93 = H.C. Artmann: allerleirausch. neue schöne kinderreime. In: Ders.: Das poetische Werk, Bd. VII. Berlin: Rainer Verlag 1993.

Eörsi 1990 = István Eörsi: Die Freuden eines Scheiterns. Zur Übersetzung des Zyklus „tagenglas" ins Ungarische. In: Ernst Jandl. Texte, Daten, Bilder. Hg. von Klaus Siblewski. Frankfurt/Main: Luchterhand 1990.

Freud 1992 = Sigmund Freud: Der Witz und seine Beziehung zum Unbewußten. Der Humor. Einleitung von Peter Gay. Frankfurt/Main: Fischer 1992.

Jandl 1997/7 = Ernst Jandl: die bearbeitung der mütze. In: Ders.: Poetische Werke, Bd. 7. Hg. von Klaus Siblewski. München: Luchterhand 1997.

Jandl 1997/8 = Ernst Jandl: der gelbe hund. In: Ders.: Poetische Werke, Bd. 8. Hg. von Klaus Siblewski. München: Luchterhand 1997.

Jandl 1997/9 = Ernst Jandl: stanzen. In: Ders.: Poetische Werke, Bd. 9. Hg. von Klaus Siblewski. München: Luchterhand 1997.

Jandl 1999/10 = Ernst Jandl: Aus der Fremde. In: Ders.: Poetische Werke, Bd. 10. Hg. von Klaus Siblewski. München: Luchterhand 1997.

Jandl 1999/11 = Ernst Jandl: Autor in Gesellschaft. In: Ders.: Poetische Werke, Bd. 11. München: Luchterhand 1999.

Mauss 1996 = Marcel Mauss: Die Gabe. Form und Funktion des Austauschs in archaischen Gesellschaften. Übersetzt von Eva Moldenhauer. Frankfurt/Main: Suhrkamp 1996.

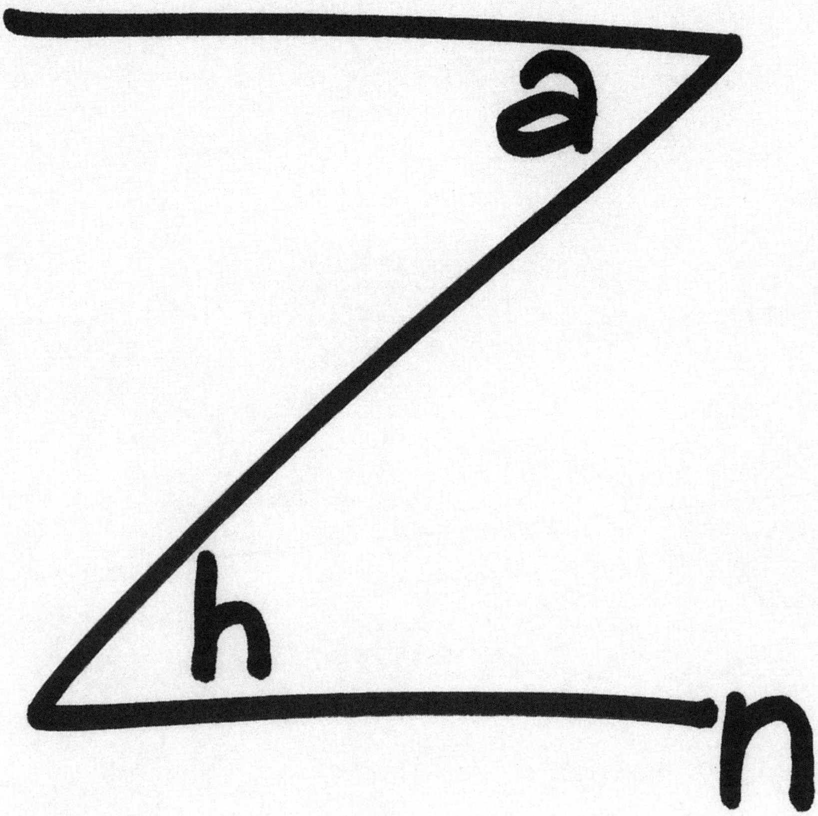

zahnreihe (1) ernst jandl, 1973

Ernst Jandl, geboren am 1.8.1925 in Wien, gestorben am 9.6.2000 ebenda. Nach dem Abitur wurde Jandl im August 1943 zum Militärdienst eingezogen und lief 1945 an der Westfront zu den Amerikanern über. In amerikanischer Kriegsgefangenschaft in Stockbridge, England, lernte er die neuere amerikanische Literatur kennen, vor allem das Werk Gertrude Steins, was nachhaltigen Einfluß auf seinen künstlerischen Werdegang haben sollte. Zurückgekehrt nach Wien studierte Jandl Germanistik und Anglistik und war mit Unterbrechungen bis 1979 als Gymnasiallehrer in Wien tätig. Bereits 1952 veröffentlichte er erste Gedichte in der Zeitschrift *neue wege*, 1956 erschien der erste Gedichtband *Andere Augen.* 1954 kam es bei den Innsbrucker Kulturwochen zur Begegnung mit Gerhard Rühm und vor allem mit Friederike Mayröcker, fortan Jandls literarische und private Lebensgefährtin. Aufgrund der eingeschränkten Publikationsmöglichkeiten für avancierte Literatur in den 1950er und 1960er Jahren konnte Jandls bekanntester Gedichtband *Laut und Luise* erst 1966 erscheinen. Hier führt Jandl in souveräner Manier die Spielarten der experimentellen Literatur vor. Mit *Fünf Mann Menschen* (einer 1968 entstandenen Gemeinschaftsarbeit mit Friederike Mayröcker) und mit *das röcheln der mona lisa* (1972) setzte Jandl im Bereich des Hörspiels neue Maßstäbe; wie auch mit seiner einzigen größeren szenischen Arbeit, dem Stück *Aus der Fremde* (1980). In den späten Gedichten (*idyllen,* 1989; *peter und die kuh,* 1996; *Letzte Gedichte,* 2001) bricht sich zusehends eine radikale Subjektivität Bahn; sie kreisen um Krankheit, Alter und Tod, wobei ein vermeintlicher metaphysischer „Gehalt" mit der Materialität der Sprache wie der kreatürlichen Existenz konfrontiert wird.

Francisco Díaz Solar, geboren 1946 in La Habana. Übersetzer, Lyriker, Essayist, Autodidakt. Arbeitete auch als Buchhändler und Straßenverkäufer. Kubanischer Staatspreis für literarische Übersetzung „José Rodríguez Feo" (2002). Übersetzungen, zuletzt: *Enfant perdu y otros poemas,* Heinrich Heine, zweisprachige Ausgabe (2003); *Tres poetas alemanes. Novalis, Heine, Lasker-Schüler* (2003); *Poesía alemana contemporánea. Poetas alemanes y austríacos,* u.a.: Heißenbüttel, Fried, Jandl, Enzensberger, Schutting, Schindel, Grünbein (2004). Eigene Werke, zuletzt: *Lupa del tiempo,* Lyrik (im Erscheinen).

István Eörsi, geboren 1931 in Budapest. Freier Schriftsteller, Journalist und Übersetzer; war Schüler von Georg Lukács; wurde 1956 wegen Beteiligung am Ungarnaufstand zu acht Jahren Haft verurteilt und 1960 amnestiert. 1978–82 Dramaturg am Theater in Kaposvár. Berufsverbot. 1983/84 Stipendiat des DAAD in West-Berlin. Kehrte 1986 nach Ungarn zurück. Er lebt in Budapest und Berlin. Übersetzungen ins Ungarische von Goethe, Heine, Brecht, Jandl, Ginsberg, Shakespeare, Shelley, Keats, Puschkin und Majakowski, Apollinaire und Lorca sowie dem Spätwerk von Georg Lukács. Zuletzt auf Deutsch erschienen: *Hiob und Heine. Passagiere im Niemandsland* (1999); *Der rätselhafte Charme der Freiheit. Versuch über das Neinsagen.* Essays und Porträts (2004).

Der hier abgedruckte Beitrag entstand im Rahmen des 45. Autorenprojekts der Alten Schmiede/ Literarisches Quartier in Wien: „Gedichte in Gesellschaft. 10 Antworten auf Ernst Jandl". Konzeption und Organisation: Michael Hammerschmid und Helmut Neundlinger.

Bernhard Fetz, geboren 1963. Univ. Doz., Dr. phil. Wissenschaftlicher Mitarbeiter am Österreichischen Literaturarchiv der Österreichischen Nationalbibliothek; Lehrbeauftragter am Institut für Germanistik der Universität Wien; Key Researcher am Ludwig Boltzmann Institut für Geschichte und Theorie der Biographie. Ausstellungsgestaltungen, Konzeption literarischer und wissenschaftlicher Veranstaltungen, Literaturkritik. Zahlreiche Arbeiten zur Literatur und Kulturgeschichte des 20. Jahrhunderts. Mitherausgeber der Albert-Drach-Werkausgabe in zehn Bänden. Zuletzt erschienen: *Die Teile und das Ganze. Bruchstücke der literarischen Moderne in Österreich* (Hg. gem. mit Klaus Kastberger, 2003).

Michael Hamburger, geboren 1924. Lyriker, Kritiker, Schriftsteller und Übersetzer deutscher Literatur. Als Sohn jüdischer Eltern aus Berlin flüchtete er in den

1930er Jahren nach England; lebt heute in Suffolk. Er übersetzte Hölderlin, Goethe, Rilke und die Modernen seiner Generation. Auszeichnungen u. a.: Goethe-Medaille der Stadt Frankfurt, Hölderlin-Preis der Stadt Tübingen, Petrarca-Preis, Österreichischer Staatspreis für literarisches Übersetzen. Zuletzt erschienen: *Unterhaltungen mit der Muse des Alters* (2004); *Aus einem Tagebuch der Nicht-Ereignisse* (2004); *Verlorener Einsatz. Erinnerungen* (2005).

Michael Hammerschmid, geboren 1972 in Salzburg. Studium der Germanistik und Theaterwissenschaft in Wien. Promotion mit *Skeptische Poetik in der Aufklärung. Formen des Widerstreits bei Johann Karl Wezel* (2002); seit 2001 Hörspielarbeit, zuletzt: *Weißer Mund* (2003); als Co-Autor, Dramaturg und Sprecher: *Roter Schnee* (2005). Literarische und essayistische Veröffentlichungen in verschiedenen Zeitschriften und Anthologien; wissenschaftliche Publikationen zur Literatur des 18. und 20./21. Jahrhunderts. Derzeit im Rahmen eines FWF-Projektes Arbeit an einem Buch zu Ernst Jandls Gedichten. Zuletzt erschienen: *Ghérasim Luca: Lapsus linguae/Körperecho.* Aus dem Französischen von Michael Hammerschmid, Theresia Prammer u. Mirko Bonné (2004).

Seit März 2003 beschäftigen sich Michael Hammerschmid und Helmut Neundlinger in einem vom österreichischen Fonds zur Förderung der wissenschaftlichen Forschung unterstützten Forschungsprojekt mit dem Werk Ernst Jandls. Ausgangspunkt ist die sogenannte „heruntergekommene Sprache", die im Jahr 1976 in dem Zyklus *tagenglas* zum ersten Mal auftaucht und die Jandl in der Folge immer wieder aufgreift und zu einem autonomen poetischen Sprechakt weiterentwickelt. Verlust von Souveränität, von Form scheint in ihr auf, aber auch der Abbau von Disziplin, Hemmung, Starre. Dieser ambivalente Zustand, der sich in der „heruntergekommenen Sprache" ein Ventil sucht, steht im Mittelpunkt des Interesses.

Klaus Kastberger, geboren 1963 in Gmunden. Univ. Doz., Dr. phil. Literaturwissenschafter und -kritiker; wissenschaftlicher Mitarbeiter am Österreichischen Literaturarchiv der Österreichischen Nationalbibliothek; Lehrbeauftragter an der Universität Wien. Zahlreiche Publikationen zur österreichischen Literatur des 20. Jahrhunderts; Ausstellungen und Veranstaltungskonzeptionen (u.a. „Grundbücher der österreichischen Literatur seit 1945"). Bücher (u.a.): *Reinschrift des Lebens. Friederike Mayröckers* Reise durch die Nacht (2000). Zuletzt erschienen (Hg.): *Ödön von Horváth: Ein Fräulein wird verkauft* (2005).

Volker Kaukoreit, geboren 1955 in Dormagen (Niederrhein). Univ. Doz., Dr. phil. Stellvertretender Leiter des Österreichischen Literaturarchivs der Österreichischen Nationalbibliothek. Bis 1991 wissenschaftlicher Redakteur der historisch-kritischen Gesamtausgabe der Werke Heinrich Heines in Düsseldorf. Gastdozent an der German Summer School der University of New Mexico. Zahlreiche Veröffentlichungen und Herausgeberschaften, vor allem zur deutschsprachigen Literatur der zweiten Hälfte des 20. Jahrhunderts, darunter (hg. mit Kristina Pfoser): *Die österreichische Literatur seit 1945. Eine Annäherung in Bildern* (2000) und *Interpretationen. Gedichte von Ernst Jandl* (2002).

Barbara Mühlberger, geboren 1976 in Wien. Studium der Germanistik und Ethnologie; seit Jänner 2005 Arbeit an einem Dissertationsprojekt zum Thema *Jandl als Lehrer und Dichter.*

Helmut Neundlinger, geboren 1973, lebt seit 1992 in Wien. Studium der Philosophie; Abschluß mit einer Diplomarbeit über Giordano Bruno. Seit 2003 Arbeit an einem Forschungsprojekt zum Werk von Ernst Jandl (Kurzbeschreibung siehe Michael Hammerschmid). Talentförderpreis für Literatur des Landes Oberösterreich 2001. Veröffentlichung von Kurzprosa und Lyrik in den Literaturperiodika *Facetten*, *kursiv*, *Rampe* und *Podium*. Poetologische Zusammenarbeit mit Martin Prinz und Michael Hammerschmid in der Autorengruppe „Die Räuber". Von 1994–2001 Saxophonist und Klarinettist der Musikgruppe „Abado & Co". CDs: *Kreise* (1996), *Rainspotting* (2000). Seit 2000 Mitglied des Ensembles „Nicky Swing & the Slaves of beauty". CD: *fahnenrauch* (2003).

Arne Rautenberg, geboren 1967, lebt als Autor und Künstler in Kiel. Zuletzt erschienen der Roman *Der Sperrmüllkönig* (2002) sowie der Gedichtband *einblick in die erschaffung des rades* (2004). Verschiedene Auszeichnungen und Stipendien, u.a. Stipendium der Arno-Schmidt-Stiftung 2000 und Christine Lavant Publikumspreis 2001.

Luigi Reitani, geboren 1959. Studium der deutschen und der italienischen Literatur in Bari und Wien. Seit 2000 Professor für deutsche Literatur an der Universität Udine. Aufsätze zur Goethezeit und zur österreichischen Literatur sowie zahlreiche Übersetzungen ins Italienische (Schiller, Schnitzler, Bachmann, Mayröcker, Jandl, Jelinek, Th. Bernhard). Herausgeber und Übersetzer einer kommentierten Edition des gesamten lyrischen Werks Hölderlins (Mondello-Preis für literarische Übersetzungen, 2002).

Oliver Ruf, geboren 1978. Literaturwissenschaftler und Publizist; Lehrbeauftragter am Germanistischen Institut der Universität Trier; Stipendium der Konrad-Adenauer-Stiftung; Mitherausgeber der Hugo-Ball-Gesamtausgabe in zehn Bänden; Essays, Literaturkritik. Zahlreiche Veröffentlichungen vor allem zur deutschsprachigen Gegenwartsliteratur und zur Literatur des 20. Jahrhunderts.

Wendelin Schmidt-Dengler, geboren 1942 in Zagreb. Professor für Neuere deutsche Literatur an der Universität Wien; seit 1996 Leiter des Österreichischen Literaturarchivs der Österreichischen Nationalbibliothek; Herausgeber der Tagebücher Heimito von Doderers und der Werke von Fritz von Herzmanovsky-Orlando und Thomas Bernhard. Zuletzt erschienen: *Nestroy. Die Launen des Glücks* (2001); *Der wahre Vogel. Sechs Studien zum Gedenken an Ernst Jandl* (2001); *Ohne Nostalgie. Zur österreichischen Literatur der Zwischenkriegszeit* (2002).

Hannes Schweiger, geboren 1976. Wissenschaftlicher Mitarbeiter am Ludwig Boltzmann Institut für Geschichte und Theorie der Biographie. Seminarorganisation und -leitung sowie Tätigkeit als Referent in der Erwachsenenbildung. Studium der Deutschen Philologie und Anglistik sowie von Deutsch als Fremdsprache in Wien, Dublin und Cambridge. Arbeitet an einer Dissertation zur Rezeption George Bernard Shaws im deutschsprachigen Raum. Veröffentlichungen u. a. zu Samuel Beckett, George Bernard Shaw, Friederike Mayröcker und Dimitré Dinev. Zuletzt erschienen: *Failing Better. Samuel Beckett in Österreich* (2005).

Daniela Strigl, geboren 1964 in Wien. Literaturwissenschafterin und -kritikerin. Österreichischer Staatspreis für Literaturkritik 2001; Mitglied der Jury beim Ingeborg-Bachmann-Preis 2003f; Key Researcherin am Ludwig Boltzmann Institut für Geschichte und Theorie der Biographie. Zahlreiche Veröffentlichungen zur österreichischen Literatur des 20. Jahrhunderts. Bücher (u.a.): *„Wo niemand zuhaus ist, dort bin ich zuhaus". Theodor Kramer – Heimatdichter und Sozialdemokrat zwischen den Fronten* (1993); *Marlen Haushofer. Die Biographie* (2000); *Frauen verstehen keinen Spaß* (Hg., 2002); *„Ich kannte den Mörder wußte nur nicht wer er war." Zum Kriminalroman der Gegenwart* (Hg. gem. mit Friedbert Aspetsberger, 2004).

Yoko Tawada, geboren 1960 in Tokyo/Japan, lebt seit 1982 in Hamburg. Studium der Literaturwissenschaft in Tokyo und in Hamburg. Sie schreibt auf Deutsch und auf Japanisch.

Literaturpreise (u.a.): Lessing-Förderpreis 1994, Adelbert-von-Chamisso-Preis 1996, Izumi-Kyooka-Literaturpreis 2000, Sei Ito Literaturpreis 2003, Junichiro Tanizaki Literaturpreis 2003. Zuletzt erschienen: *Spielzeug und Sprachmagie in der europäischen Literatur*, Dissertation (2000); *Opium für Ovid. Ein Kopfkissenbuch für 22 Frauen*, Prosa (2000); *Überseezungen*, Prosa (2002); *Das nackte Auge*, Erzählung (2004).

Der hier abgedruckte Beitrag entstand im Rahmen des 45. Autorenprojekts der Alten Schmiede/Literarisches Quartier in Wien: „Gedichte in Gesellschaft. 10 Antworten auf Ernst Jandl". Konzeption und Organisation: Michael Hammerschmid und Helmut Neundlinger.